Rizzoli

Della stessa autrice in BUR Rizzoli

Dai diamanti non nasce niente

Ferite a morte

Il futuro di una volta

Grazie per quella volta

Serena Dandini

Avremo sempre Parigi

Passeggiate sentimentali in disordine alfabetico

BUR
Rizzoli

Pubblicato per

BUR Rizzoli

da Mondadori Libri S.p.A.

Published by arrangement with
S&P Literary - Agenzia letteraria Sosia&Pistoia

ISBN 978-88-17-10541-5

Prima edizione Rizzoli: 2016
Prima edizione Best BUR: ottobre 2018

Collages di Andrea Pistacchi

Realizzazione editoriale a cura di Angela Lombardo

Progetto grafico e impaginazione: PEPE *nymi*

AVREMO SEMPRE
PARIGI

PASSEGGIATE SENTIMENTALI IN DISORDINE ALFABETICO

«Parigi è uno strumento che bisogna saper suonare.»

— Honoré de Balzac, *A Paris!*

A Saveria e Ferdinando
e alle nostre gite dell'infanzia

UNA STORIA D'AMORE

Eppure io da ragazza preferivo di gran lunga Londra. All'epoca mi sembrava fosse solo lì la fucina delle novità che avrebbe permesso di cambiare il mondo. E poi, soprattutto, mi piacevano i Rolling Stones, mentre i cantautori francesi con i maglioncini neri da esistenzialisti mi facevano una profonda tristezza. La colpa era sicuramente di Mademoiselle Chavet, la mia prof di francese al ginnasio: un donnone dalla voce roca e le inevitabili «erre» arrotate che usava una crema per il viso maleodorante – di sicuro una marca francese – prova ulteriore dell'inferiorità di quell'inutile Paese. O almeno così pensavo, ripetendo automaticamente i versi della Marsigliese che Mademoiselle ci costringeva a declamare a memoria.

Per il viaggio della maturità la meta era scontata da tempo, anche se Battisti anni prima mi aveva avvertito: «... Che ne sai tu di un viaggio in Inghilterra?». Infatti non sapevo che dopo due mesi di Great Britain mi sarei ritrovata per caso a Parigi e non l'avrei mai più abbandonata. Qui la colpa non è stata della prof di francese ma di un amico che al ritorno da Londra mi ha costretto ad accompagnarlo qualche giorno a Parigi per andare a trovare sua zia; proprio come Alberto Sordi, anche lui teneva «una zie à Paris». Il disegno del destino si stava compiendo inesorabilmente. Subito a intenerirmi il cuore sono stati i mercati all'aria aperta con l'esplosione dei pomodori rossi della Provenza, le ortensie violacee della Normandia, i pesci, i frutti di mare... ma dopo settimane di nebbia e fish and chips era prevedibile. Il vero colpo basso però è arrivato da una mostra al Jeu de Paume sul Movimento surrealista. Il nostro programma di storia dell'arte al liceo Giulio Cesare di Roma si fermava essenzialmente al Canova, come al solito quando si dovevano affrontare le avanguardie del Novecento si era già fatto giugno e ce la cavavamo con due quadri di De Chirico o poco più. L'unica cosa sicuramente innovativa su cui si posavano i nostri occhi di liceali ante-Facebook erano le copertine dei long playing dei Pink Floyd: un altro punto a favore della perfida Albione. Sarà per questo che quando mi sono apparsi in tutta la loro follia gli orologi squagliati di Salvador Dalí ho capito che il mondo poteva essere diverso; e soprattutto non per forza pettinato come la permanente di mia madre. E io non vedevo l'ora di partecipare a questa scapigliatura.

Si dice che su Parigi è stato detto tutto, e che con i libri scritti si potrebbe costruire una nuova tour Eiffel, ma all'amore non si comanda e prima o poi bisogna esternare i propri sentimenti. Non c'è niente che faccia soffrire di più due amanti clandestini che l'impossibilità di raccontare al mondo la loro storia. Ecco perché vi tocca la mia passione per Parigi, ma spero vi sia anche utile per scoprire nuove avventure in una città in cui, per quanto crediate di saperla lunga, c'è sempre qualcosa da avvistare, come

afferma Honoré de Balzac, una delle mie guide preferite: «In questo mare, si incontrerà sempre un luogo vergine, un antro sconosciuto, dei fiori, delle perle, dei mostri, qualcosa di inaudito e dimenticato dai palombari letterari».
E del grande scrittore della *Comédie humaine* possiamo fidarci visto che ha dedicato alla sua «Babylonia» migliaia di pagine, perlustrando in lungo e in largo ogni angolo sconosciuto della Ville Lumière.
E come lui gli autori, gli artisti e i grandi registi che nel tempo l'hanno immortalata sono stati prima di tutto dei camminatori di professione, come i flâneur ottocenteschi di cui parleremo spesso: grandi esploratori urbani che traevano il massimo del piacere e dell'ispirazione lasciandosi andare a lunghe passeggiate senza meta nel labirinto della città. «L'osservatore è un principe che gioisce dappertutto del suo rimanere in incognito», ci insegna Baudelaire a cui non potevo che dedicare un intero capitolo.

In questo disordinato dizionario parigino vi troverete a ricalcare i loro passi, come è successo a me, annusando l'aria alla ricerca di qualcosa che vi meravigli. E anche se oggi è più facile imbattersi in una nuova filiale di Zara o nell'ennesimo ristorante cinese, vi assicuro che qualcosa vi stupirà ancora, magari la formula segreta della *joie de vivre*, una specialità che va ancora forte in città.
Perché a Parigi tutto si sovrappone e nulla si distrugge. Nonostante la violenza del terrorismo che sembrava aver mutato per

sempre i connotati e il carattere dei suoi cittadini, l'*esprit* del luogo riemerge sempre dalle tragedie che rimangono incastonate nei marciapiedi e nell'anima delle persone che continueranno a calpestarli. Nulla scompare, né la gioia né il dolore, e tutto diventa storia, letteratura e sopravvivenza. Jean Cocteau, parigino doc, ha scritto: «Parigi possiede uno stomaco da struzzo. Digerisce tutto. Non assimila niente. È questo che le conferisce quell'aria di debolezza dietro cui si cela una capacità di resistenza senza limiti». Mai come adesso questa resistenza è stata messa a dura prova dalla storia, eppure la città conserva il suo orgoglio e cerca di recuperare lo spirito che l'ha resa celebre nei secoli, quello incarnato dal quadro di Delacroix *La libertà che guida il popolo* che oggi purtroppo viene miseramente usato dalla politica come baluardo contro l'uso del burkini in spiaggia, roba da far rivoltare il pittore nella tomba. E senza dubbio Victor Hugo non avrebbe mai immaginato questi nostri anni mentre lanciava un grido d'amore per la città dal suo esilio: «Cos'ha dunque Parigi? La rivoluzione! [...] Parigi, su tutta la Terra, è il luogo dove più si possono sentir fremere le immense vele invisibili della nave del progresso». Il mito della modernità e delle grandi idee rivoluzionarie che l'hanno animata nei secoli passati si è sicuramente appannato, ma ancora qualcosa di quel vento che gonfiava le «immense vele invisibili» è rimasto nell'aria, e veniamo qui anche per respirare le ultime particelle risparmiate dall'inquinamento. E oggi come non mai ne abbiamo bisogno come l'ossigeno.

Viaggiare, come ci ricorda Marguerite Yourcenar: «È una scuola di resistenza, di stupefazione, quasi un'ascesi, un mezzo per perdere i propri pregiudizi, mettendoli in contatto con quelli dello straniero». E anche se le attuali condizioni politiche ed economiche rendono sempre più difficile questo salutare esercizio, consiglio sempre ai ragazzi di viaggiare il più possibile e non solo su internet; In particolar modo alle ragazze, che hanno cominciato tardi la loro storia di esploratrici. Purtroppo il genere femminile con il verbo «passeggiare» ha avuto da sempre serie difficoltà. Storicamente le «passeggiatrici» sono state signore dedite ad altre attività ricreative, ma vi assicuro che anche alle donne è sempre piaciuto bighellonare alla scoperta di orizzonti sconosciuti. Ma non era facile trasformarsi in «flâneuse» dal momento che per uscire di casa una fanciulla doveva essere per forza scortata. Eppure abbiamo avuto delle pioniere come Virginia Woolf, che nel suo *Street Haunting* ci aveva già insegnato l'arte di vagabondare senza scopo nei meandri di una grande metropoli, magari solo con la scusa di comprarsi una nuova matita. Anni prima, in pieno Ottocento, la pittrice Rosa Bonheur per passeggiare inosservata tra le strade parigine aveva deciso di vestirsi da uomo, ma il travestimento era proibito dalla legge e quindi era stata costretta a chiedere un permesso speciale alla prefettura. Finalmente, con l'autorizzazione in tasca e un sigaro tra le labbra, si è goduta le sue perlustrazioni cittadine in totale libertà.

Questo libro è dedicato anche a loro, e a tutte le avventuriere che hanno infranto per prime le regole dell'immobilità casalinga. E naturalmente a tutte le donne a cui ancora oggi è proibito questo immenso piacere.

Ma è fortemente consigliato anche a chi non vuole alzarsi dalla poltrona ma non per questo ha rinunciato a nuovi itinerari fantastici; perché come scrive Raymond Queneau, legato alla città da una lunga storia d'amore, alla fine «Parigi è solo un sogno...»

Serena Dandini,
Roma, ottobre 2016

6e Arrt
RUE
GIT-LE-COEUR
12e Arrt
VOIE
AA/12
1er Arrt
PLACE
VENDÔME
1er Arrt
RUE
DE
RICHELIEU
1er Arrt
RUE
MONTMARTRE
1er Arrt
RUE
MOLIÈRE
17
18
19
9
10
8
2
16
1
3
20
7
11
4
6
5
15
12
14
13
PASSAGE JOUFFROY
12e Arrt
RUE
CRÉMIEUX
21
BEAT HOTEL

A

ARRONDISSEMENT

A DI ARRONDISSEMENT

«Chi cammina a lungo per le strade senza meta viene colto da un'ebbrezza. A ogni passo l'andatura acquista una forza crescente; la seduzione dei negozi, dei bistrot, delle donne sorridenti diminuisce sempre di più e sempre più irresistibile si fa, invece, il magnetismo del prossimo angolo di strada.»

— Walter Benjamin, *I «passages» di Parigi*

Parigi è una chiocciola. Non certo per la lentezza ma per la geografia dei suoi arrondissement, sezioni cittadine numerate da uno a venti che seguono il disegno a spirale della conchiglia di un'escargot; una logica tutta parigina per farci dis/orientare tra i suoi quartieri, forse nata come omaggio a uno dei piatti più consumati nella Ville Lumière. Ma al di là dei nostri gusti gastronomici, si capisce subito che è meglio abbandonare ogni tentativo razionale di affrontare questo labirinto e lasciarci andare alla corrente, come dice saggiamente Balzac, nume tutelare delle mie passeggiate che incontrerete spesso in questo libro: «Parigi è un vero e proprio oceano. Gettatevi la sonda, non ne conoscerete mai la profondità». E visto che questo immenso mare rischia di farci girare la testa, tanto vale iniziare la navigazione con una certa dose d'incoscienza e seguire il vento che tira e le nostre emozioni.

Immaginate gli arrondissement come tanti paesi diversi, vicini e distanti allo stesso tempo; ognuno con la sua storia e il suo fascino, i suoi monumenti ufficiali e i luoghi più segreti, tanto che si potrebbe non uscire mai dai confini di un quartiere e trovare lo stesso tutto quello per cui vale la pena vivere. L'ideale sarebbe visitarne uno al giorno, sicuramente alla fine del viaggio potrete dire di aver scoperto venti città, ma considerando che il tempo non è un patrimonio alla mercé di tutti bisogna fare delle scelte, a meno che non vogliate finire come il protagonista dell'*Educazione sentimentale* di Gustave Flaubert. Frédéric Moreau percorre come un forsennato tutta Parigi in poche ore alla ricerca della sua amata Madame Arnoux: «Sfilavano le botteghe, la folla cresceva, il rumore si faceva più forte. Dopo il quai Saint-Bernard, il quai de la Tournelle e il quai Montebello, presero per il quai Napoléon; voleva vedere le finestre di lei, ma erano lontane. Poi ripassarono la Senna sul Pont-Neuf, scesero fino al Louvre; e, per rue Saint-Honoré, rue Croix-des-Petits-Champs e rue du Bouloi, raggiunsero rue Coq-Héron...». Alla fine, non trovando l'oggetto dei suoi desideri, il povero Moreau fugge disperato dalla città, scottato da Parigi e dalle sue promesse non mantenute.

Un percorso indiavolato che può assomigliare a quello meno «sentimentale» che spesso ci imponiamo sadicamente quando scegliamo di inanellare in poche ore Louvre–tour Eiffel–Notre-Dame–Arco di Trionfo e ritorno. Si potrebbe finire per affermare insieme ai fratelli Goncourt, altri grandi narratori della città, che «Parigi finirà per mangiarmi».

Per evitare questo stress cercherò di suggerirvi alcune possibi-

lità: sono solo le mie esperienze personali, suggestioni che non hanno la pretesa di essere esaustive, non a caso alla fine del libro ci sono delle pagine bianche dove potrete aggiungere le vostre scoperte. Ognuno è libero di disegnare la sua Parigi ideale, dopo tutto questo è ancora il gioco più bello per un viaggiatore appassionato che abbia voglia di toccare qualcosa di reale, abbandonando per un po' le escursioni virtuali che si affrontano quotidianamente davanti allo schermo di un computer.
La scoperta di una città sconosciuta è forse l'ultima avventura rimasta agli umani digitali del terzo millennio, ce l'hanno insegnato centinaia di «esploratori urbani» che hanno battuto prima di noi chilometri di strade, affamati di curiosità, spesso senza un obiettivo preciso, ma con un invincibile desiderio di vagabondare. Sono i flâneur di ogni epoca, nomadi metropolitani che trovano ispirazione nella folla e negli incontri casuali; passeggiatori privi di traguardi concreti, camminatori solo per lo sfizio di immergersi nel brivido dell'ignoto e dello sconosciuto.
A stigmatizzarli per sempre è stato un campione della flânerie, il filosofo Walter Benjamin, che sulle città della sua vita, Parigi in testa, ha lasciato pagine fondamentali: «Non sapersi orientare in una città non significa molto. Ci vuole invece una certa pratica per smarrirsi in essa come ci si smarrisce in una foresta». È questo, credo, il viatico più giusto per affrontare Parigi, l'unico che permette di scoprire i suoi piccoli tesori nascosti: negozietti, ristoranti, angoli segreti, vecchi mercati che non sempre sono segnati nelle guide ufficiali.

Se non avessi vagabondato senza meta lasciandomi andare alla corrente non avrei mai scovato nel dodicesimo arrondissement la rue Crémieux: una stradina colorata sepolta da palazzoni austeri a due passi dalla Gare de Lyon, dove non ti aspetteresti mai di scoprire un'infilata di piccole case a tre piani dipinte in tutti i toni dei colori pastello: praticamente l'intera tavolozza di un acquarellista accanito. Sui portoncini delle abitazioni, insieme a vecchie insegne e vasetti di fiori, prendono vita gatti neri, farfalle e uccelli svolazzanti che sembrano usciti da un vecchio libro di favole. Potreste credere di trovarvi dentro un set cinematografico costruito ad arte, invece è tutto autentico, intoccato dal 1865, quando le casette furono costruite sul modello delle città operaie di quegli anni.

LA SEDIA DI MOLIÈRE E IL BOTANICO DA MARCIAPIEDE

> *«Con la sua bellezza accidentale, con la sua antichità che si consolida nel tempo, con il suo groviglio di palazzi e catapecchie, [Parigi] si trasforma nella soffitta dei tesori della nostra infanzia.»*
>
> — Jean Cocteau

L'arte di camminare senza meta è un brivido da riconquistare, la regola aurea di ogni viaggio che si rispetti. «Così l'innamorato della vita universale entra nella folla come in un'immensa centrale elettrica.» E se lo dice Charles Baudelaire, primo flâneur della storia, dobbiamo crederci. Il poeta dei *Fiori del male* l'aveva teorizzato a metà dell'Ottocento definendosi un «botanico da marciapiede», colui che gioisce nel «vedere il mondo, esserne al centro e restargli nascosto». All'epoca, per quanto «decadenti», i nostri avi non erano ancora caduti nella trappola dei famigerati bastoni da selfie che uccidono ogni sguardo naturale sul paesaggio circostante, costringendoci a ricordi non vissuti ma solo fotografati.

I nostri amici ottocenteschi si entusiasmavano invece per i bastoni da passeggio: accessori che oggi ci sembrano desueti e quasi ridicoli, ma che all'epoca facevano obbligatoriamente parte del guardaroba dell'uomo elegante che ambiva alla categoria del «dandy». Honoré de Balzac ne possedeva uno di cui parlava tutta Parigi, lungo oltremisura e con un esagerato pomello d'oro intarsiato di turchesi: un oggettino vistoso che lo scrittore della *Commedia umana* sfoggiava con orgoglio nonostante il suo aspetto non propriamente raffinato. Alcune cronache lo descrivono come un provinciale piccolo e grassottello, dall'aspetto più simile a quello di un bottegaio che al grande viveur cui amava ispirarsi, infatti le impietose caricature dell'epoca lo raffigurano sempre con questo inseparabile accessorio che lo scrittore conservò gelosamente fino alla morte e che oggi è esposto alla Maison de Balzac.

Ma come avrebbe fatto Balzac (il «de» lo aggiunse lui per darsi un'aria più nobiliare) a descrivere così magnificamente la vanità

umana se non ne fosse stato intriso fino al collo? Anche lui correva come un pazzo avanti e indietro per Parigi, ma più che altro per sfuggire ai creditori che lo inseguivano quotidianamente; nonostante scrivesse giorno e notte romanzi, pamphlet e feuilleton di successo, non riusciva mai a far fronte ai suoi debiti perché aveva troppe debolezze, oltre ai bastoni da passeggio.
Se desiderate anche voi un oggetto bello e inutile come quello di Balzac vi consiglio un negozio abbastanza unico che si nasconde nel nono arrondissement dentro il passage Jouffroy, al numero 34. È l'antica Galerie Segas: un piccolo antro circondato da tende di velluto rosso, sormontato da enormi corna di cervo in legno; all'interno troverete una sorprendente galleria di bastoni da passeggio, dai più semplici a quelli più preziosi, degni di un re. Lo storico proprietario, Monsieur Segas, ex commediante diventato poi uno dei più grandi esperti e collezionisti del genere, oggi si è ritirato nel suo sito internet ma insieme al negozio ha ceduto anche il suo sapere al nuovo padrone di casa, che sarà capace di intrattenervi con competenza sulla storia del bastone da passeggio, simbolo di eleganza o di prestigio, raccontandovi per esempio che il Re Sole ne lanciò la moda a corte. Luigi XIV non usciva mai dai suoi appartamenti senza uno di questi emblemi preziosi del potere. Sua maestà era tarchiato, con le gambette molto corte, ma grazie al suo bastone lungo e prezioso, insieme alle famose scarpe alte con il tacco rosso (sarà a questo modello «Versailles» che si è ispirato lo stilista Louboutin?) e con l'aiuto finale di una parrucca alta come una torta a tre piani, il sovrano assumeva decisamente

un'aria più autorevole e regale. O almeno ne era convinto. Sicuramente il bastone lo aiutava a mantenere l'equilibrio, che per un re di Francia era questione di una certa importanza.
Il Jouffroy è uno dei tanti passage parigini: strade segrete protette da soffitti di vetro e ferro, piccoli regni nascosti tra i palazzi e le vie caotiche del centro dove è un incanto perdersi. Di queste gallerie fatate piene di negozi e curiosità parleremo ancora perché sono luoghi talmente sorprendenti e unici da essere stati tra le mete preferite di vagabondaggio dei flâneur di professione di ogni epoca. Rimanere a chiacchierare una buona mezz'oretta con un collezionista di bastoni da passeggio può sembrare una gran perdita di tempo e invece è un piccolo lusso salutare che forse ormai possiamo concederci solo in viaggio... Per mettere fine a ogni dibattito sull'improduttività della lentezza, vi invito a guardare l'illustrazione che stigmatizza l'autentico flâneur, disegnato come un uomo che va a spasso portando una tartaruga al guinzaglio. Più chiaro di così!

Non esistono «passi perduti»

Non bisogna mai aver paura di perdere tempo: lasciatevi andare alla curiosità, seguite l'istinto, perché non ci sono itinerari sbagliati o passeggiate inutili, o meglio non esistono «passi perduti», come ci ha insegnato André Breton in *Nadja*, piccolo romanzo cult ambientato nella Parigi degli anni Venti che lo scrittore surrealista percorre in lungo e in largo in un vagabondaggio sensua-

le e onirico in compagnia della misteriosa protagonista, una delle donne più enigmatiche della letteratura francese.
Insieme a loro scopriamo bistrot e boulevard ed entriamo in una piccola piazza che pur essendo nel cuore dell'Ile de la Cité, a due passi dal famoso Pont Neuf, rimane così nascosta che si rischia di perderla nel nostro girovagare. Sarebbe un vero peccato perché è un luogo riservato e affascinante, un vero gioiello, come ci spiega Breton: «Questa place Dauphine è uno dei luoghi più profondamente appartati che io conosca [...] Ogni volta che mi ci sono trovato, ho sentito che a poco a poco mi abbandonava il desiderio di andare altrove, ho avuto bisogno di discutere con me stesso per liberarmi da una stretta dolcissima, troppo sgradevolmente insistente e, in definitiva, sfibrante».
Non so se Simone Signoret e Yves Montand abbiano scelto di vivere al numero 15 di place Dauphine seguendo i passi di André Breton, ma la piccola casa al piano terra che chiamavano affettuosamente La Roulotte è stato il loro domicilio per anni. Nel suo romanzo *Addio Volodia* Simone Signoret ricorda affettuosamente quel luogo definendolo la «più quieta delle piazzette provinciali.»
I due amavano molto il quartiere e andavano sempre a mangiare al ristorante Chez Paul, così vicino da diventare la cucina di casa. In trent'anni di matrimonio Simone Signoret non ha mai preparato altro che spaghetti al burro: «La cucina decisamente non fa per lei!» ha rivelato Yves Montand. Ma la signora aveva ben altre qualità. Oltre a essere un'attrice straordinaria, amata dal pubblico di tutto il mondo, Simone era una vera intellettuale, impegnata in

prima persona nel dibattito politico del suo Paese, e nel tempo si è anche trasformata in una potente icona femminile, grazie al suo volto intenso e solcato di rughe che l'attrice ha lasciato invecchiare naturalmente senza ricorrere a nessun artificio chirurgico, ma continuando a interpretare personaggi leggendari.

La coppia composta dai due miti viventi del cinema e della canzone francese ha condiviso un amore appassionato e turbolento. Naturalmente finivano spesso sui giornali, sia per l'impegno politico e le forti prese di posizione pubbliche sia per i tradimenti di Yves; il più clamoroso fu quello con Marilyn Monroe durante le riprese del film *Facciamo l'amore* di George Cukor. Anche se Simone era consapevole dell'irresistibile fascino del marito, quello fu un brutto colpo, ma seppe reagire con la classe di sempre: «Se Marilyn Monroe è innamorata di mio marito questo prova che ha buon gusto: ne sono innamorata anch'io!». E «Casco d'oro», come chiamavano la Signoret dopo il film che la rese famosa, riuscì a superare anche questa burrasca, magari fumandoci sopra l'eterna Gauloise.

Place Dauphine è così bella e struggente che è entrata di soppiatto in tanti libri; da Gérard de Nerval ad Anatole France, fino al nostro Curzio Malaparte, tutti sono rimasti colpiti dal suo charme misterioso. Tanto che si potrebbe affermare paradossalmente che Parigi, «la città dai centomila romanzi», è stata inventata dai suoi scrittori che, pur raccontando avventure e storie d'amore, in realtà non facevano altro che narrare il suo mito.

È inutile resistere, bisogna rassegnarsi, le vere guide turistiche della città sono i romanzi degli autori che l'hanno amata prima di noi e descritta nei minimi particolari, come pittori dediti al ritratto di una donna da conquistare. Ogni arrondissement ha le sue versioni romanzesche: oggi Belleville non sarebbe la stessa senza i libri di Daniel Pennac, che hanno trasformato questo quartiere multietnico e vitale in un vero eroe letterario. Mentre Montparnasse e le sue brasserie perderebbero molto del loro fascino senza i pellegrinaggi che Ernest Hemingway ci ha descritto nei romanzi che ha ambientato in città. Gli artisti ci prendono per mano, sono gli angeli custodi silenziosi delle nostre passeggiate; non c'è strada, lungofiume, bistrot o monumento che non sia stato evocato, raccontato e vissuto in un libro. A Parigi il passato e il presente si sovrappongono come gli stili architettonici in un susseguirsi di strati, autentiche ere geologiche impastate di ricordi che si offrono ai nostri occhi incantati di visitatori casuali... Come non cogliere il fantasma di Molière tra le strade che circondano il Palais Royal? Il commediografo, che Luigi XIV amava almeno quanto il suo bastone da passeggio, abitava al numero civico 40 di rue de Richelieu, in un palazzetto che aveva arredato con sfarzo dopo gli incassi dei suoi successi teatrali. Era un alloggio elegante e comodo a pochi passi dal teatro dove abitualmente rappresentava le sue commedie. Ma una sera del 1673, alla fine della quarta replica del *Malato immaginario* dove recitava come protagonista, Molière collassò tra gli applausi scroscianti, proprio alla chiusura del sipario. Il pubblico non si accorse di nulla, immediatamente gli attori lo caricarono sulla sedia di scena riportandolo a braccia nella sua lussuosa abitazione. Invano fu chiamato un prete per l'estrema unzione, ma soprattutto

per l'abiura della professione di comico, all'epoca unica possibilità per chi esercitava nel teatro leggero di guadagnarsi una sepoltura degna e consacrata. Nessun religioso si volle assumere questa responsabilità peccaminosa e così, dopo poche ore, Molière passò a miglior vita senza benedizioni. Come scrisse un giornalista dell'epoca: «Molière è morto in fretta, il diavolo se l'è preso al volo».
Oggi in rue de Richelieu troneggia la sua statua che ci guarda sorniona, mentre al civico della sua abitazione risiede un centro polivalente specializzato in eventi per i marchi del lusso. «... Showroom eleganti e spaziosi, cinque saloni a vostra disposizione, ideali per accogliere sfilate, aperitivi ed eventi esclusivi!» Almeno così recita la pubblicità.
Nelle cantine invece ha trovato posto un ristorante: l'Heimat, arredato con l'eleganza sobria e tristanzuola così tanto di tendenza tra gli stellati. Ma attenzione, non è detto che lo spiritello dispettoso di Molière non si aggiri ancora tra i tavoli meditando qualche scherzo.
Per i fan del commediografo segnalo che a pochi passi da rue de Richelieu, nel foyer della Comédie-Française, il teatro più autorevole di Parigi, è esposta la sedia che fu l'ultimo mezzo di locomozione del grande Molière. La usarono come arredo di scena ancora per anni (ma solo capocomici accreditati) e oggi, protetta da una teca di vetro, è idolatrata come una reliquia da tutti i teatranti della città.

UNA COMUNITÀ DI GENTE FUORI DI TESTA

«A Parigi è impossibile sfuggire al passato, ma la cosa straordinaria è che il passato si intreccia così strettamente al presente da non risultare assolutamente un peso.» Lo diceva Allen Ginsberg, che era venuto a Parigi proprio per cogliere quest'aria magica. Il poeta più famoso della Beat Generation alloggiava in un alberghetto fatiscente, il Beat Hotel al 9 di rue Gît-le-Cœur, tra il sesto e il quinto arrondissement, il quartiere delle università e delle librerie, storicamente abitato dagli studenti e dalla movida letteraria. Quel piccolo hotel scalcinato e senza stelle alla fine degli anni Cinquanta si era trasformato nel rifugio di un'intera banda di artisti americani che, come tanti prima di loro, erano venuti a cercare l'ispirazione nella capitale francese. Considerato scherzosamente dai suoi frequentatori l'hotel più economico della città, il Beat aveva poche stanze e tutte malridotte, con il bagno nel corridoio ma per fortuna una proprietaria che non stava mai con il fucile puntato a riscuotere gli affitti. E soprattutto a due passi c'era Notre-Dame, un trampolino di lancio ideale per tuffarsi nella città.

«A PARIGI È IMPOSSIBILE SFUGGIRE
AL PASSATO, MA LA COSA STRAORDINARIA
È CHE IL PASSATO SI INTRECCIA COSÌ
STRETTAMENTE AL PRESENTE DA NON
RISULTARE ASSOLUTAMENTE UN PESO»

In realtà Ginsberg cercava anche di sfuggire alle noie giudiziarie che lo perseguitavano dopo la pubblicazione di *Urlo* e aveva trovato a Parigi quella famosa libertà che aveva sempre attratto gli artisti «sotto scomunica». L'hotel si trasformò presto in un laboratorio letterario e psichedelico, nella sua hall si riunivano poeti, scrittori o aspiranti tali per sperimentare nuovi stili letterari e molte altre cose... Gregory Corso compose *Bomba*, il suo poema più famoso, nella piccola mansarda all'ultimo piano, mentre William Burroughs completò tra le sue mura lo scandaloso *Pasto nudo* abbracciando la tecnica letteraria del «cut-up» – prediletta dai dadaisti.

Oggi rimane poco di quell'atmosfera avventurosa, però l'albergo esiste ancora: dopo un totale restauro si è trasformato in un elegante boutique hotel a quattro stelle, il Relais Hôtel du Vieux Paris. A ricordare i suoi abitanti di un tempo restano solo una targa sul muro, qualche foto all'interno e un bel documentario del regista Alan Govenar, che ci conferma come quelle stanze malandate siano state un santuario di creatività abitato da «una vera e propria comunità di gente fuori di testa, persone bizzarre, poeti, scrittori, artisti, musicisti, mezzane, prostitute, poliziotti e chi più ne ha più ne metta». Tanto che William Burroughs nei diari newyorchesi dei suoi ultimi giorni rimpiange con amarezza l'ispirazione che aleggiava tra quelle mura: «Come vorrei poter riportare in vita la magia, il senso di pericolo e i timori di quegli anni in rue Gît-le-Cœur...».

Tutti i clienti dell'hotel frequentavano assiduamente la libreria Shakespeare and Company, che si trova proprio dietro l'angolo, al 37 di rue de la Bûcherie, un luogo fatato di fronte alla Senna che è stato da sempre il rifugio degli americani a Parigi. La sua storia è così affascinante che ci torneremo in un capitolo dedicato, ma intanto vi anticipo solo che la piccola libreria per fortuna è sempre lì che fronteggia la maestosità di Notre-Dame e vi aspetta con il suo carico di storia. Tra gli scaffali, oltre ai libri in lingua inglese si scova ogni meraviglia, edizioni rare, volumi introvabili, e tutto si può toccare e sfogliare liberamente: anche il catalogo della mostra che il Centre Pompidou ha appena dedicato alla Beat Generation con le rarissime foto di Harold Chapman. Il fotografo inglese ha seguito per due anni la vita quotidiana degli artisti al Beat Hotel; secondo Allen Ginsberg, per tutto quel periodo «Harold non ha pronunciato una sola parola, perché voleva diventare invisibile per poter documentare le scene a cui assisteva senza interferire in alcun modo». Sarà per questo che oggi è l'unico sopravvissuto a quell'era di eccessi e follie, e vive beatamente in una tranquilla cittadina sulla costa inglese...

LA TOMBA DEL RE LUCERTOLA

Come avrete capito ci sono mille Parigi da scoprire, in un gioco di scatole cinesi che si aprono all'infinito. L'ispirazione per una passeggiata vi può arrivare da qualunque parte, e a ogni angolo di strada si potrebbe nascondere un fantasma buono pronto ad accompagnarvi. Ce l'ha insegnato Woody Allen che nel suo *Midnight in Paris* ne ha incontrati parecchi, ma vi consiglio di non aspettare seduti sulle scale della chiesa di Saint-Etienne-du-Mont vicino al

Panthéon, dove una misteriosa Peugeot Landaulet del 1920 invita il protagonista del film a salire a bordo, trascinandolo in un avventuroso viaggio nel tempo che ognuno di noi ha sempre sognato. Io ci ho provato, ma Hemingway non si è fatto vedere. E non ero sola, insieme a me un intero pullman di giapponesi, evidentemente patiti del regista americano, ha fatto notte inutilmente.

Meglio lasciarsi cogliere di sorpresa e magari iniziare subito con il luogo popolato per eccellenza dalle presenze più autorevoli che hanno fatto la storia della città, ovvero il cimitero monumentale del Père-Lachaise. Vi piacerà anche se non siete amanti del genere perché, nonostante tutto, non è un luogo triste né spaventoso come una puntata di *The Walking Dead*. Anche il protagonista dei romanzi di Pennac, Benjamin Malaussène, ci passeggia spesso e sostiene di avere un posto già prenotato tra quelle sepolture eccellenti. Ce lo auguriamo per lui, ma non credo sia così facile oggi trovarsi un angoletto eterno tra le tombe di Marcel Proust e Jim Morrison.

«Il Père-Lachaise è un'infame commedia! Ed è ancora Parigi, con le sue vie, le sue insegne, le sue industrie, le sue dimore; ma vista attraverso la lente rimpicciolente del binocolo, una Parigi microscopica, ridotta alle proporzioni esigue delle ombre, delle larve, dei morti, un genere umano che non ha nulla di più grande, se non la vanità.» Così lo descrive Honoré de Balzac che al Père-Lachaise ha sotterrato molti dei suoi personaggi.

E pensare che nel 1804, quando fu inaugurato, i parigini non ne volevano sapere di seppellire laggiù i loro morti. Era considerato lontano, scomodo e fuori città. In effetti allora il ventesimo arrondissement non esisteva, e il quartiere era ancora un villaggio di campagna tra le vigne e i mulini. Per attirare i «clienti» l'amministrazione furbescamente traslocò nel nuovo cimitero alcune salme celebri: i primi furono Jean de La Fontaine e Molière, poi Cyrano de Bergerac, ma il colpo di genio fu trasportare le salme di Abelardo ed Eloisa, la coppia dall'amore più contrastato della storia di Francia, che finalmente si riunì nell'eterna sepoltura. Subito tutti i parigini cominciarono a desiderare un posto tra i «famosi».

Oggi il Père-Lachaise contiene settantamila tombe adornate di statue, bassorilievi e cappelle votive, ognuna con uno stile diverso dovuto all'estro degli architetti che lo hanno trasformato in uno dei cimiteri più eclettici del mondo e anche in uno dei monumenti più visitati di Parigi. La lista delle celebrità e di leggende è infinita: nei quarantaquattro ettari riposano spalla a spalla Amedeo Modigliani, Colette, Apollinaire, la Callas ed Edith Piaf, che in qualche modo è tornata a casa visto che era originaria di Belleville, a due passi da lì. Yves Montand e Simone Signoret condividono la stessa tomba, come hanno condiviso la loro lunga vita di coppia nella Roulotte di place Dauphine. Molière, finalmente perdonato, ha trovato pace tra queste tombe consacrate, mentre di Chopin hanno sotterrato tutto il corpo meno il cuore, che il musicista – sempre nostalgico della sua terra natia – volle che fosse inumato tra le mura della chiesa della Santa Croce a Varsavia; pare sia stata la sorella a nasconderlo in una bottiglia di cognac per passare il confine inosservata. Una delle più frequentate è la tomba di Jim Morrison; all'inizio era arricchita da un busto che lo ritraeva con uno sguardo luciferino, ma la statua è stata sottratta da qualche ammiratore ossessionato e ora è rimasto solo un rettangolo di terra nuda che i fan hanno disseminato di biglietti d'amore, lattine di birra e spinelli già confezionati, per augurare un oltretomba sereno al Re Lucertola. Meglio così perché, ora che è sparita, possiamo dire che l'opera era di una bruttezza da far rigirare il grande artista nella tomba. A Oscar Wilde è andata peggio: all'angelo marmoreo che svetta sul suo cenotafio hanno trafugato i genitali, ma in compenso tutto il monumento è punteggiato da tracce di rossetto impresse dai baci appassionati che devote vestali hanno lasciato in segno di amore eterno. Per arginare queste effusioni stanno provando con una teca protettiva in vetro infrangibile, ma hanno baciato pure quella.

LA TOMBA DI TIGNOUS, IL DISEGNATORE DI «CHARLIE HEBDO» È RICOPERTA DI FIORI MA SOPRATTUTTO DI PENNE E MATITE COLORATE

Balzac, che nella sua vita terrena era stato costretto a cambiare molti domicili, ora finalmente qui al Père-Lachaise ha trovato il suo indirizzo definitivo e nessuno lo può più disturbare. Sulla sua tomba, sotto il busto che lo ritrae, è adagiata una copia in bronzo della *Commedia umana* e una penna, forse per soddisfare

qualche ispirazione improvvisa dello scrittore anche nell'aldilà. Quando si è scritto così tanto per tutta la vita credo sia difficile smettere. E infatti anche la tomba di Tignous, il disegnatore di «Charlie Hebdo» che ha perso la vita nell'attentato alla redazione nel gennaio del 2015, è ricoperta di fiori ma soprattutto di penne e matite colorate.
Da questa collina si domina la città, adagiata tra le due rive della Senna: ed è proprio da qui che Rastignac, uno degli eroi della *Commedia umana* di Balzac, dopo aver seppellito le spoglie di Papà Goriot lancia la sfida più minacciosa che Parigi abbia mai ricevuto: «Gettò su quell'alveare ronzante uno sguardo che sembrava suggerne il miele in anticipo, pronunciando queste parole grandiose: "A noi due adesso!".». Impossibile non farla nostra.

UNE
FÊTE
Le Select
La Closerie des Lilas
JE SUIS CHARLIE

BISTROT

B di BISTROT

«Si finiva sempre per tornarci, a Parigi [...]
Ne valeva sempre la pena e qualsiasi dono tu le portassi ne ricevevi qualcosa in cambio. Ma questa era la Parigi dei bei tempi andati, quando eravamo molto poveri e molto felici.»

— Ernest Hemingway, *Festa mobile*

Il bistrot a Parigi è molto più di un bar e meno di un ristorante. È prima di tutto la risposta immediata ed economica a un bisogno di contatto senza troppo impegno. Un luogo-cerniera che aiuta a sopportare il delicato passaggio tra l'intimità della casa e il caos cittadino. Ma, allo stesso tempo, anche un mezzo sicuro e a portata di mano per sconfiggere la solitudine e assaporare una piccola dose giornaliera di *joie de vivre*. Non a caso si dice che nella Ville Lumière i bistrot siano più numerosi delle farmacie e rappresentino da sempre la quintessenza della vita parigina: se un etnologo di chiara fama come Marc Augé ha dedicato un intero saggio ai bistrot parigini come modello di civiltà, potete crederci.
Parigi ne è piena, ogni habitué ha i suoi preferiti, ogni arrondissement vanta i suoi fiori all'occhiello: ci sono quelli storici intoccati da duecento anni, quelli di tendenza con il bancone avveniristico e i cocktail dai nomi surreali, ma ogni tavolino è sempre pronto

«ad accogliere tutti coloro per i quali la strada rimane un'avventura possibile». Nessun turista sfugge al fascino del caffè parigino dove ci si sente a casa anche in mezzo alla folla, o meglio ancora seduti in un giardino come immagina Leonardo Sciascia che di Parigi era un assiduo frequentatore: «Le terrazze dei caffè fiorivano di tavoli rotondi dalle gambe sottili, e i camerieri avevano l'aspetto di giardinieri, e quando versavano il caffè e il latte nelle tazze pareva annaffiassero delle bianche aiuole».

Per un viaggiatore seriale la sosta al bistrot può diventare un mezzo infallibile per conoscere la città e gustare insieme al caffè lo spettacolo degli «altri», in un prezioso esercizio di tolleranza e libertà.

Ecco perché l'attacco terroristico alle *terrasses* dei caffè parigini è stato così odioso e simbolico. Subito dopo i tragici fatti del novembre del 2015, una scritta era diventata immediatamente virale tra i locali della città: «Tous au Bistrot!» un invito perentorio per tutti i parigini a non smettere di frequentarli. E così è stato. Come risposta alla violenza, la popolazione cittadina ha invaso i suoi bar e i proprietari, per non sottostare al ricatto della paura, hanno tenuto le serrande alzate offrendo da bere alla clientela di passaggio. Una sfida, una provocazione per ribadire l'*esprit* di questi spazi vitali per la cultura parigina. Non è un caso che nei luoghi colpiti dall'attacco, tra le candele, i fiori e i messaggi di condoglianze facesse capolino anche un romanzo di Ernest Hemingway, *Festa mobile*: il diario parigino di uno scrittore che ha amato e compreso profondamente lo spirito della città e naturalmente è stato un frequentatore professionista di bistrot. Sono spuntate copie del romanzo al Bataclan, a place de la République, e durante il minuto di silenzio in onore delle vittime molti parigini si erano portati il libro da casa e lo mostravano con orgoglio: un simbolo più forte di tante parole. Mi ha molto colpito come la letteratura, nei momenti veramente difficili, sia ancora una grande risorsa. In quest'era internettiana dominata da messaggi stringati e dalla dittatura dei selfie, mi sembrava impossibile che un vecchio reperto cartaceo di cinquant'anni fa possedesse ancora questa forza dirompente di protesta e consolazione. Eppure il messaggio dello scrittore americano è diventato così virale che la casa editrice, per la grande richiesta, è stata costretta a ristampare il romanzo, ormai esaurito nelle librerie.

COME RISPOSTA ALLA VIOLENZA, LA POPOLAZIONE CITTADINA HA INVASO I SUOI BAR E I PROPRIETARI, PER NON SOTTOSTARE AL RICATTO DELLA PAURA, HANNO TENUTO LE SERRANDE ALZATE

Hemingway nel suo libro riassume in pieno la filosofia del bistrot, sosta privilegiata di questa «festa mobile» che è la Parigi che non vuole arrendersi nonostante tutto. Vale la pena di rileggerlo nel vostro piccolo viaggio parigino, per entrare appieno nel giusto stato d'animo, anche se la maggior parte dei caffè citati dallo scrittore sono oggi molto turistici e hanno perso un po' di quel fascino avventuroso di quando, poveri ma belli, Hemingway e la sua combriccola di scrittori americani li frequentavano assiduamente trasformandoli in cenacoli letterari.

LA CLOSERIE DES LILAS E I LOCALI DELLA RIVE GAUCHE

> *«I quaderni con la copertina blu, le due matite e il temperamatite (un coltello da tasca era uno spreco eccessivo), i tavolini di marmo, l'odore del primo mattino, con i camerieri che lavavano e spazzavano il pavimento, e la fortuna: non ti occorreva altro.»*
>
> — Ernest Hemingway, *Festa mobile*

Tra tutti i bistrot battuti dallo scrittore americano, la Closerie des Lilas rimane sempre al primo posto nella mia lista sentimentale. Anche se oggi è quasi un ristorante di lusso, è impossibile resistere al fascino di questo locale al 171 di boulevard du Montparnasse, proprio in cima al quartiere caro agli intellettuali che avevano scelto la riva sinistra della Senna.

Sarà perché è stato uno dei primi tesori che ho scoperto da ragazza nei miei timidi pellegrinaggi parigini, o forse il merito è dei lillà in fiore che ti accolgono da sempre all'entrata, ma la Closerie conserva ancora un fascino particolare e mantiene intatta quell'aria campagnola delle antiche *guinguettes* di una volta: luoghi lontani dal centro elegante, considerati più sale da ballo che veri e propri ristoranti, dove signorine e cavalieri si incontravano per dare sfogo a un'irrefrenabile voglia di divertirsi caricata dall'eccitazione infantile di una gita «fuori porta». A leggere la storia della Closerie si ha la sensazione che sia stata frequentata più da artisti che da comuni mortali: pare che tutti, da Baudelaire a Henry Miller, abbiano bevuto almeno un bicchierino tra i suoi tavoli e all'ombra dei memorabili lillà in fiore.

«La Closerie des Lilas [...] era uno dei migliori caffè di Parigi. D'inverno dentro faceva caldo e in primavera era molto bello fuori con i tavolini all'ombra degli alberi.» Una dichiarazione lapidaria di Hemingway in *Festa mobile*, che straccia qualsiasi recensione di un odierno TripAdvisor. Allo scrittore americano non è sfuggito neanche un bistrot nel quartiere, non c'è locale o brasserie che non vanti la sua presenza prima dopo e durante la guerra, ma la Closerie la considerava il suo domicilio ufficiale in città, la chiamava proprio il suo *home café*. All'ombra dei lillà ha scritto *Fiesta* e sempre qui Francis Scott Fitzgerald gli ha mostrato per la prima volta le bozze del *Grande Gatsby*, forse allo stesso tavolo dove pochi anni prima Lenin affinava le sue qualità di stratega politico esercitandosi con il gioco degli scacchi.

Anche per questo i prezzi non sono più quelli di una volta e vi consiglio di affidarvi al menu brasserie, più abbordabile di quello del ristorante; ma almeno una coppa di champagne in onore di questo glorioso passato ve la potete concedere, perché l'atmosfera si è magicamente conservata. Già che ci siete – e in viaggio può sempre tornare utile – farei una capatina anche alle toilette, immutabili nel loro puro stile Art déco, tra le migliori secondo la mia personale hit parade dei bagni pubblici parigini.

E a proposito di bagni e *lost generation* c'è un altro ristorante che è rimasto famoso per un aneddoto che non vi avrei mai raccontato, se non fosse stampato nero su bianco nelle ultime pagine di *Festa mobile* che per fortuna uscì postumo nel 1964, quando sia Ernest che il suo amico Scott erano già scomparsi da tempo. Se aveva vinto alle corse o qualcuno lo invitava, Hemingway andava a mangiare dal più prestigioso Michaud, un ristorante molto quotato della Rive gauche dove James Joyce pranzava abitualmente con tutta la famiglia al completo chiacchierando amabilmente in italiano, da sempre la sua lingua preferita. Oggi il ristorante ha cambiato nome in Le Comptoir des Saints Pères, ma si trova ancora lì, tra rue Jacob e rue des Saints Pères: sinceramente non è più un granché e perfino i bagni non sono all'altezza della loro storia, che li ha visti testimoni di un episodio a dir poco inusuale.

In quei giorni parigini Francis Scott Fitzgerald era un po' depresso a causa di Zelda, la compagna di una vita, fascinosa musa dal temperamento fortemente problematico. Scottie sentiva il bisogno di confidarsi con qualcuno e aveva invitato a pranzo il suo amico Ernest, così dopo varie portate e bicchieri di vino... «Finalmente mentre stavamo mangiando la torta di ciliegie e bevendo un'ultima caraffa di vino disse: "Tu sai che io non sono mai stato a letto altro che con Zelda". "No, non lo sapevo."» Rispose Hemingway un po' stupefatto da questa intimità. «"Zelda una volta mi ha detto che, fatto come sono, non avrei potuto rendere felice una donna ed è stato questo in origine a sconvolgerla. Ha detto che era una questione di misure".» A quel punto l'autore di *Addio alle armi*, sfoderando il piglio soldatesco dell'inviato di guerra, ordinò all'amico di seguirlo in bagno, chiamandolo per l'occasione «the office». Nell'intimità della toilette del Michaud il «generale» Hemingway passò in rassegna l'organo incriminato del povero Scott per pronunciare infine la lapidaria sentenza: «Tu sei perfettamente a posto [...] Sei normalissimo. Non hai nessun difetto. Tu ti guardi dall'alto e ti vedi di scorcio. Va' al Louvre a vedere i corpi delle statue e poi corri a casa e guardati allo specchio di profilo». I due amici andarono davvero al Louvre, ma Scottie non si convinse del tutto. Il resto è nel romanzo che, come vedete, si può usare come una vera e propria guida di Parigi, compreso il tour al Louvre consigliato a tutti gli uomini bisognosi di rassicurazioni, senza per forza passare dalla tappa obbligata della *Gioconda*.

Visto che siamo già in zona vi suggerisco l'itinerario completo dei bar preferiti dallo scrittore americano e dall'onda artistica che aveva occupato la riva sinistra della città. A dar retta ai suoi ricordi Hemingway ha «consumato» un po' dappertutto... «Bere vino non era una forma di snobismo né un segno di raffinatezza né un culto; era una cosa naturale come mangiare e per me altrettanto necessaria...» Ora, per quanto sia nota la sua natura di forte bevitore, diciamo che nel tempo si è alzato un po' di folklore sulla faccenda, ma lasciamoci andare a questa inebriante passeggiata alcolico-letteraria e ordiniamo qualcosa anche ai tavolini del Select al 99 del boulevard du Montparnasse – altro covo storico degli artisti tra le due guerre. Inaugurato nel 1923, il Select fu il primo caffè di Montparnasse aperto tutta la notte, scenario perfetto per quegli anni folli che sono stati la culla di tante avanguardie rivoluzionarie, prima che calasse la cortina di nebbia delle dittature e della conseguente Seconda guerra mondiale. Qui Hemingway fece la conoscenza di habitué come Cocteau, Aragon, Breton, Picasso ecc. ecc.

Ancora oggi il Select, che ha anticipato la sua chiusura alle due di notte, conserva il fascino che aveva attratto quella folta tribù di scrittori squattrinati, esuli politici, artisti ed espatriati vari che, avendo scelto la collina della Rive gauche come domicilio, venivano chiamati familiarmente i Montparnos: «La cosa che più li attraeva era lo stile di vita libero e aperto che non avevano mai visto né a Londra né nell'America intrisa di puritanesimo; era un bazar internazionale, una fiera di paese, una quadriglia... tra la Rotonde, il Dôme, il Parnasse dove a turno a tutte le ore del giorno una persona poteva indiscriminatamente lavorare, bere, suonare il piano...». Anche se non si pratica più lo «stile libero» di una volta, il Select vale una visita, se non altro per i suoi interni cristallizzati nel tempo e la famosa Tarte citron façon Select che, al contrario degli arredi, è fresca e squisita.

La colonna sonora ideale per il Select, e per tutti i locali di questa scorribanda alcolica è senza dubbio *Un americano a Parigi*, il poema sinfonico che il compositore George Gershwin scrisse in quegli anni durante uno dei suoi soggiorni in città, che lo hanno visto assiduo frequentatore dei bistrot parigini. Oggi la suite musicale è un classico consolidato, ma all'epoca era dirompente e all'avanguardia con la sua miscela irresistibile di charleston, jazz e nuove sonorità dodecafoniche. Gershwin si cala nei panni di un turista americano e, per rappresentare la gioia di una passeggiata per le strade della Ville Lumière, inserisce nella partitura dell'orchestra anche le squillanti trombette dei taxi parigini: strumenti «atipici» che si era portato personalmente in valigia dalla capitale francese fino a New York. Decisamente delle sonorità insolite per un'orchestra sinfonica che suscitarono la meraviglia del pubblico durante la prima esecuzione dell'opera alla Carnegie Hall. D'altronde i tassisti di Parigi erano proverbiali per i loro clacson e la guida un po' caratteriale, ma oggi come allora vi conviene tenerveli buoni nelle vostre escursioni cittadine: e se non volete essere scaraventati per strada alla prima curva ricordatevi di non nominare mai la parola Uber (regola peraltro valida anche sul nostro suolo natio).

GERSHWIN INSERISCE NELLA PARTITURA DELL'ORCHESTRA ANCHE LE SQUILLANTI TROMBETTE DEI TAXI PARIGINI

A proposito di taxi, ancora una volta è Hemingway a riportarci in marcia ricordando che: «Qualunque sia il caffè di Montparnasse dove vuoi farti portare da un taxista dalla riva destra del fiume, finisci sempre alla Rotonde». Tra i bistrot di questa sponda

la Rotonde era forse il più famoso, e vantava tra i suoi primi avventori Apollinaire e tutto il circolo della rivista «Les Soirées de Paris», protagonisti di discussioni animate e creative, quando gli intellettuali, in un'epoca ante-Facebook, si incontravano veramente e non si limitavano a taggarsi a vicenda.
Gran parte del successo della Rotonde lo si deve al suo proprietario, l'affabile Papa Libion, che amava gli artisti e chiudeva sempre un occhio davanti ai numerosi conti non pagati. Una storia racconta che quando Amedeo Modigliani riuscì a vendere il suo primo quadro per poche centinaia di franchi decise di fare una festa nel suo atelier, proprio a pochi passi dalla Rotonde, invitando gli amici e naturalmente Papa Libion, santo protettore di tutti i suoi clienti. Il proprietario rimase abbastanza colpito nel vedere una tavola apparecchiata con tutte le stoviglie e le posate del suo locale, addirittura un tavolino del ristorante era in bella mostra al centro della piccola soffitta. «Prendere in prestito» il necessario per arredare i loro studi era un'abitudine consolidata da parte dei frequentatori del bistrot, ma il buon Libion non la prese a male, anzi scese alla Rotonde e tornò con una notevole quantità di bottiglie di vino che scarseggiavano in quell'apparecchiatura da grandi occasioni.
Purtroppo quella fu una delle poche sere felici per il nostro Modigliani, che per tutta la vita fece sempre fatica a far apprezzare i suoi capolavori; addirittura nel 1917 a una mostra dei suoi nudi più belli nella Galerie Berthe Weill il commissario di polizia del nono arrondissement ordinò il sequestro dei dipinti esposti in vetrina per offesa alla pubblica morale.

Dopo una vita di eccessi alcolici e ondate depressive, il pittore muore a soli trentacinque anni, senza aver conosciuto l'approvazione dei suoi contemporanei. La sua compagna Jeanne non sopravvive a quel tremendo dolore e si uccide due giorni dopo gettandosi dal quinto piano della casa dei suoi genitori, con in grembo il bimbo che aspettava dall'adorato Modì. Una tragedia che distrusse tutti gli ammiratori e gli amici di Modigliani che, per assicurargli un funerale dignitoso, proposero una tela dell'artista per l'incredibile cifra di mille franchi a un collezionista danaroso. Il compratore telefonò personalmente all'ospedale la Charité di Parigi per avere conferma del decesso del pittore e quindi del valore acquisito dal quadro. Il cinismo del mercato, al contrario degli artisti, non muore mai.

LA COUPOLE E CHEZ LIPP: LO YING E LO YANG DELLA RIVE GAUCHE

Il tour come vedete è infinito, tra queste che in realtà sono più delle brasserie che dei bistrot, ma le sfumature tra le diverse declinazioni dei luoghi di ristoro parigini le lascerei agli esperti che su questo argomento hanno riempito biblioteche. Oggi trionfano i gastro-bistrot e i neo-bistrot stellati con giovani chef baffuti che propongono la reinvenzione della semplicità, peraltro squisita. Molti li scopriremo in altri capitoli di questo libro, ma non riusciremo mai a gustare le novità se prima non impariamo ad assaporare la storia. E sulla riva sinistra ci sono ancora due «monumenti» per

cui ho un debole particolare: La Coupole, enorme brasserie con annessa sala da ballo, e l'austero e severissimo Lipp. Due stili opposti che rispecchiano alcune delle tante facce della Parigi imperdibile.
Se sono molto triste e ho un bisogno urgente di ricordarmi che la vita è bella punto dritta alla Coupole: costruito nel 1927 sulle rovine di un vecchio deposito di legna e carbone, il locale nasce con l'ambizione di diventare il luogo più strabiliante e chiacchierato di Parigi e ci riesce immediatamente, già il giorno dell'inaugurazione, quando le 1200 bottiglie di champagne previste per l'evento finiscono dopo un'ora dall'apertura.
Gli ottocento metri quadri su due piani sono presi d'assalto dagli invitati, e tutti rimangono incantati dall'ambiente dove ogni dettaglio, dalle luci ai banconi ai mosaici, è stato disegnato ad arte da architetti e decoratori di grido. Ma la vera meraviglia sono i trentatré pilastri che sostengono un soffitto affrescato come la Cappella Sistina, seguendo l'ispirazione dei tre temi suggeriti dai proprietari: la natura, la donna, la festa. Più *joie de vivre* di così...

SE SONO MOLTO TRISTE E HO UN BISOGNO URGENTE DI RICORDARMI CHE LA VITA È BELLA PUNTO DRITTA ALLA COUPOLE

La Coupole è un vero tempio dell'Art déco, oggi iscritto nella lista dei monumenti storici, e nonostante qualche restauro discutibile si offre ancora scintillante al pubblico dalle otto di mattina fino a mezzanotte, accogliendo la media di mille persone al giorno che si disputano i quattrocentocinquanta coperti serviti da centoventi camerieri e sessanta addetti in cucina. Detta così sembra più la descrizione di una mensa universitaria ma vi assicuro che, nonostante la folla, l'ambiente non ha perso nulla del fascino che aveva attratto un'interminabile lista di personaggi eccellenti. Tra le colonne dell'enorme sala lo scrittore Albert Camus ha festeggiato il suo premio Nobel e Marc Chagall celebrato il suo novantasettesimo compleanno. Joséphine Baker, che era una frequentatrice assidua del locale, a volte si faceva accompagnare dall'inseparabile ghepardo Chiquita o, a scelta, dall'altrettanto inseparabile Georges Simenon. In suo onore l'artista Victor Robiquet ha affrescato un intero pilastro, che la ritrae in uno scenario giunglesco popolato da scimmie, in puro stile *Art nègre,* allora tanto di moda. Sarà ancora La Coupole, una sera del 1928, a benedire la nascita di una delle più grandi passioni amorose della storia letteraria parigina: quella tra il poeta Louis Aragon e la scrittrice russa Elsa Triolet, che diventerà la sua musa e la compagna di una vita. Tanto da far declamare al poeta, da sempre ammaliato dalla città: «Paris ne m'est que d'Elsa».

Lo spazio sotto la cupola un tempo era occupato da una grande fontana dove i clienti, se ne avevano voglia, potevano rinfrescare i piedi; oggi al suo posto troneggia l'opera dello scultore francese Louis Derbré, ma c'è chi ricorda quando Kiki de Montparnasse sguazzava in quella vasca praticamente nuda. «Kiki era la regina dell'età dell'oro di Montparnasse più di quanto la regina Vittoria lo sia mai stata dell'epoca vittoriana.» Qualcuno la ricorderà nel ritratto del fotografo americano Man Ray di cui Kiki era stata musa e amante: un'immagine dove in realtà vediamo solo la sua memorabile schiena nuda su cui, in un guizzo dadaista, l'artista aveva disegnato le due tipiche effe di un violoncello. *Le Violon d'Ingres* è una delle tante immagini che immortalano questa donna libera ed eccentrica, che sin da piccola è stata modella e amica dei più importanti pittori dell'âge d'or di Montparnasse, ma anche pittrice lei stessa, cantante e ballerina di can can. Con il caschetto nero alla Lulù e un eterno rossetto rosso fuoco, Kiki ha animato le notti parigine della Rive gauche senza risparmiarsi. Come ci racconta nelle sue trasgressive memorie che all'epoca della prima pubblicazione in America nel 1929 furono censurate (insieme all'*Ulisse* di Joyce!), nonostante la prestigiosa introduzione del suo amico Ernest Hemingway: «Se siete stanchi dei romanzi contemporanei scritti dalle signore della letteratura, questo è un libro scritto da una donna che non è mai stata una signora. Per quasi dieci anni è stata a un passo dal diventare quella che oggi sarebbe considerata una regina; ma questo, naturalmente, è molto diverso dall'essere una signora». E vorrei ricordare che nella sua vita Hemingway ha scritto solo due introduzioni: questa e quella dell'autobiografia del barista del bar Dingo.

Le leggende che hanno animato La Coupole sono infinite e riempirebbero interi volumi, certo oggi non troverete Jane Birkin e Serge Gainsbourg al loro pranzo domenicale, né Jean-Paul Sartre al tavolo 149 (i camerieri se lo ricordano bene perché pare lasciasse mance veramente generose).

Ma tutti questi mirabolanti fantasmi non sono che una spruzzatina di sapore in più su un leggendario Curry d'agneau à l'indienne che da solo vale la visita.
Tutt'altra faccenda l'austerità della Brasserie Lipp, di cui il simbolo più evidente sono le Aringhe alla Bismarck dello storico menu. Inutile provare ad andarci se non avete prenotato, solo i veri habitué trovano subito – come per incanto – un posto. Di solito c'è da aspettare parecchio, ma se vi comunicano che l'attesa durerà più di quaranta minuti meglio desistere, è evidente che non avete conquistato il gradimento del maître. E anche quando finalmente vi assegneranno l'agognato tavolo, accontentatevi, anche se magari è un posto in fondo, vicino alla toilette: ambire a postazioni migliori è un miraggio che solo pochi sono riusciti a raccontare. E non lamentatevi se mangerete in uno spazio microscopico, gomito a gomito con gli altri commensali. È lo stile Lipp. Non è un caso che André Malraux abbia scelto proprio questo locale per festeggiare il premio Goncourt assegnato al suo doloroso romanzo *La condizione umana*.
Lipp è sempre al completo da quando aprì le porte su boulevard Saint-Germain nel 1880, ai suoi tavoli hanno sobriamente cenato molti uomini di Stato e tutti i presidenti francesi da De Gaulle in poi; ma una serata decisamente più effervescente deve essere stata quella dedicata all'aviatore Antoine de Saint-Exupéry, più noto come l'autore del *Piccolo Principe*. Siamo nel 1936 e l'impavido pilota, famoso per le sue imprese temerarie, decide di bruciare con il suo biplano il record della transvolata Paris-Saigon,

una tratta di più di diecimila chilometri. Oltre che dallo spirito d'avventura era stato spinto dalla lauta ricompensa di 150.000 franchi messi in palio dal ministero dell'Aria francese: a quell'epoca il famoso romanzo che sbaragliò tutti i record di vendite non era ancora stato scritto e Saint-Exupéry navigava in acque difficili. Ma durante l'impresa, dopo solo diciannove ore di volo, l'aviatore scompare nei cieli della Libia. Il mondo intero e la sua adorata Consuelo (la rosa del romanzo), lo danno per disperso, e già sono in preparazione le esequie quando un telegramma annuncia il suo ritrovamento. Il pilota si era schiantato nel bel mezzo del deserto e aveva vagato tre giorni insieme al suo meccanico in preda alla fame e alla sete, prima di essere fortunatamente avvistato da una carovana di beduini. Rientrò a Parigi celebrato come un eroe e anche lui volle festeggiare alla Brasserie Lipp il suo miracoloso ritorno. Dovevano passare ancora dieci anni prima che l'autore del *Piccolo Principe* sparisse nel nulla nei cieli di Marsiglia, ma d'altronde nessuno sarebbe mai riuscito a fermarlo perché uno dei suoi motti preferiti era: fai della tua vita un sogno, e di un sogno una realtà.

HOTEL DU NORD
LE COMPTOIR GENERAL
COIFFEUR
DIEU EST GRAND
JESUS T'AIME

C DI CANALI

«La signora Maigret guardò preoccupata i piccoli bistrot lungo il canale che ai suoi occhi non avevano nulla di rassicurante.
"Non aver paura, sono brave persone."
"Tutte?"
Certo, non passava settimana senza che nel canale si rinvenisse un corpo. A parte questo...»

— Georges Simenon, *Maigret si diverte*

A Parigi oltre alla Senna ci sono anche i canali. I più nottambuli e gli aficionados dello storico programma *Fuori orario* di Rai Tre già li conoscono, o almeno hanno sicuramente impressa nella memoria la sigla accompagnata dalla martellante canzone di Patti Smith: «Because the night belongs to lovers...». Si tratta di un'evanescente sequenza in bianco e nero che ci mostra un uomo che si tuffa nel Canal Saint-Martin, alla ricerca onirica e disperata della sua amata scomparsa. È tratta da *L'Atalante*, film capolavoro del regista «maledetto» Jean Vigo, venerato da tutti i cinefili. La pellicola è stata girata tra grandi difficoltà nell'autunno del 1933 in una Parigi battuta da vento e pioggia, ma mai così bella e poetica. Oggi questa zona, alle spalle di place de la République, è punteggiata da localini e negozi trendy ed è presa d'assalto da una nuova clientela definita «bobo» (ovvero

bourgeois-bohème) che si mischia ai residenti storici e agli alternativi dell'ultim'ora.
D'altronde un fiume d'acqua segreto che scorre placido all'interno di una grande metropoli non è una cosa da poco e i parigini, che adorano il picnic, al primo pallido sole invadono gli argini armati di vettovaglie: una delle tante celebrazioni della *joie de vivre* che questa città ha stampata nel dna. Troverete di tutto, dalle coppie eleganti con flûte di cristallo e champagne in ghiaccio ai fricchettoni d'antan con il loro corredo di canne e birrette: nessuno rinuncia alla sua «colazione sull'erba». Responsabile di questa frenesia sarà sicuramente il capolavoro di Edouard Manet *Le déjeuner sur l'herbe* conservato al Musée d'Orsay, emblema di ogni spuntino gioioso all'aria aperta. La tela fece scandalo per il nudo delle damigelle ritratte insieme a dei signori completamente vestiti, ma soprattutto per la modernità dell'insieme. Come racconta la storia, nel 1863 fu rifiutata dal Salon ufficiale ed esposta nel Salon des Refusés e, come spesso succede per ogni miope censura, da lì cominciò il suo grande successo.
Passeggiando per gli argini dei canali nelle sere d'estate si coglie proprio questo desiderio di felicità, anche se al posto dell'erba c'è un marciapiede di cemento e nessuno si mostra nudo, al massimo in bikini in piena estate.
I canali sono diventati un terreno fertile per l'imprenditoria giovanile e ogni giorno spuntano nuovi spazi per accogliere un pubblico variegato, alcuni veramente originali, come Le Comptoir Général. Aperto dal mattino a notte fonda, è allo stesso tempo

un mercato di prodotti bio dal produttore al consumatore, un bar esotico, un ristorante, un negozio e un punto d'incontro dei viaggiatori che vogliono conoscere cucina e oggetti di altre culture, in particolare quelle africane che sono rappresentate anche dalla musica dal vivo e dai dj set che diventano protagonisti quando arriva il tramonto. Sulla sponda opposta invece vi aspetta il Point Ephémère, spazio polivalente recuperato dal degrado: qui musica e cibo si mischiano indissolubilmente, visto che lo chef rappresenta anche l'Animal Records, la prima etichetta musicale ibrida che si occupa anche di produzione culinaria insieme all'Animal Kitchen. Se non vi sentite abbastanza «giovani», sul terrazzo a pranzo è possibile anche consumare cibi veri e propri.

Per quante novità trovino casa ogni giorno su queste sponde, lo spirito dei canali è sempre più forte di ogni cambiamento e sopravvive comunque all'invasione dei turisti.

Il Canal Saint-Martin, voluto fortemente da Napoleone Bonaparte per rifornire la città d'acqua e facilitare i commerci verso la capitale, fu inaugurato nel 1825, ma negli anni Settanta ha rischiato di scomparire per sempre sotterrato da un progetto di autostrada a quattro corsie con conseguente abbattimento di vecchi edifici storici. Per fortuna la determinazione e la protesta dei parigini hanno evitato lo scempio, così che oggi possiamo ancora godere dell'antico spettacolo delle chiuse che permettono una navigazione lenta e oziosa, terapia d'urto contro ogni sindrome o stress da fretta compulsiva da cui siamo tutti affetti.

Adesso i canali sono navigabili solo a scopo turistico e per arrivare al Bassin de la Villette, primo porto di approdo verso il Canale dell'Ourcq, si deve superare un dislivello di venticinque metri attraverso nove chiuse e due ponti girevoli. Osservare da un ponticello l'acqua che scivola piano svuotando i bacini è un passatempo che consiglio, sicuramente più terapeutico e meno oneroso di una visita dall'analista.
Infinite sono le tappe che ci attraggono lungo gli argini: la mia preferita è sicuramente il ristorante l'Hôtel du Nord. L'edificio, che originariamente ospitava un vecchio albergo, ha rischiato la demolizione, ma per fortuna ha avuto l'onore di una protesta capitanata a gran voce dalla star del cinema francese Arletty, protagonista del film-monumento di Marcel Carné *Hôtel du Nord*, ambientato nello storico scenario dei canali. Nel 1989 le sue dichiarazioni furono fondamentali contro la minaccia delle ruspe: «È un angolino della città meraviglioso, che mi emoziona molto, come la torre Eiffel... Adoro il quartiere dell'Hôtel du Nord, è folle pensare che lo abbattano, dobbiamo impedirlo!». Una frase lapidaria quanto quelle che la diva ha pronunciato nel film di Carné, che sono rimaste negli annali della storia del cinema francese. In particolare un dialogo nella sequenza che la vede impegnata con un bellimbusto che si è visibilmente stancato di lei:

EDMOND: «Ho bisogno di cambiare atmosfera, e la mia atmosfera sei tu.»

> RAYMONDE: «È la prima volta che mi danno dell'"atmosfera"! [...] Ho forse la faccia da atmosfera? Se è così, vacci da solo a La Varenne! Buona pesca e buona atmosfera!»

Un insegnamento per tutti gli uomini che cercano di rimorchiare a Parigi: è evidente che dare dell'atmosfera a una ragazza è una mossa totalmente sbagliata.
Ma è proprio quell'atmosfera scampata alle demolizioni che tutti noi veniamo a cercare come pellegrini assetati nel deserto, e ne è pieno il ristorante che si è insediato nel vecchio Hôtel du Nord: sparite le camere da letto, è rimasto l'edificio regolamentare restaurato, con all'interno l'originale pavimento a scacchettoni bianchi e neri e un bancone di zinco che vale la visita. Il menu invece non è rétro ma classico, con tendenza «nouvelle gastro», senza per fortuna cadere nelle spume sifonate che personalmente mi fanno venire l'orticaria.

OSSERVARE DA UN PONTICELLO L'ACQUA
CHE SCIVOLA PIANO SVUOTANDO I BACINI
È UN PASSATEMPO CHE CONSIGLIO,
SICURAMENTE PIÙ TERAPEUTICO
E MENO ONEROSO DI UNA VISITA DALL'ANALISTA

Si chiama addirittura L'Atmosphère un vecchio bistrot con la terrazza affacciata sul canale, altra meta imperdibile per la succitata atmosfera, che qui è conservata religiosamente nei suoi classici tavolini in legno con boiserie coordinata. L'ambiente possiede la tipica arietta del locale dove è appena passato a consumare un Pernod il commissario Maigret, magari per schiarirsi le idee su un nuovo delitto. Anzi, qualcuno dice che sia proprio questo il bistrot che lo scrittore Georges Simenon chiama Chez Popaul nel giallo *Maigret e il corpo senza testa*, tutto ambientato dalle parti del Canal Saint-Martin. Simenon conosceva a perfezione la città, non a caso la maggior parte dei romanzi di Maigret è ambientata a Parigi, la scena del crimine per eccellenza per lo scrittore belga che in *Maigret perde le staffe* afferma:

> «Ogni quartiere di Parigi, ogni classe sociale ha, per così dire, il proprio modo di uccidere – così come ha il proprio modo di suicidarsi. In alcune strade ci si butta dalla finestra, in altre ci si uccide con le esalazioni della stufa o con il gas, in altre ancora ci si avvelena con i barbiturici. Ci sono quartieri in cui ci si accoltella, altri dove si usa una spranga e altri ancora, come Montmartre, in cui dominano le armi da fuoco.»

Evidentemente al Canal Saint-Martin erano specializzati nel fare a pezzi le vittime, come si evince dalla storia di *Maigret e il corpo senza testa* dove, in una nebbiosa alba parigina, il braccio di un uomo rimane incastrato nell'elica di una chiatta che trasporta merci sul canale; le acque restituiranno poco alla volta altri pezzi di questo misterioso cadavere, ma la testa? Un inizio folgorante per un caso tutto ambientato nel quartiere, una zona spesso battuta dal commissario che abita non lontano dal corso d'acqua, al 132 di boulevard Richard-Lenoir: è lì che lo aspetta ogni sera l'impeccabile e accogliente signora Maigret.

Il boulevard è una lunga via con spartitraffico alberato, quasi un giardino, che in realtà ricopre la parte sotterranea del canale, due chilometri che le chiatte percorrono sotto immense volte in pietra prima di sbucare vicino alla Bastiglia, nel porto dell'Arsenal, dove resta solo una chiusa a separarle dalla Senna. L'escursione è affascinante, per chi non ha problemi di claustrofobia, anche se le gallerie sono illuminate da giochi di luce e arcobaleni improvvisi grazie a *Echos de Lumière*, un'installazione realizzata dall'artista giapponese Keiichi Tahara che rende ancora più misterioso questo percorso. La gita completa vi trasporta lentamente tra le sponde punteggiate da platani e castagni fino al Bassin de la Villette. L'acqua è meno torbida del solito perché è stata appena cambiata, operazione che avviene ogni quindici anni e fa scoprire ogni volta una quantità di reperti che i parigini continuano a buttare segretamente nei canali. Non è ancora stata ritrovata la testa del cadavere dell'inchiesta di Maigret ma sono emerse biciclette, motorini, svariate marche di telefonini e quattro tonnellate di pesce che sono state prontamente rimesse in acqua nella Senna.

La vostra gita sui canali può continuare all'infinito: magari con uno spuntino alla vecchia stazione di dazio di fine Settecento, la Rotonde de la Villette, un'inusuale architettura palladiana con tanto di colonne doriche, oggi trasformata in ristorante con terrazza (ottimo décor ma servizio che lascia a desiderare, come direbbe una vera guida), o al Pavillon des Canaux, casetta surreale arredata in stile cartone animato minuziosamente ispirato alla fattoria di Nonna Papera. Se non trovate posto nella sala potete mangiare in ogni stanza, perfino in bagno, sdraiati in una vecchia vasca di zinco con vista sul Bassin de la Villette... l'ideale se viaggiate con dei bambini, meno se avete i nonni a carico. Ma in una bella giornata di sole l'imperativo categorico è affittare una barca al Bassin de la Villette e affrontare l'avventura del Canale dell'Ourcq. Non c'è bisogno di patente nautica e con il motore elettrico non rischiate di fare danni, anche se siete inadatti alla navigazione come me. Fondamentale è munirsi di un cestino da picnic per celebrare il vostro *déjeuner sur l'eau*. Se non avete tempo o voglia di prepararlo ve lo affittano insieme alla barca, con bibite e baguette farcite. Il vino è meglio procurarselo da soli, i negozi non mancano: una sicurezza è la catena Nicolas dove sapranno consigliarvi amorevolmente la bottiglia da scegliere.

Ma se invece siete esausti, sfiniti dalle camminate forzate del vostro giro turistico, e magari tira anche un po' di vento, allora l'alternativa potrebbe essere quella di conservare la bottiglia per un'altra occasione e perdervi nella visione del quadro di Sisley *Veduta del Canal Saint-Martin*, gelosamente conservato al Musée d'Orsay dove, al secondo piano, troverete ad accogliervi una comoda caffetteria piena di specchi, stucchi e una memorabile vista sulla Senna. D'altronde, come diceva Honoré de Balzac, l'arte è «natura concentrata».

DANDY

D DI DANDY

«Quando mi si dà ragione ho sempre la sensazione che devo essermi sbagliato.»

— Oscar Wilde, *Il critico come artista*

Oggi la parola «dandy» potrebbe evocare dei bellimbusti azzimati che si atteggiano sulle pagine di qualche rivista patinata, magari con papillon colorati e barba e baffi scolpiti all'ultima moda. Ma nell'Ottocento abbracciare questa filosofia di vita era una cosa molto seria: ai tempi di Lord Brummell e dei suoi epigoni, i dandy erano delle figure romantiche che sfidavano apertamente le convenzioni sociali, e non solo attraverso un'estetica ricercata e un comportamento da snob. Come ci ricorda l'illustratore, scrittore e dandy dichiarato Philippe Jullian: «Lo snob sta al dandy come una beghina qualunque sta a Santa Teresa D'Avila». E c'è poco da aggiungere.

Fortemente individualisti, i dandy animano (quasi a loro insaputa) un movimento culturale in opposizione alla società di massa che nel diciannovesimo secolo aveva cominciato a livellare ogni spirito creativo o ribelle. Le armi preferite di questi gentiluomini non sono il fioretto o la spada, ma la conversazione brillante, i motti di spirito, lo scetticismo e l'impassibilità malinconica di chi sa di essere già sconfitto in partenza. Charles Baudelaire, eleggendoli a maestri di vita, scriveva: «Il dandismo è l'ultimo bagliore di eroismo nelle decadenze [...] Il dandismo è un sole al tramonto e, come l'astro che declina, è superbo, senza calore e pieno di malinconia». Le definizioni e gli aneddoti abbondano, e se Londra ha visto nascere i primi maestri di questa scuola di pensiero Parigi è stata la culla e spesso il palcoscenico ideale per molti di loro.

Il più venerato, lo scrittore irlandese Oscar Wilde, è tornato ripetutamente e per lunghi periodi nella capitale francese, sia al culmine della sua gloria frequentando salotti e caffè altolocati, ammirato e riverito dalla crema del bel mondo, sia verso la fine della sua esistenza travagliata, ormai dimenticato da tutti. L'autore della scandalosa *Salomè* si rifugia per l'ultima volta a Parigi dopo l'odiosa condanna per omosessualità scontata duramente nelle carceri inglesi con due anni di lavori forzati. Il successo travolgente che l'aveva accompagnato presso l'alta società internazionale, America compresa, si era eclissato per sempre. Senza più amici né soldi, quello che torna nella Ville Lumière nell'autunno del 1900 è un Wilde quasi irriconoscibile, che sceglie di vivere nell'anonimato sotto il falso nome di Sebastian Melmoth. Le delusioni amorose e la vendetta di un'Inghilterra moralista e puritana l'hanno messo in ginocchio, tanto che è costretto quasi a nascondersi nel cuore di Saint-Germain all'Hôtel d'Alsace, un albergo triste e scalcinato molto lontano dallo stile a cui era abituato. È lì che poco prima di morire Wilde pronuncia la frase, rimasta alla storia, contro la bruttezza offensiva degli arredi: «Io e questa carta da parati ci siamo sfidati a duello. Uno dei due deve morire!». Aveva perso tutto ma non il suo spirito.

Gli ammiratori e i devoti del culto di Wilde, dopo essere passati dalla sua tomba al cimitero del Père-Lachaise, non possono mancare una visita a questo hotel al 13 di rue des Beaux-Arts, dove una targa in marmo ricorda gloriosamente la nobile presenza. Ma vi avverto: della famosa carta da parati non vi è più traccia, e per dormire dovete prepararvi a una tariffa da cinque stelle lusso. Nella sua stanza, la numero 16, ora abbondano damaschi e boiserie, su una scrivania in mogano troneggia la famosa foto di Wilde con il fiore all'occhiello e l'unica traccia del passato sono i conti non pagati dello scrittore, elegantemente incorniciati e appesi in bella mostra su una tappezzeria ricamata con disegni floreali e pavoni liberty. Li ha conservati amorevolmente il proprietario di allora, Monsieur Jean Dupoirier, l'unico che si prese cura dello scrittore malato e che lo aiutò nella sua dolorosa discesa agli inferi.
Monsieur Dupoirier gli faceva le iniezioni di morfina per alleviare il dolore dell'infezione all'orecchio e con discrezione gli serviva in camera da letto lo champagne che il vecchio dandy non poteva più permettersi. Tanto che Wilde poteva affermare con il suo proverbiale stile: «Sto morendo al di sopra dei miei mezzi». Gli amici dei tempi dorati lo abbandonarono quasi tutti, addirittura si racconta che un altro dandy di razza, il pittore Aubrey Beardsley che aveva creato le memorabili illustrazioni della *Salomè*, quando lo incontrava per le stradine di Saint-Germain faceva finta di non riconoscerlo.
Ora l'albergo si chiama semplicemente L'Hôtel ed è uno dei più ricercati luoghi parigini, famoso anche per una meravigliosa sca-

la ellittica, quasi un trompe l'œil, che porta alle venti camere e suite accuratamente restaurate dall'architetto Jacques Garcia, maestro parigino particolarmente richiesto per queste operazioni di restyling rétro (a lui si deve tra l'altro la «rinfrescatina» della stanza da letto di Luigi XVI a Versailles). Sicuramente a Wilde non dispiacerebbe il nuovo décor, ma soprattutto gli andrebbe parecchio a genio il ristorante a una stella Michelin gestito dallo chef Julien Montbabut; d'altronde lo scrittore affermava convinto che «l'unico modo per liberarsi di una tentazione è di cederle», e l'aragosta con crema agrodolce e caviale essiccato è più che una tentazione, ma ricordatevi che non c'è più Monsieur Dupoirier a chiudere un occhio se la vostra carta di credito non regge il colpo.

Anni prima c'era stata un'altra Parigi per Oscar Wilde: quella dei soggiorni lussuosi passati insieme al nobiluomo inglese Lord Alfred Douglas detto Bosie, l'amante dello scandalo, il bel giovane che i biografi più accreditati dicono sia stato all'origine della sua rovina. Oscar e Bosie erano invitati nei salotti più esclusivi, dove lo scrittore famoso per la sua leggendaria eleganza si presentava sempre sfoggiando un fiore di girasole in mano come fosse un bastone da passeggio. Nonostante Wilde affermasse convinto che: «Ho messo il mio genio nella mia vita e ho messo solo il talento nelle mie opere», le sue vicende amorose purtroppo dimostrano il contrario. Quella relazione appassionata, a cui aveva sacrificato soldi e dignità, non lo ripagò con la stessa moneta. L'ingrato Bosie, dopo aver goduto degli agi e della fama di Wilde, quando lo scrittore, povero e malandato, uscì dal carcere che aveva subito proprio per causa sua, non provò nessuna riconoscenza e gli negò qualsiasi aiuto finanziario. Le cronache raccontano di un amaro addio avvenuto nel lussuoso Café de la Paix, luogo che aveva testimoniato momenti ben più felici per i due amanti. Mi auguro che almeno quell'ultima cena Bosie l'abbia pagata perché, allora come adesso, questo ritrovo elegante in place de l'Opéra è famoso per il suo ambiente raffinato ma anche per i suoi conti altrettanto principeschi.

Ma un tè nella cornice dell'arredamento in puro stile impero ve lo potete concedere, visto che oltre alla consumazione nel totale sono compresi anche i fantasmi dei celebri frequentatori del passato.

Il Café, inaugurato nel 1862 dall'imperatrice Eugenia, moglie di Napoleone III, continua a essere un monumento parigino strettamente legato alla vita del tempio della musica che si erge di fronte, l'Opéra Garnier, che vi invito a visitare anche senza assistere a uno spettacolo. L'edificio è sfarzoso e monumentale e potrebbe venire a nausea agli amanti delle linee semplici ed essenziali: l'architetto Le Corbusier lo ha definito un perfetto esempio di «arte tombale!». Ma forse si riferiva al più famoso abitante di quei luoghi, che ha ispirato la leggenda del «fantasma dell'Opera». Gli scaloni imponenti, gli stucchi dorati e gli immensi lampadari vi potranno lasciare impassibili, ma sono sicura che davanti agli affreschi di Marc Chagall che adornano la cupola centrale proverete un vero fremito d'emozione.

Almeno a me è successo, il merito sarà stato anche della guida che mi ha accompagnato nel tour, una signora francese dall'attitudine esoterica che sfoderava aneddoti strabilianti per attirare l'attenzione di un gruppo ormai prossimo alla catalessi.

L'Opéra Garnier è sfarzosa e monumentale: Le Corbusier lo ha definito un perfetto esempio di «arte tombale!»

Ci crederete o no, ma secondo Madame Lorette il grande angelo dorato che sovrasta il tetto dell'edificio, un'allegoria della musica che si staglia nel cielo parigino, un bel giorno è spiccato in volo spandendo le note della sua preziosa cetra nell'aria. Non l'ha visto lei personalmente ma Oscar Wilde, in una mattina nebbiosa del 1889, seduto come al solito ai tavolini del Café de la Paix. Madame Lorette non ha mai messo in dubbio la visione che lo scrittore ha documentato con dovizia di particolari nei suoi scritti, e la racconta nel suo tour come un fatto storico di vitale importanza. Aggiungendo comunque subito dopo che, all'epoca, certi artisti avevano l'abitudine di consumare grandi quantità di assenzio, liquore dalle spiccate qualità psichedeliche.

Adoro Madame Lorette, inutile dirvi che da allora è la mia guida ufficiale di Parigi.

RAU—
SONIA
DELAU
NAY
SIMULTANE
HEIM
FURS
S
A
LUT
M
O N
D E
DONT
JE SUIS
LA LAN
GUE É
LOQUEN
TE QUESA
BOUCHE
O PARIS
TIRE ET TIRERA
TOU JOURS
AUX AL
LEM ANDS

ESPOSIZIONE UNIVERSALE

E di Esposizione Universale

«Ho lasciato Parigi e anche la Francia perché la torre Eiffel aveva finito per annoiarmi troppo.
Non solamente la si vedeva dappertutto, fatta di tutti i materiali conosciuti, esposta in tutte le vetrine, incubo inevitabile e straziante.»

— Guy de Maupassant, *La vita errante*

La tour Eiffel che oggi illumina orgogliosa le notti parigine è stata edificata nel 1889 per l'Esposizione Universale di Parigi che festeggiava il centenario della Rivoluzione francese. Vi sembrerà incredibile, ma i parigini proprio non la volevano e la criticarono sin dall'inizio, anzi ancor prima che vedesse la luce. Quando il progetto era solo uno schizzo su carta, la crema degli artisti e intellettuali dell'epoca, tra cui Alexandre Dumas figlio e Guy de Maupassant, firmò un'altolocata lettera di protesta in cui si chiedeva a gran voce l'abbandono di questo folle e mostruoso progetto: «Noi sottoscritti, scrittori, pittori, scultori, architetti, innamorati della bellezza di Parigi finora intatta, siamo qui a protestare, indignati, in nome della storia francese minacciata dalla costruzione proprio nel cuore della nostra capitale di questa inutile e mostruosa tour Eiffel». Ma l'ingegner Eiffel era un osso duro e nonostante la gragnola di critiche e insulti andò dritto per la sua strada, riuscendo a completare l'osteggiata opera di

323 metri e 8000 tonnellate di ferro nei tempi previsti: ovvero due anni, due mesi e cinque giorni, un record impensabile anche solo per un viadotto secondario della nostra Salerno-Reggio Calabria.

La povera torre d'acciaio venne definita «Notre-Dame da mercatino delle pulci», «chincaglieria fuori misura», «un lampadario inguardabile», «un candeliere vuoto», «una supposta» solo per citare alcune delle colorite metafore che diventarono quasi un passatempo cittadino. Ma la neonata «dama di ferro», alla faccia dei detrattori, conquistò immediatamente il pubblico dei visitatori che la presero d'assalto sin dal giorno dell'inaugurazione, facendo a gara per salire in cima, anche se gli ascensori non erano ancora pronti e i gradini – chi li ha fatti lo sa bene – sono 1665!

Gli ascensori cominciarono a funzionare solo pochi giorni dopo e non si fermarono più, a parte una volta, nel giugno del 1940, quando un misterioso guasto bloccò la salita a un visitatore non proprio gradito nella capitale francese che era appena stata messa in ginocchio dall'esercito tedesco. A rimanere a terra fu proprio Adolf Hitler, durante il suo breve giro «turistico» di Parigi: nonostante la propaganda ipersalutista del suo regime, il führer non se la sentì di farsi la scalinata a piedi. Aveva conquistato la Francia ma non la tour Eiffel, e questo ingegnoso stratagemma riuscì a tenere nascoste le apparecchiature di radio-trasmissione piazzate in cima alla torre che furono in seguito una risorsa fondamentale del Fronte di Liberazione. Appena Hitler fu ripartito gli ascensori tornarono magicamente a funzionare e la tour Eiffel diventò un'eroina della Resistenza: il grande dittatore aveva umiliato Parigi ma non riuscì a godersela dall'alto. Ormai da tempo l'«asparago di ferro» aveva vinto la sua battaglia e si era trasformato nel simbolo che tutti conosciamo, conquistandosi il primato di uno dei monumenti più visitati del mondo.

Solo Guy de Maupassant non riuscì mai a digerirla, anche se andava tutti i giorni a mangiare nel ristorante interno della struttura. Alla domanda di un amico incuriosito da quest'apparente contraddizione rispose: «È l'unico posto in tutta Parigi dove riesco a non vederla!». Invece a me piace proprio godermela da lontano, specialmente la notte, quando allo scoccare dell'ora comincia a scintillare come una decorazione natalizia impazzita, sarà infantile ma mi carica di un'irresistibile eccitazione. Se siete fragili ed emotivi come me, la postazione ideale per questo brivido è il ristorante sulla terrazza del Musée de l'Homme nel Palais de Chaillot, altro monumento costruito per un'Esposizione Universale nel 1937. In linea d'aria dista solo settecento metri dalla torre ma vi sconsiglio di coprire la distanza camminando sul filo – come fece il funambolo Philippe Petit nel 1989 per festeggiare a modo suo il centenario dell'«asparago».

Mi raccomando, quando prenotate al Café de l'Homme chiedete un tavolo con vista, vale la spesa e anche se siete l'essere più cinico e disincantato del pianeta la serata rientrerà di sicuro tra le «indimenticabili» della vostra vita.

La vista dall'alto però non la escluderei, è comunque un'esperienza, visto che ha scomodato anche la prosa del più grande semiologo francese, Roland Barthes, che in un saggio mette il punto definitivo su ogni critica del passato: «Tutto, nella Torre, la designa simbolo di sovversione: l'arditezza della concezione, la novità del materiale, l'inestetismo della forma, la gratuità della funzione. Simbolo di Parigi, si può dire che la Torre abbia conquistato questa posizione contro Parigi stessa, le sue vecchie pietre, la densità della sua storia.»

TUTTO, NELLA TORRE,
LA DESIGNA SIMBOLO DI SOVVERSIONE:
L'ARDITEZZA DELLA CONCEZIONE,
LA NOVITÀ DEL MATERIALE,
L'INESTETISMO DELLA FORMA,
LA GRATUITÀ DELLA FUNZIONE

Oggi, alla tenera età di quasi centotrent'anni, la torre è uno dei monumenti più riprodotti in souvenir e chincaglierie di ogni specie; non so se nella classifica delle palle di vetro e portachiavi superi il Colosseo o la Statua della Libertà, ma sicuramente detiene un primato nella storia dell'arte.

ROBERT E SONIA

Quasi nessuno dei più grandi artisti francesi ha resistito alla tentazione di inserirla in un quadro, da Rousseau il Doganiere a Seurat, da Chagall a Cocteau, a Utrillo: il fascino della torre ha colpito generazioni di pittori, ma chi è entrato proprio in «fissa dura» con la sua silhouette è stato Robert Delaunay. Sigmund Freud, interrogato sul caso, avrebbe fatto risalire questa ossessione all'incontro tra Delaunay bambino di quattro anni e la torre, durante un'innocente visita con i genitori. Il piccolo Robert ha dovuto però aspettare una ventina d'anni, prendere dimestichezza con colori e pennelli, per poi cominciare a dipingerla freneticamente in tutte le prospettive e sfumature, scomponendola in ogni taglio di luce possibile. Pare che siano state più di cento le tele dedicate da Delaunay a questo feticcio di ferro, che rappresentava per lui e tutti gli artisti delle avanguardie un simbolo di progresso e modernità, la messaggera di un'epoca che avrebbe assicurato agli uomini un futuro di libertà e benessere. Come sappiamo le cose sono poi andate diversamente, ma l'energia creativa di quella generazione di pittori rimane per noi una lezione insostituibile.

Di tutte queste rappresentazioni monotematiche sicuramente la più romantica è quella che l'artista ha regalato alla futura moglie Sonia Terk come pegno di eterno amore. Un'altra forse avrebbe preferito un diamante, ma Sonia era una donna speciale e conservò gelosamente quel quadro per tutta la vita. I due artisti formarono una coppia eccezionale nella vita e nell'arte: partendo dal movimento surrealista, non si negarono nessuna sperimentazione in tutti gli ambiti possibili della creatività. Sonia, in particolare, riuscì a passare con talento dalla pittura alle illustrazioni per i libri dei suoi amici poeti, alla realizzazione

di stoffe per l'arredamento, fino ai sorprendenti costumi per i balletti russi di Sergej Djagilev che fecero scandalo nella Parigi tra le due guerre.
Negli anni Venti, al grido di «Il colore mi dà gioia», fonda addirittura una *maison* di moda che realizza incredibili modelli «in movimento». Sono vestiti e scarpe vivacissimi, dei veri quadri viventi che lei definisce «abiti simultanei», dove prevalgono forme astratte: cerchi concentrici, triangoli, linee a zig zag dalle tonalità sempre accese e vibranti, capi unici di cui oggi possiamo vedere qualche esempio al Musée des arts décoratifs e al Musée de la Mode. «Volevo mostrare, divertendomi, la ricchezza delle linee del corpo femminile e dei suoi movimenti [...] Ogni donna deve vestirsi secondo la sua personalità, perché gli abiti diventano parte integrante della sua fisicità.»

«IL COLORE MI DÀ GIOIA»

La Delaunay non trascura nessuna forma d'arte e sperimenta, da vera antesignana della Pop Art, ogni genere di applicazione industriale del suo talento. Realizza pubblicità al neon, decora automobili, disegna dei caschetti aerodinamici per le auto decappottabili, pigiami e cappotti multicolor di cui Gloria Swanson e il dadaista Tristan Tzara sono fedeli indossatori. Se siete dei collezionisti, ma soprattutto se ve lo potete permettere, potreste avere la fortuna di trovare dei pezzi unici realizzati dall'artista o litografie firmate dei suoi infiniti bozzetti esplorando il catalogo della storica casa d'aste Artcurial, luogo molto noto agli intenditori del genere: una visita nella sede principale all'Hôtel Marcel Dassault, al 7 del rond-point des Champs-Elysées, è una vera esperienza da parigino doc. Anche se non siete intenzionati a comprare nulla, potrete sempre acquistare un catalogo di tessuti orientali o di orologi antichi e sfogliarlo distrattamente tra i tavolini del suggestivo Café Artcurial, fingendovi per una manciata d'ore un grande esperto d'arte internazionale. Attenti però, perché durante l'asta, come sapete bene, ogni mossa inconsulta potrebbe compromettere per sempre il vostro conto corrente.

All'Artcurial è stata venduta una preziosa foto autografata della Delaunay: una bellezza misteriosa con occhi intensi e una silhouette «Art nouveau» drappeggiata da un raffinato kimono di sua creazione; osservandola, ammirata, ho pensato che in realtà era proprio lei il vero capolavoro vivente, la prima sperimentatrice e modella ideale della sua arte innovativa che indossava con un'eleganza disarmante, specialmente nelle serate dedicate al tango, di cui era appassionata ballerina in coppia con suo marito Robert. Così li descrive Guillaume Apollinaire in una delle sue cronache del 1914 sul «Mercure»: «Vale la pena di andare da Bullier il giovedì e il sabato sera a vedere Robert Delaunay e la sua signora, entrambi pittori, che stanno creando una vera rivoluzione dell'abbigliamento».

Un'altra impresa che li vede protagonisti è l'Esposizione del 1937, dove decorano un intero padiglione, il Palais de l'Air, im-

mensa struttura futurista che celebra i successi del progresso aereo tra passerelle sospese nell'aria e biplani appesi al soffitto. Sonia e Robert, in uno spirito da street art ante litteram, realizzano con l'aiuto di giovani artisti degli enormi murales che ritraggono turboeliche in movimento in un caleidoscopio di colori, ancora oggi conservati per la vostra gioia nell'esposizione permanente del Centre Pompidou.
Quello tra Sonia e Robert fu un grande amore, che la pittrice continua a celebrare anche dopo la scomparsa del marito avvenuta nel 1941. Sonia vivrà fino a novant'anni, non smettendo mai di stupire il mondo con il suo talento e dedicandosi alla divulgazione dell'opera di Robert fino alla fine dei suoi giorni. Con grande generosità organizzerà mostre e donerà decine di opere del compagno ai musei di Parigi, ma non si separerà mai dalla sua personale tour Eiffel, regalo più prezioso di ogni anello di fidanzamento. In compenso una delle più belle *Eiffel* di Robert Delaunay vi aspetta proprio al Pompidou, un altro degli edifici più discussi e contestati di Parigi.

UN UFO ATTERRATO DA UN ALTRO PIANETA

Il museo, chiamato familiarmente Beaubourg, è una tappa obbligata in qualunque tour parigino, anche perché mette d'accordo bambini e genitori. Il segreto è la sua struttura, che sembra appartenere più a un mondo di cartoni animati che al vecchio

quartiere, dove emerge tra i tetti grigi d'ardesia come un ufo atterrato da un altro pianeta. È lo spazio più lontano possibile dall'idea di museo classico, e quindi il luogo ideale per ospitare le opere dei Delaunay e di altri artisti con la passione per il colore e per l'anticonformismo.
L'architetto italiano Renzo Piano, quando nel 1971 si aggiudicò insieme a Richard Rogers la gara per realizzare il Beaubourg, aveva solo trentaquattro anni ed era ancora sconosciuto. L'idea del loro progetto era semplice e innovativa: costruire un palazzo senza pelle, con le condutture, i tubi e le nervature tecniche lasciate a nudo e dipinte a tinte vivacissime. Erano sicuri che una visione così estrema e in contrasto con l'ambiente circostante non sarebbe mai passata e invece vinsero a mani basse. Inutile dirvi che collezionarono più critiche della tour Eiffel; ancora oggi, a quarant'anni dalla nascita, c'è sempre un comitato cittadino che vorrebbe radere al suolo il museo. Finché resiste correte a visitarlo, tanto ci troverete sempre una mostra imperdibile. Esistono delle immagini strepitose del giorno dell'inaugurazione che documentano lo stupore e la curiosità nello sguardo incredulo dei primi visitatori. Un regista geniale aveva piazzato microfoni e telecamere nascoste per cogliere le emozioni negli occhi della gente... Stiamo parlando di Roberto Rossellini, chiamato dall'amministrazione parigina per immortalare l'evento: il documentario realizzato sull'apertura del Beaubourg fu l'ultimo lavoro della sua lunga carriera, peccato che non si riesca a vederlo spesso. Lo ricorda con affetto Renzo Piano, che an-

cora oggi rivive l'emozione di quell'avventura conquistata solo grazie al coraggio e all'incoscienza giovanile, doti che consiglia a tutti gli aspiranti architetti. «Abbiamo fatto una pazzia e ci hanno criticati moltissimo, ma eravamo giovani, sconsiderati e coriacei!»

Sono il frutto della stessa spericolata progettazione anche le scale mobili, che si slanciano come un bruco lungo la parete principale del Centro, ricoperte da una struttura trasparente che sembra una sequenza interminabile di bolle di sapone. È un'ascesa magica che vi deposita sulla terrazza panoramica a trecentosessanta gradi sulla città: sarà difficile resistere ai selfie e contro selfie ma poi, una volta quietata l'eccitazione digitale, potete approfittare del ristorante Georges, una specie di nido in cima all'edificio dove, oltre a godere della vista unica, si mangia anche bene. Come avrete capito ho un debole per i ristoranti all'interno dei musei, cibo e cultura mi sembrano l'accoppiata vincente per conoscere meglio una città, magari annaffiando il tutto con un bicchiere di rosato di Provenza. Le pause per riposare le membra sfiancate dei camminatori seriali vanno scelte con cura, e la terrazza del Georges è l'ideale per ritemprare mente e corpo, compresa la toilette annessa al ristorante che includerei nella mia preziosa lista delle migliori della città, perfettamente in stile con l'edificio. Attenzione però, ci vuole un po' per scovarla tra i mosaici elicoidali, ma una volta conquistata non delude le aspettative.

Oggi sarebbe impensabile immaginare Parigi senza Beaubourg e

tour Eiffel, eppure c'è stato un momento in cui tutti e due i monumenti hanno rischiato grosso. Per la tour Eiffel ne approfittò nel 1925 il fantasioso truffatore Monsieur Lustig che, avendo letto sui giornali che il comune di Parigi aveva serie difficoltà economiche per la manutenzione della torre, ebbe un'idea folle ma grandiosa. Dopo aver preparato dei finti documenti governativi che lo nominavano unico esecutore della vendita della tour Eiffel – ovvero settemila tonnellate di ferro – invitò alcuni industriali del ramo a una riunione esclusiva nel rinomato Hôtel de Crillon a place de la Concorde. Spalleggiato da un complice riuscì a rifilare il «promettente affare» a un ricco commerciante dal nome inequivocabile di Monsieur Poisson: il pesce abboccò, il malcapitato firmò all'istante un lauto assegno e Lustig si volatilizzò nel nulla. Non posso immaginare la faccia del vero amministratore del comune di Parigi quando Monsieur Poisson si presentò per ritirare il suo ferro prezioso. Tanta fu la vergogna per la sua stupidità che la vittima di questo singolare raggiro non sporse mai denuncia.
Lustig è uno dei miei truffatori internazionali preferiti, ma viene sempre dopo il gigantesco Totò che nel film *Totòtruffa '62* vende la Fontana di Trevi a un turista americano. Insieme a Nino Taranto, complice d'eccezione, convincono l'ingenuo mister Decio Cavallo che tutti i soldini gettati nella fontana appartengono per legge al proprietario del monumento: un vero investimento a vita!

Mister Decio Cavallo: «Perché? Il denaro che buttano dentro la fontana è tuo, paisà?»
Totò: «Si capisce! Questa è la famosa Fontana di Trevi, appartiene alla mia famiglia da molte generazioni. Permette? Cavaliere Ufficiale Antonio Trevi.»

Non c'è Lustig che tenga.

Promenade Plantée

FIORI E GIARDINI

F DI FIORI E GIARDINI

«Il giardino era il mio paradiso: che potevo desiderare di più?»

— Rabindranath Tagore, *La poesia della natura*

Un'appassionata giardiniera come me non poteva resistere alla tentazione di sposare questa lettera con «fiori e giardini». Ma il capitolo rischia di farsi spesso come una Bibbia visto che Parigi è punteggiata, circondata e attraversata da spazi verdi, ognuno con il suo carattere e la sua filosofia. Dai luoghi storici come il Jardin des Tuileries, tra il Louvre e place de la Concorde, creato per i re di Francia dal grande paesaggista André Le Nôtre, autore del parco di Versailles; a percorsi naturali più insoliti come l'aerodinamica Promenade plantée (o Coulée verte), una via disseminata di piante ricavata dal vecchio tragitto della linea ferroviaria chiusa nel 1969 che partiva dalla Bastiglia e arrivava a Vincennes. Per raggiungerla dovete salire una rampa di scale in rue de Lyon, nel dodicesimo arrondissement, e poi per cinque chilometri potrete planare sulla città camminando sospesi nel verde come in un giardino pensile, ammirando la maestosità dei palazzi dagli stili più eclettici.
Se invece siete amanti dei grandi spazi e dei lunghi orizzonti la vostra meta è il Bois de Boulogne, da sempre uno dei parchi più frequentati dai parigini, che nella Belle Epoque lo attraversavano avanti e indietro in carrozza per vedere e farsi vedere. Oggi all'interno

della vegetazione svetta un quartiere di Gotham city nel bel mezzo di un bosco ottocentesco: la sede della Fondation Vuitton, opera di Frank Gehry. Si tratta di una costruzione audace e avveniristica che ospita straordinarie mostre d'arte contemporanea, ma anche se non esponesse un bel niente l'escursione varrebbe comunque la pena per ammirare Parigi dalle terrazze futuriste e magari consumare uno spuntino nel ristorante Le Frank; seduti sotto enormi pesci di metallo dorato che pendono dal soffitto vi sembrerà per incanto di far parte anche voi di un'istallazione vivente, complice la Sifonata di ceci dello chef stellato Jean-Louis Nomicos.

PER CINQUE CHILOMETRI POTRETE PLANARE SULLA CITTÀ CAMMINANDO SOSPESI NEL VERDE

Ma se siete degli inguaribili romantici è il Parc Monceau, uno dei giardini più poetici della città, il vostro luogo ideale. Alla fine del Settecento il duca d'Orléans acquistò la tenuta che oggi ospita il parco e parte del quartiere, e chiamò il famoso paesaggista Carmontelle per creare un luogo «pittoresco». Il poliedrico duca desiderava realizzare un paesaggio che rispecchiasse la nuova filosofia giardiniera tanto cara a Jean-Jacques Rousseau che prevedeva il trionfo di una natura disordinata, ricca delle piante più diverse, insieme a «segni» di luoghi e civiltà di ogni tempo. Tra platani e sicomori secolari spuntano sculture e finte rovine posizionate ad arte per creare un'atmosfera intima e struggente che raggiunge il suo apice con la riproduzione di una naumachia: un piccolo bacino d'acqua contornato da un colonnato corinzio che evoca i luoghi dove avvenivano le battaglie navali degli antichi romani. L'incantesimo gli riuscì così bene che Rousseau in persona, famoso per i suoi vagabondaggi campestri da botanico entusiasta, scavalcava il recinto di nascosto per ammirare furtivamente quel paesaggio incantato ricco di piante esotiche. Tanto che la governante di casa arrivò a consegnare allo scrittore una copia delle chiavi del cancello per porre fine alle sue perlustrazioni clandestine. Nel 1852, dopo varie vicissitudini, il parco viene reso pubblico e in parte lottizzato per ospitare i palazzi lussuosi delle famiglie dell'alta borghesia del Secondo Impero, che ancora oggi hanno la fortuna di affacciarsi su un giardino così speciale ed eccentrico.

SE SIETE DEGLI INGUARIBILI ROMANTICI È IL PARC MONCEAU, UNO DEI GIARDINI PIÙ POETICI DELLA CITTÀ, IL VOSTRO LUOGO IDEALE

Una volta lì, non potete mancare una visita al Musée Nissim de Camondo, un gioiello architettonico proprio ai bordi del parco che ospita un museo delle arti decorative. Si tratta di un palazzo costruito ispirandosi al Petit Trianon di Versailles ed è la testimonianza vivente di come poteva essere una casa nobiliare ai primi del Novecento. Dalle cucine con fornelli e pentole di rame alla sala da pranzo, ai salotti rivestiti di tappezzerie preziose, tutto è rimasto inalterato nel tempo e vi sembrerà di immergervi nella ricostruzione storica di un film. Non a caso proprio qui hanno girato il celebre *Valmont* di Miloš Forman, tratto dallo scandaloso romanzo epistolare *Le relazioni pericolose* di Choderlos de Laclos. A essere sincera io preferisco la versione precedente, quella del regista Stephen Frears, vuoi mettere il visconte di Valmont interpretato da John Malkovich? Al confronto Colin Firth ha il sex appeal di un sedano appassito, ma questo nulla toglie alle meraviglie del Camondo.

Per gli amanti delle rose c'è solo un luogo: il Parc de Bagatelle, che trovate nella parte nord-ovest del Bois de Boulogne; in questo piccolo paradiso ogni primavera si svolge il prestigioso concorso internazionale che incorona il miglior esemplare dell'anno. Potrete camminare tra le fioriture di decine di rose pretendenti al podio fingendovi giudice esperto e poi riposarvi all'ombra del *berceau* degustando un tè mentre dei pavoni quasi addomesticati verranno a beccare le briciole della vostra Tarte au citron. Questa *bagatelle* nasce da una prova d'amore, una specie di scommessa lanciata dalla regina Maria Antonietta al conte d'Artois – suo bel cognato e, come assicurano i gossip del Settecento, anche amante segreto. D'Artois aveva appena acquistato un rudere con annesso spazio verde al Bois de Boulogne e la giovane regina, in partenza per un viaggio di due mesi, gli lanciò una sfida capricciosa, chiedendogli di organizzare una festa sontuosa per il suo ritorno. Sarebbe stato capace il conte di trasformare a tempo di record quell'ammasso di rovine in un castello degno della sua regale presenza? Il povero D'Artois spese una fortuna e impiegò più di novecento operai che,

lavorando giorno e notte, riuscirono a completare una dimora più che lussuosa per il ritorno della sua regina. Se poi lei sia stata riconoscente o meno, non è dato saperlo, ma da allora la tenuta è nota anche come «La Folie». In realtà è solo il modo in cui venivano chiamate le foresterie e i piccoli castelli di campagna, ma mai come in questo caso il nome si è rivelato profetico.
Per reminiscenze meno voluttuose e più intellettuali vi consiglio il sobrio e superclassico Jardin du Luxembourg, chiamato amichevolmente dai parigini «le Luco». A volere questo spazio verde nel sesto arrondissement è stata una regina molto meno chiacchierata, l'italiana Maria de' Medici, che quando nel 1610 si ritrovò vedova di Enrico IV decise di abbandonare il Louvre che le metteva una gran tristezza e chiamò un architetto di fiducia per costruire qualcosa che assomigliasse di più ai palazzi e ai giardini della sua amata Firenze.
E così il bel «Luco» nasce dalla nostalgia di una donna per il suo Paese, sentimento irresistibile che aveva già colpito l'altra Medici regina di Francia una sessantina d'anni prima: Caterina, moglie del re Enrico II, che per sentirsi vicina alla sua Toscana si portò a corte un pasticciere italiano. Da questo genio dei fornelli sono nati i famosi Macaron, le meringhette colorate che vi propongono in tutte le salse in ogni pasticceria parigina. Sono ottimi quelli della caffetteria proprio all'entrata del Musée du Luxembourg, una piccola dépendance della storica pasticceria Angelina in rue de Rivoli. Gli amanti del bio a tutti i costi possono invece acquistare del miele a chilometro zero prodotto direttamente dalle arnie del Luxembourg, visto che il parco più chic del mondo possiede anche un centro di

apicoltura biologica al suo interno e vende i barattoletti nell'Orangerie del giardino. Purtroppo Maria de' Medici non riuscì mai a godersi la sua nuova dimora, perché prima ancora che il palazzo fosse ultimato fu allontanata dal trono senza pietà dal figlio Luigi XIII. Noi invece abbiamo il «Luco» a disposizione dall'alba al tramonto, e pur essendo sterminato e sontuoso rimane sempre un parco familiare quasi come un giardino di quartiere, dove la mattina si possono incontrare gli studenti che hanno «bucato» la scuola e a tutte le ore i più indefessi patiti di jogging di Saint-Germain. Se siete fortunati tra le sculture di grandi artisti come Rodin, Bourdelle e Zadkine, vi potrebbero apparire anche i fantasmi di Simone de Beauvoir e Jean-Paul Sartre, che amoreggiavano tra questi viali quando erano molto giovani e l'esistenzialismo non si scorgeva ancora all'orizzonte. I biografi della coppia più intellettuale di Francia individuano proprio in una panchina del Luxembourg il luogo dove avvenne il famoso patto di libertà sessuale tra i due scrittori: «Assolutamente niente matrimonio. E niente figli, richiedono troppe energie. Vivere ciascuno la sua vita, avere delle avventure...». E a proposito di avventure, le vite di Jean-Paul e Simone ne sono state piene, con la tendenza a coinvolgere giovani prede nei loro trafficati ménage sentimentali. Io mi sono sempre chiesta dove trovassero il tempo per scrivere tutti quei saggi fondamentali per il Novecento e contemporaneamente intrecciare *liaisons* più scandalose di quelle di Valmont e della marchesa de Merteuil. Ma come succede ai bambini nei confronti dei loro genitori, non voglio approfondire più di tanto il côté erotico di questi due monumenti della cultura francese. Preferisco sorvolare e continuare a leggere con occhi candidi la loro produzione letteraria; se invece voi volete traumatizzarvi definitivamente e abbattere i totem, c'è un libro che ha fatto scalpore: *Mémoires d'une jeune fille dérangée* di Bianca Lamblin. L'autrice ha vissuto per anni avviluppata in un triangolo amoroso con i due mostri sacri e da queste «relazioni pericolose» pare non si sia mai più ripresa. Per recuperare l'innocenza consiglio come antidoto la lettura dei *Miserabili* di Victor Hugo, dove i Jardin du Luxembourg sono lo scenario della storia d'amore tra Cosette e Marius Pontmercy, roba da povere educande al confronto.

Defilato e misterioso, dedicato ai temperamenti ombrosi e lunari, è il Parc des Buttes-Chaumont, nel diciannovesimo arrondissement. Più che un semplice giardino è un vero e proprio «paesaggio» costruito dal nulla su una vecchia cava di gesso parigina: per edificarlo hanno trasportato rocce, piante e alberi, creando una cascata con tanto di laghetto, ponticelli e un'isola magica. I vecchi dislivelli della cava sono stati trasformati in colline verdi che oggi permettono di scoprire inedite prospettive della città, ma sono le misteriose leggende che circondano da sempre le Buttes-Chaumont a creare un fascino inquietante intorno a questo antico giardino. Sull'isola in mezzo al lago, attraverso due passerelle sospese sull'acqua – la più alta delle quali è chiamata «il ponte dei suicidi» – potete raggiungere una piccola costruzione che è la replica del Tempio della Sibilla di Tivoli; in questo luogo decisamente spettrale gli amanti dell'esoterismo individuano il fulcro di un potente pentagono mistico carico di energie che, una volta scatenate, potrebbero donare poteri di una forza pari solo a quella di Jeeg Robot dopo il tuffo nel biondo Tevere.

IN QUESTO LUOGO DECISAMENTE SPETTRALE GLI AMANTI DELL'ESOTERISMO INDIVIDUANO IL FULCRO DI UN POTENTE PENTAGONO MISTICO CARICO DI ENERGIE

Io, personalmente, sono arrivata sfiatata alla cima, forse l'effetto non funziona per i fumatori incalliti come me, ma la vista che si gode di Montmartre e del Nord di Parigi è comunque sufficiente per affrontare la salita. Mi dicono però di evitare ogni visita notturna perché i «sibillini» – che non sono un movimento letterario, ma gli adepti dell'antico culto della Sibilla – amano riunirsi dopo il tramonto per i loro riti iniziatici proprio nelle gallerie sotterranee dell'antica cava; assicurano i più devoti che in quei labirinti siano nascosti oggetti magici come i famosi tarocchi degli Avatar! Non chiedetemi cosa siano questi tarocchi perché io conosco solo quelli della maga che ha da sempre il banchetto all'angolo di piazza Navona a Roma. Ma non ce l'ha insegnato Corrado Augias che Parigi è la città dei segreti e dei misteri? Non sarò certo io a contraddirlo.
Potrei andare avanti all'infinito, perché ogni arrondissement nasconde un piccolo tesoro verde dove rifugiarsi anche solo per un picnic. Come abbiamo già detto i parigini sono patiti del *déjeuner sur l'herbe* e ogni metro quadrato d'erba è buono per sviluppare l'antica passione. Uno dei giardini più frequentati per questa attività

maniacale è a Champ-de-Mars, dove un immenso pratone si estende sotto la protezione benevola della tour Eiffel. Al primo sole primaverile la folla del picnic selvaggio, quasi evocata da un pifferaio magico, si raduna a frotte per celebrare questo fondamentale rito laico parigino trasformando la spianata in un happening degno di un concerto rock. Se siete dei semplici turisti ma vi prende lo stesso la voglia di partecipare al sabba del *déjeuner sur l'herbe* oggi è semplicissimo, basta rivolgersi alla nuova organizzazione Frichti e anche voi potrete ordinare, con una semplice chiamata dallo smartphone, il vostro cestino ripieno di ogni delizia culinaria, vini compresi; il tutto vi verrà consegnato fresco e al massimo dopo mezz'ora dalla prenotazione presso il luogo che avete scelto, perché Frichti vi geolocalizza al momento dell'ordine. Sulla presenza di formiche o zanzare tigre sui prati parigini non so darvi però nessuna informazione.

LA GIRAFFA DEL RE

«*La Terra può anche sparire se rimane il* Jardin des Plantes.»

— August Strindberg

Difficile pensare qualcosa che possa ancora suscitare stupore in noi umani del terzo millennio. Forse neanche un'astronave che atterri a mezzogiorno in piazza San Pietro durante l'udienza papale ci scuoterebbe più di tanto. Ma non oso immaginare la meraviglia che devono aver provato i parigini della prima metà dell'Ottocento quando hanno visto per la prima volta in vita loro una giraffa in carne e ossa. L'esemplare arriva dall'Egitto come regalo speciale del pascià Mehmet Ali al re Carlo X, una furba mossa diplomatica per conquistarsi la benevolenza politica della Francia. L'animale, che d'ora in poi chiameremo Zarafa (come lo soprannominò anni fa lo scrittore americano Michael Allin, che ha dedicato un avvincente libro a questa storia), prima di calcare il suolo della Ville Lumière aveva affrontato un avventuroso viaggio in feluca lungo il Nilo per arrivare dal Sudan all'Egitto e poi una traversata fino all'Europa in un brigantino a cui avevano appositamente praticato un foro nel ponte di prua per far uscire il lungo collo. Zarafa, insieme a un'allegra compagnia di pecore, mucche e antilopi africane, si ferma a Marsiglia per svernare e prepararsi al clima severo del Nord Europa. Il prefetto della città la accoglie come una regina e si conquista l'onore di portarla personalmente a passeggio. Quando finalmente Zarafa entra a Parigi il 30 giugno del 1827 è elegantissima: sarti specializzati le hanno confezionato una redingote impermeabile insieme a un cappelletto antigelo, e così conciata viene presentata in gran pompa a sua maestà.

Da quel giorno tutti fecero a gara per poterla ammirare e durante la sola estate di quell'anno quasi un milione di parigini rimasero di stucco davanti a quel prodigio della natura. Zarafa ebbe un tale successo che lanciò una moda senza precedenti: non aveva fatto così scalpore neanche il rinoceronte di Luigi XV una sessantina d'anni prima. S'inaugurò in città una vera giraffo-mania che con-

templava disegni, vestiti, cravatte, persino tagli di capelli «alla giraffa» e ogni genere di gadget che ricordasse l'incredibile animale. Ma l'entusiasmo per la novità esotica finì molto presto, altri avvenimenti suscitarono l'attenzione dei cittadini e specialmente quella del re, che fu costretto a lasciare il trono dopo i moti rivoluzionari del 1830. Zarafa, al contrario del suo sovrano, continuò a regnare al Jardin des Plantes per altri diciotto anni, servita e riverita da uno staff amorevole; aveva addirittura uno scudiero a sua disposizione con il solo compito di pettinarla notte e giorno. Da cui l'espressione francese (da suggerire all'onorevole Bersani) «pettinare le giraffe» che sta a indicare una delle faccende più faticose e inutili al mondo. Come avrete capito ho un debole per le giraffe, esseri eleganti ma surreali che sembrano usciti dal pennello di Salvador Dalí e non resisto a qualsiasi esibizione di animali impagliati, scheletri del paleolitico e fossili vari. Il mio parco dei divertimenti preferito in questo caso è inevitabilmente il Jardin des Plantes, prima casa della nostra Zarafa, oggi sede del Museo nazionale di Storia Naturale.
Il giardino riunisce tutte queste meraviglie, con l'aggiunta di una ricchissima esposizione di specie botaniche che fioriscono a ogni stagione in un arcobaleno senza fine. Per non parlare delle due serre giganti appena restaurate che contengono rari esemplari di piante tropicali: è una vera gioia in pieno inverno gironzolare tra le liane di una foresta vergine umida e calda, mentre fuori minaccia di nevicare. E se non vi basta, il vasto complesso del Jardin des Plantes ospita anche il più antico zoo di Parigi, lo so che gli ambientalisti non saranno d'accordo, ma a questo luogo incantato, dopo la prima visita,

perdonerete tutto. E sapere che l'orangotango Pongo vive a due passi del Quartiere Latino è una magnifica follia che mandò in visibilio anche lo scrittore e flâneur militante Leon-Paul Fargue. L'autore era così innamorato del Jardin des Plantes da definirlo, nel *Piéton de Paris*: «Un giardino per sognatori e innamorati, una rarità incomparabile, un luogo d'incontro per filosofi...». Potete ancora resistere?

IL BANCHIERE GIARDINIERE

Se invece siete dei divoratori seriali di ogni stile e tendenza giardiniera e gradireste visitare in una sola escursione tutte le declinazioni possibili di uno spazio verde, magari partendo da un vero giardino zen giapponese, passando attraverso una foresta tipica dei Vosgi, senza trascurare l'impeccabile roseto alla francese, né uno scapigliato insieme di siepi *made in England*, ho la soluzione che fa per voi. Basta raggiungere l'estremo Sud del Bois de Boulogne e avrete la chance di scoprire uno dei giardini meno conosciuti ma non per questo meno affascinanti di Parigi.

A costruirlo, zolla dopo zolla, è stato Albert Kahn, un personaggio che sembrerebbe molto lontano da questo incantevole mondo vegetale. Tra la fine dell'Ottocento e i primi decenni del Novecento Kahn è stato uno dei più importanti e talentuosi banchieri francesi, che a soli trentotto anni era già riuscito ad accumulare un'immensa fortuna fondando addirittura una banca personale nel pieno centro di Parigi. Ma Kahn si rivela un capitalista sui generis: invece di continuare a ramazzare denaro all'infinito nell'ingordigia

tipica della sua categoria, abbandona ogni attività e decide di seguire un sogno. Al contrario di tanti suoi simili di ieri e di oggi, che preferiscono rifugiarsi in lontani paradisi che di esotico hanno solo l'evasione fiscale, il nostro miliardario con il grande capitale che ha a disposizione crea a sorpresa un piccolo Eden.
Già questa storia varrebbe la visita al Jardin d'Albert Kahn, ma una volta raggiunto questo luogo unico rimarrete abbagliati dalla genialità della composizione all'interno del parco. La bellezza e l'armonia dei diversi spazi verdi a tema è unica nel suo genere e appare subito evidente che non è animata solo da una passione estetica. Il banchiere era in realtà anche un filosofo che inseguiva, nella realizzazione del suo giardino, un'utopia più vasta, provando a coltivare l'uguaglianza attraverso la biodiversità. Attraverso lunghi viaggi intorno al mondo Kahn è venuto a contatto con le culture più lontane e ha approfondito lo studio di usi e costumi del mondo intero, intuendo che solo la conoscenza delle diversità può portare al rispetto e alla tolleranza: ideali fondamentali per raggiungere la pace universale in cui questo piccolo uomo dall'aspetto anonimo crede con tutte le sue forze.
Attraversare i diversi scenari verdi costruiti pazientemente dalla sua tenacia giardiniera diventa per i visitatori anche un'esperienza politica e sociale: in questo senso il banchiere, parallelamente alla costruzione dei giardini, ha animato diverse fondazioni per divulgare le conoscenze acquisite e ha istituito borse di studio per spingere gli studenti meritevoli, quelli che diventeranno la classe dirigente del futuro, ad allargare le proprie prospettive. Inoltre Kahn negli anni

Dieci fonda anche un immenso archivio fotografico, Les Archives de la Planète, dove riunisce il materiale raccolto nei suoi viaggi e lo mette a disposizione degli studiosi insieme a un laboratorio di biologia che si specializza nella ricerca delle biodiversità ed è ancora oggi consultabile. Nel suo piccolo regno invita filosofi, intellettuali, letterati, poeti e premi Nobel per discutere e confrontarsi sull'armonia dei popoli. Toccante è una foto del poeta indiano Rabindranath Tagore, amico e ospite assiduo di Kahn, che passeggia serafico tra i filari di rose del giardino di Boulogne.

Attraversare i diversi scenari verdi diventa per i visitatori anche un'esperienza politica e sociale

Ma come negli incubi peggiori questa bellissima utopia si stava per schiantare contro la dura realtà del denaro. La crisi del 1929 riduce in miseria l'ex banchiere e lo costringe alla vendita di tutte le sue proprietà. Per fortuna quello che il piccolo uomo aveva seminato ha messo radici profonde, e una cordata di ammiratori e seguaci della sua opera si mobilita per mantenere integro questo patrimonio unico; alla fine di un'incredibile avventura l'amministrazione pubblica di Francia acquista l'intera proprietà e l'archivio fotografico, preservandoli da smembramenti e dispersioni. Ad Albert Kahn sarà concesso di vivere nel paradiso che ha creato, dove continuerà a godere della fioritura primaverile dei ciliegi del suo giardino giapponese fino all'ultimo dei suoi giorni.

LE VOYAGE
DANS LA LUNE
"STAR FILM"
Geo Méliès. Paris
Casinos de Trouville
Le Train Bleu
Restaurant

GARE

G DI GARE

«Buonasera signore e signori. Mi chiamo Orson Welles e sono un attore. Un autore. Un produttore. Un regista. Un prestigiatore.»

— Orson Welles

La stazione più affascinante di Parigi non è una stazione. O almeno non lo è più. Sto parlando della Gare d'Orsay, costruita per l'Esposizione Universale del 1900 con l'obiettivo di accogliere i visitatori fin dentro il cuore della città. Concepita come un vero fiore all'occhiello dell'architettura urbana, possedeva anche un albergo lussuoso, un ristorante e una sala da ballo incorniciata da specchi e ghirlande di lampadari di cristallo. Dopo appena un paio di decenni, la definitiva vittoria dell'elettricità sul vapore la rese quasi inutilizzabile e decretò il suo lento declino. L'enorme orologio della facciata che scandiva gli orari dei treni aveva perso il suo scopo e riprese vita solo durante la Liberazione, quando la stazione si trasformò momentaneamente nel centro di raccolta dei prigionieri che tornavano finalmente in patria. Ma la decadenza sembrava inarrestabile e presto la stazione si trasformò in un guscio vuoto, un monumento deserto – capace però di infiammare l'immaginazione di Orson Welles, che la scelse come set per *Il processo*, film del 1962 tratto dal celebre romanzo di Franz Kafka. Il regista stesso narra che non doveva andare così, in realtà erano in costruzione delle scenografie a Zagabria, ma il giorno prima di partire con tutto il cast, che comprendeva star come Anthony Perkins, Romy Schneider e Jeanne Moreau, Welles scoprì che non era ancora stato allestito nessun set e il film rischiava di saltare per aria: «Abitavo di fronte alle Tuileries, all'Hôtel Meurice; non riuscivo a dormire e passeggiavo avanti e indietro per la camera guardando continuamente fuori dalla finestra. Non sono così folle da non prendere la luna con tutta la serietà che merita, e quella notte c'era una luna incredibile, poi a un certo momento come per miracolo diventarono due. Due lune, come un segno dal cielo! Su ciascuna vedevo dei numeri, finché non mi resi conto che stavo guardando gli orologi sulle facciate della Gare d'Orsay, che in quel momento doveva essere vuota: così alle cinque del mattino scesi giù di corsa, saltai su un taxi, attraversai la città ed entrai in questa antica stazione abbandonata, dove scoprii il mondo di Kafka». Il resto è storia del cinema.

NON SONO COSÌ FOLLE DA NON PRENDERE LA LUNA CON TUTTA LA SERIETÀ CHE MERITA, E QUELLA NOTTE C'ERA UNA LUNA INCREDIBILE, POI A UN CERTO MOMENTO COME PER MIRACOLO DIVENTARONO DUE. DUE LUNE, COME UN SEGNO DAL CIELO!

Riguardando oggi le minacciose inquadrature in bianco e nero dell'immensa aula del *Processo* ci sembra che quel luogo sia nato apposta per ospitare l'inquietudine e il mistero che Welles voleva comunicare con la sua opera. Ancora una volta la Gare d'Orsay fece la sua parte, ma il destino era ormai segnato. Per qualche anno fu ancora un altro artista a prolungarne la vita. Jean-Louis Barrault utilizzò l'hangar monumentale per ospitare la sua macchina teatrale rappresentando Nietzsche e Paul Claudel, poi il silenzio. La struttura stava per essere rasa al suolo, ma la bacchetta magica della «legge Malraux» la salvò dall'abbattimento trasformandola in monumento di importanza storica nazionale. André Malraux è stato uno scrittore, un avventuriero e un intellettuale francese molto controverso, ma quando fu ministro della Cultura si adoperò alla rivalutazione del patrimonio nazionale; grazie alla sua legge, che ridefiniva il concetto d'importanza storica di un edificio allargandolo anche a strutture urbane non necessariamente classificate come opere d'arte, oggi i francesi si ritrovano quasi intatta la loro memoria storica – o almeno questa è la percezione dei nostri occhi italiani abituati a una dolorosa tradizione di scempi. A Parigi non tutto è stato salvato, come vedremo per il mercato di Les Halles, e a volte si è fatto caso più alla facciata che alla sostanza, come affermano i detrattori, che parlano di ipocrita *façadisme*; ma senza questa legge sicuramente oggi la fisionomia di Parigi sarebbe diversa. Il suo discorso da ministro sulla salvaguardia del territorio è un trattato sul valore della bellezza che spiega come anche i semplici marciapiedi della Senna, con i loro banchetti di libri, siano parte integrante di un unico quadro estetico: «... L'anima del nostro passato non vive solo nei capolavori artistici, perché in architettura un capolavoro isolato è come se fosse morto; il palazzo di Versailles e la cattedrale di Chartres appartengono ai sogni più nobili dell'umanità, ma se fossero circondati da grattacieli rimarrebbero confinati al dominio dell'archeologia. Allo stesso modo, se permettiamo che vengano distrutti i vecchi *quai* della Senna con la loro aria da litografie romantiche sarebbe come scacciare il genio di Daumier e l'ombra di Baudelaire... Sono scenari straordinari che il sogno di Parigi regala al mondo, e noi vogliamo proteggere questi scenari al pari dei monumenti».

E così, come nelle favole a lieto fine la Gare d'Orsay, «bella addormentata» adagiata sulle rive della Senna, dopo qualche decennio di sonno si è risvegliata a nuova vita grazie a una brillante idea che l'ha trasformata in uno dei musei più frequentati di Parigi. Dopo un geniale restauro dell'architetto Gae Aulenti, nostro orgoglio nazionale, la stazione accoglie dal 1986 un'incredibile collezione d'arte permanente, un vero tesoro per gli amanti dell'Impressionismo; visitarla è una esperienza che fa battere il cuore, per non parlare delle mostre che continuano ad arricchire ogni anno il desiderio di tornarci. Non vi farò la lista dei capolavori che sono ospitati nella ex stazione perché ci vorrebbe un libro a parte, ma fidatevi, è l'unico museo che veramente non dovete perdere nel vostro viaggio a Parigi. A ogni passo i quadri di Picasso, Manet, Matisse e Monet vi lasciano senza fiato; la vecchia stazione è diventata finalmente la loro casa definitiva, una bella soddisfazione per tutti questi artisti che spesso sono stati costretti a esporre i loro lavori nei Salon des Refusés, saloni indipendenti organizzati a loro spese tra mille sacrifici, visto che l'alta accademia dell'epoca li rifiutava considerandoli scandalosi o addirittura ridicoli. Oggi lo sguardo imperscrutabile della bella *Olympia* di Manet si posa su una grande sala dove vengono a onorarla visitatori da tutto il mondo, insieme al suo gatto nero che, seguendo la spiegazione di una professoressa che portava in visita una giovanissima scolaresca, ho scoperto finalmente che rappresenta il simbolo della sessualità femminile. E pensare che fino a quel momento avevo sempre creduto che si trattasse solo di un felino del diciannovesimo secolo. Devo ammettere che la scuola primaria in Francia sa il fatto suo.

UNA GITA AL MARE

> «*Tutti i miei ricordi della mia giovinezza stridono sotto i miei passi, come le conchiglie sulla spiaggia. Ogni ondata che vedo ricadere risveglia in me remote risonanze. Sento il mormorio dei giorni passati, e l'affollarsi, come a ondate, dell'interminabile serie delle passioni scomparse.*»
>
> — Gustave Flaubert, *Lettera all'amica Louise Colet*

Dentro al Musée d'Orsay troverete un'altra stazione famosa, un piccolo omaggio alle radici di questo museo: è un quadro di Claude Monet che ritrae la Gare Saint-Lazare tra i fumi azzurrini del vapore delle locomotive e la frenesia dei viaggiatori. Oggi il vapore non c'è più, ma nella sua maestosa bellezza la Gare Saint-Lazare è sempre lì che vi aspetta se volete partire per una gita in Normandia, verso le mete balneari di Trouville e Deauville che i parigini chiamano amichevolmente il ventunesimo arrondissement della capitale, visto che si raggiungono in solo due ore di treno dalla città e sono da sempre rinomati luoghi di villeggiatura, ancora oggi di gran moda.

Su quei lidi hanno svernato artisti, attori e scrittori, da Alexandre Dumas fino a Jean Gabin, Rita Hayworth e Marguerite Duras... anche lei non ha resistito al fascino di Trouville, più tranquilla della mondana Deauville. La scrittrice possedeva un appartamento all'Hôtel des Roches Noires, maniero inquietante che troneggia ancora sulla lunga spiaggia lambita dalle maree: da quando non è più un albergo lo hanno diviso in appartamenti che si possono affittare stagionalmente, ma trovarne uno libero è una scommessa.

Se non siete riusciti a prenotare e volete godere lo stesso di quell'atmosfera senza allontanarvi da Parigi, lo potete fare sempre grazie a Claude Monet, altro frequentatore assiduo della marina, che ci ha lasciato le sue «impressioni» delle Roche Noires in un quadro conservato ancora una volta nel prezioso Musée d'Orsay.

Si dice che Trouville possieda una luce particolare e la sua lunga spiaggia contenga minuscole pietruzze dorate che la rendono luccicante sotto i raggi del sole; confermo queste suggestioni e aggiungo che le passeggiate inseguendo le maree tra gli svolazzi dei gabbiani valgono veramente la gita. Anche se nei periodi di maggior affolla-

mento intorno a ferragosto farete un po' di fatica a respirare quest'aria romantica, leggermente inquinata dall'olezzo delle patatine fritte sfornate in batteria; in più non è facile distinguere il lento andirivieni delle maree sulla spiaggia letteralmente invasa dai bagnanti.
L'albergo ideale per questa escursione per me è senza dubbio l'Hôtel Flaubert, una vecchia palazzina in stile neonormanno, letteralmente *pieds dans l'eau*, che prende il nome dal più famoso villeggiante della cittadina.
Gustave Flaubert, appena liceale, proprio a Trouville ha un incontro fulminante per la sua «educazione sentimentale», quando vede per la prima volta la giovane Elisa Schlésinger. L'affascinante apparizione, di una decina d'anni più grande di lui, purtroppo è già sposata e lo scrittore non potrà mai vivere realmente questa passione che continuerà a tormentarlo per tutta la vita – almeno così raccontano i suoi più accreditati biografi. Da quel giorno Elisa sarà per Flaubert il *fantôme de Trouville*, modello ideale per tutti i personaggi femminili dei suoi romanzi, in particolare incarnata da Madame Arnoux nell'*Educazione sentimentale*, simbolo della donna irraggiungibile che, come già sappiamo, ha inutilmente rincorso per le strade di Parigi. Al protagonista è stata negata una grande storia d'amore, per la fortuna di tutti noi lettori che, in caso contrario, forse non avremmo avuto le belle pagine del romanzo: come spesso succede nell'arte, gli amori corrisposti non suscitano grandi ispirazioni.
Io sono stata a Trouville ma non ho incontrato nessuno. In compenso, però, ho mangiato delle ostriche indimenticabili.

CABOURG O BALBEC?

> *«Avrei voluto prendere già l'indomani il bel treno generoso dell'una e ventidue, di cui non potevo mai leggere, nelle réclames delle Compagnie ferroviarie, l'ora della partenza senza che il mio cuore palpitasse.»*
>
> — Marcel Proust, *Alla ricerca del tempo perduto*

Marcel Proust invece preferiva Cabourg, altra meta adagiata sulla costa normanna sempre raggiungibile dalla Gare Saint-Lazare; lo scrittore la frequentava sin da bambino insieme alla famiglia: «Quegli anni di mare in cui la nonna ed io, fusi insieme, andavamo contro il vento, conversando!» e i ricordi di quelle estati spensierate e felici ritornano spesso nella sua opera monumentale.

Nella *Ricerca del tempo perduto* Cabourg si trasforma in Balbec, è lì che avviene il primo incontro con Albertine ed è sempre lì, in una stanza del Grand Hôtel, che il narratore la bacia per la prima volta. Gli storici non hanno dubbi nell'identificare Cabourg come luogo delle *madeleines* marine dello scrittore, e tantomeno ne ha la cittadina che di Proust ha fatto il suo vessillo e anche una cospicua attrazione turistica. «Sono andato a Cabourg perché avevo sentito che c'era l'hotel più confortevole di tutta la costa. Da quando mi trovo qui riesco ad alzarmi e uscire tutti i giorni, cosa che non mi succedeva da sei anni.»

Inutile dirvi che il brano di questa lettera di Proust a Madame Caraman del 1907 ancora oggi vale per l'ufficio del turismo più di cento feedback positivi su TripAdvisor.
Cabourg e Balbec si confondono e si rincorrono tra le pagine della *Recherche* e nelle lettere private dell'autore, diventando anche nel ricordo dei lettori un unico itinerario proustiano. Partendo dalla Gare Saint-Lazare si può così arrivare nel centro di un romanzo di Proust in sole tre ore di treno: «Allora, nelle serate tempestose e dolci di febbraio, il vento – soffiandomi nel cuore che un progetto di un viaggio a Balbec faceva tremare non meno forte del caminetto di camera mia – univa in me il desiderio dell'architettura gotica con quello di una tempesta sul mare».

CABOURG E BALBEC SI CONFONDONO E SI RINCORRONO TRA LE PAGINE DEI ROMANZI E NELLE LETTERE PRIVATE DELLO SCRITTORE

Non vorrei contraddire l'immenso scrittore, ma pur apprezzando il fascino degli uragani consiglierei la primavera per questa escursione sul tempestoso mare della Manica – sempre che non si abbia quella propensione alla sofferenza a lui tanto cara. Appena arrivati a Cabourg, per entrare nell'atmosfera balneare d'antan è d'obbligo una passeggiata sulla promenade Marcel Proust, un lungomare ancora intatto con le cabine ombreggiate dalle classiche tende a righe; a seguire si consiglia una breve visita alla chiesa ottocentesca, magari all'alba come suggerisce lo stesso Proust: «... arrivare a Balbec quando l'alba si sarebbe levata sul mare infuriato e andare a ripararmi dagli spruzzi delle onde nella chiesa di stile persiano».

E naturalmente bisogna scendere al Grand Hôtel di Cabourg, ma attenzione: la stanza da prenotare è la 414, esattamente quella dove soggiornava lo scrittore, al quarto e ultimo piano perché Marcel aveva il sonno leggero e non sopportava di sentire i passi di altri clienti sulla sua testa. La famosa finestra vista mare celebrata in *All'ombra delle fanciulle in fiore* completerà il vostro quadro nostalgico. «Tra le camere di cui evocavo più spesso le immagini nelle mie notti d'insonnia [...] quella del Grand Hôtel de la Plage, a Balbec, di cui i muri verniciati a smalto contenevano, come le pareti levigate di una piscina, dove il blu dell'acqua si fa più intenso, un'aria pura, azzurrata e salmastra.»

Incredibile come a Proust ogni cosa, da un biscotto a un comodino, al muro di un albergo, ricordava il passato...

Se per caso la 414 fosse occupata potete optare per una delle due camere accanto, che ospitavano la nonna e la mamma dello scrittore. Stanze rigorosamente vicine per ottemperare al famoso rito del bacio della buona notte che gli studiosi individuano come l'episodio scatenante di tutta la problematica vita sentimentale dell'autore. Ma per approfondimenti in questo senso vi rimando all'ineccepibile dizionario amoroso di Marcel Proust a opera di Jean-Paul e Raphaël Enthoven, padre e figlio, accomunati da una forte passione per lo scrittore e per Carla Bruni, con cui hanno avuto ambedue una relazione e anche un bambino, di cui uno è il nonno e un altro il padre. Diciamo che anche loro, in quanto a vita sentimentale, ne avrebbero da raccontare, ma non in questo libro.

La stanza è stata restaurata con rispetto per l'illustre fantasma, restituendo intatta a un vero amatore tutta l'atmosfera proustiana necessaria; se siete a corto di ispirazione, per ripassare la materia è a vostra disposizione una piccola biblioteca con la raccolta completa della *Recherche*, che vi ricordo contiene la bellezza di quasi quattrocento personaggi. E se siete giù di corda per qualche disfatta amorosa è una lettura ideale, bastano «tre somministrazioni di Proust, mattina mezzogiorno e sera» per sollevarsi, come consigliava la scrittrice Françoise Sagan a tutti i suoi amici affetti da dispiaceri sentimentali. Una cura omeopatica, ma definitiva – sempre se riuscite ad arrivare alla fine.

Il Grand Hôtel è accogliente e non ha nulla della pacchianeria turistica di certi luoghi dedicati alla memoria, né ostenta souvenir a forma di *madeleine*; per fortuna è prevalsa una linea di sobrietà, a parte il nome del ristorante che si chiama naturalmente Balbec, ma la tentazione era irresistibile e l'ambiente è ancora all'altezza della descrizione letteraria. «Questa sala da pranzo di Balbec, nuda, piena di sole verde come l'acqua di una piscina, dove a qualche metro di distanza l'alta marea e la piena luce del giorno elevavano, come davanti alla città celeste un baluardo indistruttibile e mutevole di smeraldo e d'oro.» Il menu invece non ha nulla di proustiano, visto che tra gli antipasti una delle opzioni è descritta così: «Il nostro salmone bio a cottura media con quattro diverse consistenze di cocco e piccole banane in agrodolce al lime». E pensare che lo scrittore amava pasteggiare a pollo lesso e birra!

«IL SOLO AUTENTICO VIAGGIO, IL SOLO BAGNO DI GIOVINEZZA, NON SAREBBE NELL'ANDARE VERSO NUOVI PAESAGGI, MA NELL'AVERE ALTRI OCCHI»

Ma non sempre è necessario partire. A volte, proprio come ci insegna Proust, «Il solo autentico viaggio, il solo bagno di Giovinezza, non sarebbe nell'andare verso nuovi paesaggi, ma nell'avere altri occhi», e accarezzare una partenza può essere più emozionante che raggiungere veramente la meta. In questo caso un sopralluogo alla Gare Saint-Lazare è più che sufficiente, basta immaginare Claude Monet con il suo cavalletto intento a catturare i riflessi della luce nel vapore e magari, dopo aver fissato per qualche minuto il tabellone con le possibili destinazioni, lasciarsi andare su una comoda poltroncina del ristorante Lazare, proprio all'entrata della stazione. Questa recente brasserie è una delle mie preferite quando voglio qualcosa di più dalla vita. Nonostante sia diretta da Eric Fréchon, uno chef tristellato tra i migliori cento cuochi del mondo, stranamente il locale non è stato arredato da Philippe Starck e mantiene una sua calorosa semplicità. La cucina è squisita e cerca di evitare tutti quei miscugli etno-gastronomici tanto di moda. La domenica servono un generoso menu al prezzo fisso di trentanove euro dall'invitante nome Le déjeuner de grand-mère, ovvero il classico pranzo della nonna che richiama tutti i sapori di una tradizionale riunione casalinga con tanto di patate arrosto e torta di mele. Non sarà proprio come il bacio della buona notte della mamma di Proust, ma poco ci manca.

LA STAZIONE CHE NON C'È PIÙ

> *«Sono state la consuetudine con i giochi di prestigio e la passione per il fantastico a determinare la mia vocazione di mago dello schermo, come spesso mi chiamano.»*
>
> — Georges Méliès

Non so a voi, ma a me l'atmosfera delle stazioni piace parecchio e immagino quanto dovesse affascinare l'umanità degli inizi dell'Ottocento che assisteva per la prima volta allo spettacolo della velocità. Il treno, con la sua promessa di viaggi e vite sconosciute, era stato immortalato da tutti i grandi pittori, e non sarà un caso che sia stato anche uno dei soggetti scelti dalla nascente arte del cinema. Il 28 dicembre 1895, al Grand Café del boulevard des Capucines a Parigi ebbe luogo la prima proiezione cinematografica pubblica e tra i primi filmati presentati dai fratelli Lumière, pionieri indiscussi di questa nuova meraviglia, c'era quello che mostrava l'arrivo di un treno in una piccola stazione. Tra il pubblico spaventato, convinto di essere travolto dalla locomotiva in avvicinamento, c'era Georges Méliès, l'unico spettatore che invece di scappare davanti a quel potenziale pericolo si precipitò dai Lumière per trattare l'acquisto di questa straordinaria invenzione. Georges Méliès era un mago e un illusionista di successo, gestiva un teatro sui *grands boulevards* dove metteva in scena incredibili spettacoli di prestidigitazione e magia; la sua specialità erano i trucchi scenici e soprattutto una collezione di automi meccanici che costruiva con le sue mani e che mandavano letteralmente in visibilio grandi e piccini.

Ma quando Méliès vide i primi fotogrammi dei Lumière capì quale immenso campo di magnifiche fantasie si potevano spalancare per la sua immaginazione. Fondò subito una casa cinematografica, la Star Film, e cominciò a sperimentare con passione ogni possibilità di questa nuova «stregoneria».

Méliès fu il vero pioniere del cinema fantasy e il padre di tutti gli effetti speciali che oggi diamo per scontati in ogni film da botteghino, perché intuì per primo la possibilità di raccontare una storia non realistica realizzando pellicole totalmente avveniristiche, ambientate in mondi fantastici dove stelle, draghi e mostri volanti prendevano vita sotto gli occhi divertiti e stupefatti degli spettatori.

Il successo non tardò a venire e il regista a ogni film continuava a ingrandire il suo studio a Montreuil, un hangar delle meraviglie dove lavorava anche come scenografo, attrezzista, sceneggiatore, montatore e naturalmente attore, insieme a tutta la famiglia coinvolta in questa folle impresa. Il suo capolavoro fu il film *Viaggio nella Luna* del 1902, liberamente tratto dal romanzo di Jules Verne *Dalla Terra alla Luna*: con questa avventura spaziale, comica e poetica allo stesso tempo, diede vita ufficialmente al primo film di fantascienza della storia del cinema. L'immagine del faccione della luna accecata da un razzo è rimasta la sua intuizione più geniale, per non parlare dei gentiluomini con la tuba che calpestano il suolo lunare popolato da strani extraterrestri acrobati e stelle comete volanti.

Ma lo spettro della Prima guerra mondiale si stava avvicinando e l'interesse del pubblico cambiò completamente direzione. Méliès, che era bravo in tutto meno che nell'amministrazione della sua azienda, cominciò ad avere seri problemi economici, presto fu rovinato dai debiti e costretto a vendere come celluloide da scarto le amate pellicole che avevano fatto sognare le platee fino al giorno prima. Le scenografie furono mandate al macero e il regista si ritirò sconfitto dall'impresa, rifugiandosi in una piccola attività all'interno della Gare de Montparnasse. Con i pochi soldi rimasti prese in gestione un negozietto di dolci e giocattoli e tutto il suo mondo cadde nell'oblio insieme al suo nome. Solo per un puro caso del destino nel 1929, quindici anni dopo aver dismesso la Star Film, fu avvistato da Léon Druhot, giornalista e direttore del Ciné-Journal, che stava prendendo un treno proprio a Montparnasse. Druhot sentì un cliente del negozio salutare Monsieur Méliès e la curiosità fu più forte di lui: subito interrogò il modesto giocattolaio e scoprì nel buio di una stazione l'uomo che aveva praticamente inventato il cinema e che tutti ormai credevano morto. Grazie a questa incredibile coincidenza Méliès esce dall'ombra e gli vengono finalmente tributati gli onori che meritava; molte pellicole del regista, che sembravano perse per sempre, furono ritrovate in vecchi magazzini e, dopo un faticoso lavoro di restauro, riportate alla luce e proiettate in una grande serata in suo onore, dove Georges Méliès ritrovò commosso il suo pubblico affezionato. La Francia riscoprì il suo maestro e con un enorme ritardo gli consegnò anche la Legion d'Onore; come testimone c'era un padrino d'eccezione, proprio il Monsieur Lumière che aveva messo in moto la scintilla di questa vicenda avventurosa.

Una storia commovente e straordinaria che sembra una sceneggiatura già scritta per un film, e infatti il regista americano Martin Scorsese, grande collezionista di ogni cimelio della storia del cinema, decise nel 2011 di girare un film proprio sulle vicende di Méliès, l'uomo a cui tutti gli amanti del cinema dovevano qualcosa. Parigi era il set naturale e ovviamente la Gare il cuore della storia, ma quando Scorsese arrivò alla stazione per un primo sopralluogo trovò solo un palazzo moderno e piuttosto bruttino ad accoglierlo. La vecchia Gare era stata da tempo distrutta e al suo posto sorgeva un'anonima stazione che non possedeva nulla del fascino necessario per far rivivere questa storia.

È qui che entra in scena Clive Lamming, il più famoso esperto di stazioni francesi, un ex dirigente delle ferrovie che sin da piccolo aveva raccolto reperti, scritti, fotografie e ogni documento riguardante il meraviglioso mondo dei treni. Sarà Lamming con il suo bagaglio di conoscenze ad aiutare Scorsese nella minuziosa ricostruzione in studio dell'antica stazione di Montparnasse, e il risultato è oggi sotto gli occhi di tutti nel film *Hugo Cabret*, liberamente ispirato all'incredibile vita del pioniere Georges Méliès, un vero regalo di cui il vecchio maestro sarebbe stato sicuramente orgoglioso e soprattutto molto intrigato dalla nuova tecnologia in 3D.

Per chi è patito del genere e magari ha passato l'infanzia costruendo rocamboleschi percorsi per i trenini elettrici sul pavimento della sua cameretta, segnalo il dettagliato libro scritto da Lamming: *Paris au temps des gares*, una vera bibbia per i fan della materia. Secondo il collezionista la più bella stazione di Parigi è senza dubbio la Gare du Nord, ma ognuno ha le sue *madeleines* anche in fatto di treni: la mia preferita è invece la Gare de Lyon, con la torre e il grande orologio proprio come i modellini in miniatura. A me, come credo a tutti quelli della mia generazione, ricorda i primi viaggi in cuccetta dall'Italia verso Parigi sul mitico Palatino, treno frequentatissimo prima dell'era degli aerei low cost; si arrivava la mattina presto nel centro della Ville Lumière, carichi di sacchi e zaini, assonnati e felici, desiderosi di addentare subito il primo croissant sfornato nella brasserie della stazione. Fu un trauma epocale quando le ferrovie decisero di cancellarlo.

La Gare de Lyon è anche il luogo ideale per rivivere un pizzico dell'atmosfera dei tempi di Georges Méliès e dei Grand Tour, perché possiede al suo interno il sontuoso ristorante: Le Train Bleu.

Il locale si è cristallizzato ai primi del Novecento e tra i suoi arredi lussuosi vi sembrerà di viaggiare in prima classe in un vagone ristorante dell'Orient Express – altro treno indimenticabile che collegava Parigi a Istanbul via Calais per raccogliere i passeggeri che arrivavano da Londra, e di cui certamente Mata Hari aveva l'abbonamento.

LA MIA STAZIONE PREFERITA È LA GARE DE LYON: MI RICORDA I PRIMI VIAGGI IN CUCCETTA SUL MITICO PALATINO

L'effetto viaggio nel tempo è assicurato e magari tra un Foie gras de canard cuit maison e un'Ile flottante vi sembrerà di incrociare lo sguardo indagatore di Hercule Poirot. L'investigatore belga con la testa a uovo e i baffetti leccati riuscì a svelare il mistero dell'assassinio sull'Orient Express nel famoso giallo di Agatha Christie, da cui il regista Sidney Lumet ha tratto l'omonimo film che avrete sicuramente visto in una delle centinaia di repliche notturne di ogni canale televisivo. In alternativa potrebbe capitarvi un'allucinazione cinematografica leggermente più impegnativa, visto che il regista Luc Besson ha ambientato proprio all'interno del Train Bleu una delle scene più mozzafiato di *Nikita*, con Anne Parillaud che mette a ferro e fuoco la lussuosa sala per portare a termine una delle sue missioni impossibili. In caso di fuga improvvisa ricordatevi sempre che la finestra del bagno è murata! Il cinema insegna sempre qualcosa.

UN RISTORANTE PER STAZIONE

Molte delle vecchie stazioni parigine non ci sono più, ma come spesso succede in questa città quasi nulla si distrugge e molto si trasforma. Per gli chef francesi sembra che l'edificio ferroviario in disuso sia il luogo ideale per far nascere un nuovo ristorante, magari di tendenza, con velleità polivalenti e aspirazioni culturali. Ecco una lista di brasserie che hanno trovato casa in questi luoghi abbandonati.

Le ex stazioni della Petite Ceinture (l'antica linea di ferrovia urbana parigina) ospitano oggi ristoranti raffinati come La Gare, ricavato nella struttura della vecchia Gare de Passy-la-Muette, nel sedicesimo arrondissement, dove potete mangiare sotto le volte di vetro e acciaio originali della stazione.

Oppure luoghi di aggregazione vivaci e colorati come La Recyclerie, bar e ristorante all'interno della ex stazione Ornano a Bagnolet, dove oltre a un cappuccino o a una zuppa bio si può trovare una bici a noleggio o portare qualsiasi oggetto a riparare.

Anche la Gare de Charonne, nel ventesimo arrondissement a due passi dal Père-Lachaise era una stazione della Petite Ceinture. Chiusa negli anni Trenta, ospita oggi La Flêche d'Or, una sala per concerti e dj set che prende il nome dalla «freccia d'oro», il treno che collegava tutti i giorni Parigi alla Victoria Station di Londra.

Se all'improvviso vi prende una botta di nostalgia dell'Italia potete andare alla Brasserie Auteuil, nella vecchia Gare d'Auteuil-Boulogne: lì troverete una pizza, una burrata e potrete perfino sedervi in terrazza a sorseggiare uno spritz.

Se invece capitate a Parigi nei mesi estivi vi consiglio di andare a mangiare qualcosa o anche solo a prendere il sole a Grand Train: un'area di bar e ristoranti con campi di *pétanque*, cinema, spazio per i bimbi, tutto in un sito dismesso delle ferrovie nel diciottesimo arrondissement dove si possono anche visitare i vecchi vagoni. Ma informatevi bene sulle date di apertura: è solo un'installazione temporanea e potrebbe scomparire per incanto, proprio come un'illusione di Georges Méliès.

Tous les chemins mènent...
Au Pied de Cochon
Ouvert jour et nuit
RER
M
RER A B D
M 1 4 7 11 14
Châtelet
Les Halles

HALLES

H DI HALLES

«Parigi perde il suo ventre e un po' del suo spirito.»

— Robert Doisneau, *Doisneau Paris Les Halles*

Se vi dico che ho visto gli indiani sioux a cavallo attaccare al galoppo l'esercito del generale Custer, proprio davanti alla chiesa di Saint-Eustache in pieno quartiere Les Halles, dovete credermi. Ero una liceale alla mia prima visita a Parigi, quella che mi fece amare per sempre la città, e gironzolavo senza meta per il quartiere quando in un immenso cratere ho assistito alla disfatta del settimo cavalleggeri con tanto di trombettiere infilzato da una freccia. Non ero reduce da nessuno spinello o da altre esperienze psichedeliche, ma per puro caso ero presente a un ciak del film più folle e visionario che sia mai stato girato nel centro di Parigi. Era il 1973 e Marco Ferreri stava realizzando *Non toccate la donna bianca*, uno dei suoi lavori più audaci: la ricostruzione avveniristica della battaglia di Little Big Horn ambientata nell'immensa buca creata dall'abbattimento degli storici mercati di Les Halles. Solo a un artista così libero e creativo poteva venire in mente di girare un western in quella che tutti i parigini consideravano la più grande ferita inferta alla città.

Per non parlare del cast stellare di cui facevano parte Marcello Mastroianni nei panni del generale Custer, la sua guida indiana Ugo Tognazzi, un Buffalo Bill spaccone con il volto di Michel

Piccoli; Serge Reggiani, pelato e con un perizoma imbarazzante, era un capo sioux, un giovanissimo Paolo Villaggio si aggirava in jeans e maglietta nel ruolo di un cinico antropologo, e per finire in bellezza una meravigliosa Catherine Deneuve, fresca di love story con il nostro Marcello nazionale, dava il volto alla donna del titolo. Credo di non aver altro da aggiungere. Ferreri si era trasformato nel testimone di un quartiere scomparso, raccontando, attraverso la storia del genocidio degli indiani, anche gli emarginati delle grandi metropoli occidentali. Come gli succedeva spesso, aveva avuto una visione e tutti lo seguirono entusiasti, perché non capita ogni giorno di essere diretti da un maestro così geniale. Anche se il film non ebbe successo e fu rivalutato solo molti anni dopo (e non da tutti) rimane un incredibile atto di libertà e di coraggio che riuscì ad anticipare di qualche decennio i temi dell'integrazione, del razzismo e dell'arroganza del potere. Ancora oggi l'avidità di conquista, con la scusa della supremazia della razza bianca, continua a fare danni per il mondo e il regista, in questa satira cinematografica, ci aveva già raccontato il futuro. Con il suo stile anarchico, Ferreri scelse di far vivere nel suo western anche la Parigi moderna, in un corto circuito di immagini e personaggi che, a dispetto di ogni cronologia, convivono nella trama del film. Non ci deve meravigliare che nell'accampamento del tronfio generale Custer troneggi il ritratto del presidente Nixon, mentre camion e automobili dividono la scena con cavalli e mongolfiere. D'altronde Ferreri era convinto che: «Il compito di un regista deve essere anche quello di dare pugni nello stomaco».

E con questo film ci riuscì benissimo. Dire che fu criticato è poco, ma mai quanto lo era stata l'amministrazione parigina per aver abbattuto lo storico mercato di Les Halles, cuore pulsante di Parigi sin dall'anno 1137, eliminando per sempre i padiglioni ottocenteschi costruiti dall'architetto Victor Baltard con l'intento di modernizzare il quartiere.

FERRERI ERA CONVINTO CHE: «IL COMPITO DI UN REGISTA DEVE ESSERE ANCHE QUELLO DI DARE PUGNI NELLO STOMACO»

Le gloriose strutture in ferro e vetro furono condannate a morte, nonostante la strenua difesa di decine di comitati di protesta che cercarono di salvare fino all'ultimo bullone, appellandosi anche all'autorevole memoria dello scrittore Emile Zola che nel romanzo *Il ventre di Parigi* aveva raccontato la bellezza e la vitalità del mercato cittadino: «Urla per il pesce, per il burro, per i polli, per la carne. [...] Intorno a lui, il sole infiammava gli ortaggi. Florent non riconosceva più il morbido acquarello e le tinte pallide dell'alba. I cuori spalancati delle insalate bruciavano, la gamma dei verdi adesso brillava in superbi rigogli, le carote sanguinavano, le rape diventavano incandescenti in quel trionfale braciere».

Se volete gustare questi sapori perduti potete rivedervi *Irma la dolce*, l'adorabile commedia di Billy Wilder con Jack Lemmon e Shirley MacLaine, tutta ambientata nel mercato così caro ai parigini, ma devo rivelarvi che gli attori hanno recitato sul set di uno studio hollywoodiano dove era stato interamente ricostruito nei minimi particolari. Per avere una testimonianza reale dei luoghi prima della distruzione per fortuna esiste il lavoro di Robert Doisneau, il fotografo famoso per lo scatto del romantico bacio tra due innamorati davanti all'Hôtel de Ville, un'immagine che è diventata un simbolo della città. Doisneau, come molti parigini amanti delle Halles, non ci poteva dormire la notte al pensiero dello scempio di quel gioiello cittadino e infatti per tre anni ha dormito molto poco... Dal giorno della notizia ufficiale della dismissione del vecchio mercato decise di puntare la sveglia all'alba per andare tutte le mattine a documentare gli ultimi respiri di questo luogo mitico. «Avevo molti amici in quella specie di villaggio, mi consideravano inoffensivo con la mia macchina fotografica, come un pazzo gentile.» Da questo grande atto d'amore è nato un libro poetico: *Doisneau Paris Les Halles* di Vladimir Vasak, che ritrae il mondo dei venditori, i loro banchi colorati, i clienti abituali e tutta la brulicante umanità di quell'immenso microcosmo che ruotava intorno al mercato; una memoria unica e commovente di un fotografo che si definiva semplicemente «un umanista».

Anche se Cocteau ci ricorda che «le rovine di certi quartieri ci incantano, perché solo la bellezza si rovina bene», il trauma fu indelebile.

Le ruspe, implacabili, iniziarono a scavare nel 1971 e dopo quasi dieci anni di lavori nacque il Forum des Halles, un centro commerciale senza sapore né storia che si conquistò dal primo giorno l'avversione di tutta la città. Infatti a forza di critiche sono riusciti a farlo abbattere dopo solo una trentina di anni di vita: non è poi tanto per una architettura urbana che era stata sbandierata come l'emblema del futuro. Nacque così un'altra ferita nel cuore di Parigi, ma stavolta purtroppo non c'era più il genio di Marco Ferreri a immortalarla.

A Parigi funziona così, da sempre soffia un vento ribelle e le rivoluzioni architettoniche non sono meno turbolente di quelle politiche. Lo spirito di costruzione e quello di distruzione sono forze opposte che si attraggono e creano strani paradossi urbani; non sempre le ciambelle riescono con il buco ma il rischio, a volte, premia l'impresa.

A PARIGI FUNZIONA COSÌ, DA SEMPRE SOFFIA UN VENTO RIBELLE E LE RIVOLUZIONI ARCHITETTONICHE NON SONO MENO TURBOLENTE DI QUELLE POLITICHE

A una povera abitante di Roma come me che sta aspettando da anni il completamento della linea C della metropolitana sembra di vivere nella fantascienza. Eppure sono sbalordita da questa determinazione amministrativa che a volte riesce a conservare una microscopica insegna di una vecchia boulangerie nella periferia della città ma allo stesso tempo è capace di radere al suolo interi quartieri come fece il Barone Haussmann nella seconda metà dell'Ottocento tanto da far scrivere ai fratelli Goncourt: «La nostra Parigi, la Parigi dove siamo nati se ne va [...] Sono straniero alle cose che stanno per accadere e alle cose attuali, come lo sono a questi viali dove non si respira più l'aria del mondo di Balzac».

E non avevano visto ancora niente!

Così dopo cinque anni di lavori, come una fenice che rinasce dalle ceneri, dalle Halles è sorta La Canopée. Inaugurata nell'aprile del 2016, questa nuova struttura avveniristica dovrebbe far dimenticare gli errori del passato e riaccendere l'amore dei parigini per il quartiere. Inutile dirvi che ha già il suo esercito di detrattori, pronti con le firme per farla radere al suolo con tutte le sue mirabolanti cupole luminose realizzate con diciottomila scaglie di vetro. Pare che la luce riflessa da questi tetti futuristi alzi di qualche grado la temperatura di tutto il quartiere; ci sono già forti proteste degli abitanti dei palazzi vicini che affermano di essere costretti a indossare gli occhiali da sole dentro casa per la luce spaziale scatenata dal nuovo edificio. Mi auguro che la struttura sia ancora in piedi quando questo libro uscirà: sbrigatevi a visitarla, magari con una crema solare ad alta protezione, ma un tour vale sicuramente la pena. Se non altro per mangiare da Champeaux, il nuovo ristorante nato all'interno della Canopée e firmato da Alain Ducasse, il re dell'alta cucina francese che per attrarre un pubblico popolare sta sperimentando un bistrot alla portata di tutti. Ducasse ormai più che uno chef è una multinazionale vivente della nouvelle cuisine, con un regno di ventisei locali sparsi nel mondo e una ventina di stelle Michelin che brillano sul suo curriculum, stella più stella meno. Champeaux è il suo ultimo giocattolo, che ha definito una «brasserie contemporanea» dove tra gli arredi di sapore industriale si può gustare il più classico dei soufflé in versione dolce e salata. Il grande chef è un collezionista di menu storici e pare che alcune ricette del nuovo locale provengano direttamente dallo Champeaux originale, un ristorante famoso nell'Ottocento che anche Zola ricorda nei suoi romanzi: una scelta sicuramente dettata dal desiderio di quietare il fantasma del grande romanziere che qualcuno giura di aver visto aggirarsi incredulo tra quel che rimane del suo «ventre di Parigi».

ANGELI E DEMONI

Non posso scommettere sulla longevità della Canopée, ma metto la mano sul fuoco per due edifici che troverete sempre in piedi; hanno sfidato il tempo e le innovazioni e nessuno oserebbe mai metterli in discussione: sono la chiesa di Saint-Eustache e il più prosaico tempio del maiale, il ristorante Au Pied de Cochon. Scusate l'accostamento sacrilego, ma il piacere dell'anima e quello del corpo qui a Parigi si coltivano senza troppe distinzioni, e poi sono proprio uno di fronte all'altro ed è inevitabile che passeggiando per il quartiere ve li troviate davanti.
Partiamo dal ristorante. Vera istituzione cittadina dal 1947, possiede anche lui uno storico menu dedicato a ogni specialità suina, ma non trascura gli amanti del pesce che troveranno la loro soddisfazione ordinando l'irresistibile Plateau royal: trattasi di

un trionfo di frutti di mare serviti su un vassoio monumentale di quattro piani carico di ghiaccio e ogni genere di delizia marina, dal granchio gigante della Normandia a minuscoli gamberetti grigi che si infilzano con un apposito spillo. Dei camerieri esperti ve lo scaricano con grazia sul tavolo con una maestria conquistata da anni di allenamento sul campo, non ho mai visto cadere una chela a terra e sospetto fortemente che siano obbligati a frequentare un master in materia. La particolarità di questo ristorante, oltre le maniglie delle porte a forma di piede di porco dorato, è l'orario di apertura praticamente perenne! Letteralmente ogni ora del giorno e della notte, sette giorni su sette, trecentosessantacinque giorni all'anno lo troverete ad accogliervi con i suoi stucchi, i lampadari a forma di cestini di frutta di vetro colorato e gli arredi in pelle rossa, ma soprattutto con la possibilità di ordinare qualsiasi piatto dal ricchissimo menu. La leggenda dice che il Pied de Cochon in quasi settant'anni di vita non abbia mai chiuso le porte, e infatti pare che nessuno possieda le sue chiavi.
Ho sempre sognato di mettere la sveglia come Doisneau e alzarmi all'alba per verificare questa leggenda, una mia amica l'ha fatto e mi ha assicurato che è tutto vero: servizio impeccabile e Soupe à l'oignon gratinée espressa e deliziosa alle quattro del mattino. Me l'ha raccontato un mese dopo che era tornata da Parigi e ancora non aveva digerito la cipolla, ma questo succede anche se la mangiate a pranzo e non toglie nulla ai meriti del Pied de Cochon. Vi consiglierei però di astenervi dal piatto Le tenta-

zioni di Sant'Antonio, un coreografico ensemble di coda, orecchie, musetto e naturalmente piede di porco regolarmente panati e accompagnati da patate fritte e salsa bernese. Un insieme che può scatenare una diabolica impennata di trigliceridi e colesterolo con conseguente visione dell'inferno e immediata vendita dell'anima al diavolo.
Comunque, in caso di necessità di un esorcismo urgente, per fortuna la chiesa di Saint-Eustache è a due passi. Per me è una tappa obbligata della città, anche se siete il più miscredente della Terra rimarrete fulminati dalla spiritualità che si respira tra le austere navate gotiche che svettano altissime per più di centro metri. La preferisco quasi a Notre-Dame, è molto meno turistica e ha conservato ancora intatto il suo misticismo. L'altare è stato realizzato dallo stesso architetto delle strutture storiche di Les Halles ma nessuno ha osato toccarlo. Tra gli affreschi di ogni epoca si può scoprire in una navata laterale un'opera modernissima di Keith Haring, l'artista americano antesignano della street art, un trittico in bronzo e oro bianco dove sono intagliati i suoi famosi disegni, a ribadire una volta di più la ricchezza dei contrasti di questa città.
Ma la vera meraviglia che lascia senza fiato è un organo immenso, con ottomila canne, cinque tastiere da sessantuno note e da un pedale di trentadue note, pare il più grande di Francia. A renderlo leggendario per anni è stato il suo titolare, Jean Guillou, un artista celebre per le sue improvvisazioni durante la messa di mezzogiorno della domenica, veri happening affollati come

il concerto di una rockstar. Ho avuto occasione di ascoltarlo e confesso che l'emozione è stata da brividi, non avevo mai sentito un suono così apocalittico; tra la luce che filtrava dalle vetrate colorate e il forte odore d'incenso ero sicura che fosse arrivato il fatidico momento del giudizio universale. E non ero l'unica, vista la fila ai confessionali. Oggi purtroppo Jean Guillou è andato in pensione, ma i concerti continuano e sono uno spettacolo unico. Ve l'assicuro, il magico suono dell'organo di Saint-Eustache val bene una messa a Parigi.

IMPRESSIONISTI

I DI IMPRESSIONISTI

«Sto inseguendo un sogno, voglio l'impossibile.»

— Claude Monet

Il famoso quadro di Claude Monet che raffigura un sole all'alba sul mare di Normandia, dal titolo evocativo *Impression, soleil levant*, non lo troverete al Musée d'Orsay. Nonostante si dica sia l'opera che ha dato il nome all'intero movimento artistico, non è esposta nella casa che accoglie tutti i più grandi capolavori degli impressionisti, ma nel meno conosciuto Musée Marmottan Monet.

Il sole che sorge di Monet è un ottimo motivo per vincere la pigrizia e spingersi nel quartiere più defilato di Passy, dove al 2 di rue Louis Boilly scoprirete questo austero edificio ricco di molte altre sorprese. Il Marmottan si trasforma in un'attraente alternativa ai musei «famosi», specialmente durante le vacanze e i periodi più gettonati dal turismo internazionale, quando le lunghe file nei luoghi ultraconosciuti rischiano di farvi venire i geloni ai piedi d'inverno o un colpo di caldo in estate. Ma non è un ripiego e capirete perché.

L'edificio nasce come un antico padiglione di caccia del duca di Valmy, nel 1882 fu acquistato da Jules Marmottan e suo figlio Paul lo trasformò in una sontuosa dimora con annessa galleria d'arte per ospitare una preziosa collezione di oggetti rari e quadri del Primo Impero. Le opere dei pittori impressionisti sono arrivate molto più tardi, grazie a una bella storia di generosità che oggi permette a

tutti di ammirare una raccolta incredibile di capolavori di Claude Monet, Camille Pissarro, Berthe Morisot e Sisley, che altrimenti sarebbe rimasta nascosta per sempre in qualche salotto privato per la gioia di pochi privilegiati.
Ma torniamo indietro alla Parigi di metà Ottocento, quando il movimento degli impressionisti era agli albori e non godeva certo di buona fama. I loro quadri erano rifiutati dalle esposizioni ufficiali e criticati come fossero tele imbrattate da gente fuori di testa.

I LORO QUADRI ERANO RIFIUTATI DALLE ESPOSIZIONI UFFICIALI E CRITICATI COME FOSSERO TELE IMBRATTATE DA GENTE FUORI DI TESTA

L'idea di snobbare i soggetti storici e religiosi e scegliere scene di vita quotidiana era già uno scandalo di per sé, per non parlare di quella luce così vivida e trasparente che illumina le opere di questi nuovi artisti, che addirittura si permettevano di tratteggiare le figure lasciandole senza contorni precisi, giocando con pennellate libere e colori insoliti. Per ottenere questi risultati sceglievano di lavorare *en plein air*, trasportando cavalletto e tavolozza ovunque, in riva alla Senna, in mezzo al caos cittadino o tra i prati in aperta campagna. Ogni canone era stato stravolto e di conseguenza non era per niente facile vendere questi quadri così rivoluzionari.
Al di là di ogni rilettura romantica, i pittori all'epoca facevano letteralmente la fame, la vita era un'aspra lotta quotidiana e se

non ci fosse stato père Tanguy, il negoziante di tele e pennelli in rue Clauzel che dava la merce a credito, molti artisti oggi passati alla storia non avrebbero potuto neanche spremere un tubetto di colore. Tanguy, di cui Van Gogh eseguì un gioioso ritratto conservato al Musée Rodin, s'improvvisò gallerista per aiutare i suoi amici pittori, come ricorda Monet: «La sua bottega era talmente minuscola che in vetrina entrava solo un quadro alla volta. Ed è lì che tutti noi abbiamo iniziato a esporre le nostre tele. Lunedì Sisley, martedì Renoir, mercoledì Pissarro, giovedì io, venerdì Bazille e sabato Jongkind...». Solo in pochi intuirono la forza travolgente della nuova ondata artistica collezionando questi insoliti quadri e trasformandosi nel tempo da semplici benefattori in veri amici. Tra i più affezionati voglio ricordare il dottor Georges de Bellio, un ricco rumeno originario di una famiglia amante delle arti e della cultura che era sbarcato appena ventenne nella Ville Lumière per inseguire, come tanti giovani di mezza Europa, il mito della bohème parigina.

De Bellio s'iscrive subito alla facoltà di medicina ma non consegue mai la laurea, in compenso approfondisce le pratiche omeopatiche, diventando una vera autorità in questo nuovo campo alternativo. Il suo amore per la pittura lo spinge a frequentare gli ambienti artistici, e in particolare il circolo degli Impressionisti. Come père Tanguy faceva con i materiali, non solo il dottore presta gratis le sue cure all'intera comitiva, ma è sempre pronto a venire incontro ai bisogni dei suoi amici comprando tutte le tele che gli vengono offerte quasi quotidianamente. Si narra che quando Renoir aveva un bisogno urgente di denaro prendeva un suo quadro sottobraccio e raggiungeva i café dei boulevard alla ricerca del «dottore», perché sapeva che puntualmente De Bellio avrebbe comprato le tavole senza battere ciglio. È il medico di famiglia di tutti, la persona fidata che corre sempre in soccorso nelle difficoltà più gravi, sarà lui che avrà cura di Utrillo nelle sue crisi ricorrenti e sarà sempre lui che assisterà Manet gravemente malato fino alla fine.

Ma è Claude Monet che diventa il suo più caro amico e l'artista di cui arriverà a collezionare un numero incredibile di capolavori, tra cui naturalmente il *Soleil levant*. L'affetto e la stima che De Bellio nutre per questo gruppo di visionari è testimoniato da numerosi scritti e ricordi; lui è il compagno con cui confidarsi nei momenti più duri, come dimostra questa lettera accorata che Monet gli spedisce quando la moglie è gravemente malata di cancro: «Vi devo chiedere di venire in nostro aiuto, mia moglie è malata e non ho la possibilità di comprare i medicinali prescritti dal dottore. È con vergogna che mi trovo costretto ancora una volta a tormentarvi, ma se poteste venirci incontro con tre o quattro luigi mi fareste un grandissimo favore... credetemi, non è facile concentrarsi per lavorare tra tanta inquietudine e preoccupazione...». E al «dottore» toccherà perfino ritirare al Monte dei Pegni il medaglione della povera Madame Monet ormai defunta, per permettere all'artista di seppellirla con il suo gioiello più caro.

La disponibilità e l'amicizia di De Bellio verso Monet sono passate alla storia, così come la sua collezione di quadri impressionisti che a forza di prestiti e anticipi diventò più ricca di quella di un museo. Si dice che alla sua morte, avvenuta nel 1894, De Bellio possedesse centinaia tra tele, pastelli e acquarelli di rara qualità; come aveva promesso a Monet non vendette mai una tela, ma lasciò alla figlia Victorine l'intera raccolta con il vincolo di donarla a un museo. L'ereditiera avrà sicuramente perso qualche opera per strada, ma per fortuna il nucleo prezioso del lascito, *Soleil levant* compreso, fu giudiziosamente donato al Musée Marmottan Monet dove noi oggi possiamo felicemente ammirarlo.

Il «dottore di tutti» muore improvvisamente molti anni prima del suo amico pittore e non ha la possibilità di assistere all'enorme successo che Monet godrà presso il pubblico, quando finalmente il mondo intero si accorgerà del grande talento del padre degli impressionisti. L'artista ha adesso il denaro necessario per esaudire il vecchio sogno di vivere a contatto con la natura e acquista, in una campagna luminosa a settanta chilometri da Parigi, una casa e soprattutto un pezzo di terra che diventerà il suo piccolo paradiso. A Giverny si arriva facilmente con meno di un'ora di treno da Parigi, partendo sempre dalla Gare Saint-Lazare, ed è un'escursione che non posso che consigliare a tutti gli amanti del verde e dell'arte impressionista o viceversa, perché qui avviene quel miracolo sempre inseguito da Monet: coltivare un giardino per dipingerlo o creare dei quadri per la gioia di riprodurre tutte le variazioni stagionali di un giardino. Un miraggio che rispecchia se stesso e che diventerà per il pittore l'ultima magnifica ossessione della vita. Dai primi del Novecento fino alla fine dei suoi giorni, Monet non ritrarrà altro che i suoi fiori e le sue piante che con cura e precisione maniacale mette a dimora con le sue stesse mani: «Al di là della pittura e del giardinaggio io sono un buono a nulla. Il mio capolavoro più bello è il mio giardino».

I suoi dettagliati «diari contadini» hanno permesso alla fondazione che gestisce questo piccolo Eden di ricostruire e mantenere intatta la struttura che il maestro aveva disegnato e così oggi potete passeggiare tra iris e nasturzi in fiore come se un quadro di Monet avesse preso vita solo per voi. Anche la casa è perfettamente conservata con i colori originali e modernissimi, gli arredi realizzati su misura, la collezione di stoviglie e le meravigliose stampe di arte giapponese della tradizione Ukiyo-e, di cui il pittore era un grande appassionato. Se anche voi provate un brivido di piacere davanti a un'opera della scuola di Utagawa o vi emozionano i paesaggi e le onde impetuose di Hokusai, troverete in vendita delle riproduzioni abbordabili o (per chi volesse osare di più) anche originali e litografie numerate, proprio al 14 di rue Clauzel, dove una volta c'era il coloraio degli impressionisti. Grazie a un felice corto circuito, oggi il negozio di père Tanguy si è trasformato nella piccola bottega di un giovane mercante d'arte giapponese, innamorato di tutti quegli artisti della tradizione pittorica del Sol Levante che sono stati un'inesauribile fonte d'ispirazione anche per Cézanne, Gauguin e Van Gogh.

Addirittura Claude Monet decide di costruire un piccolo ponte in puro stile giapponese sul laghetto del suo giardino a Giverny; uno specchio d'acqua punteggiato da ninfee che il pittore compra personalmente dai vivaisti più forniti.

Il piccolo lago fiorito diventa, negli ultimi anni della sua vita, l'unico fulcro della curiosità estetica dell'artista: «Ancora una volta mi sono prefisso l'impossibile: uno specchio d'acqua sul quale ondeggiano piante... è meraviglioso da vedere, ma esasperante da rendere. Eppure mi ritrovo sempre ad affrontare cose del genere». Il pittore cancella il cielo, l'orizzonte e qualsiasi altro punto di riferimento, immergendosi totalmente dentro le variazioni di luce di quel frammento di natura che si trasforma in tutto il suo mondo. Lo testimoniano decine di quadri dedicati alle ninfee, che diventano per Monet l'esemplificazione stessa dell'infinito: la sfida più ardua che abbia mai affrontato, come confessa all'amica Berthe Morisot: «Questa pittura satanica è una tortura».

IL PITTORE CANCELLA IL CIELO, L'ORIZZONTE E QUALSIASI ALTRO PUNTO DI RIFERIMENTO, IMMERGENDOSI TOTALMENTE DENTRO LE VARIAZIONI DI LUCE DI QUEL FRAMMENTO DI NATURA CHE SI TRASFORMA IN TUTTO IL SUO MONDO

Quest'ossessione pittorica culmina nel capolavoro di una vita, più che un quadro che ritrae dei fiori su un lago è un'installazione artistica ante litteram a cui Monet si dedica anima e corpo, inseguendo il colore fino all'ultima sfumatura, nonostante i suoi occhi ormai molto malati cominciassero a tradirlo. Per godere di questa meraviglia bisogna ritornare a Parigi, al Musée de l'Orangerie, definito «la Cappella Sistina dell'Impressionismo», dove due grandi sale circolari costruite appositamente ospitano queste immense tele ellittiche che circondano totalmente i visitatori in un'esperienza sensoriale fuori dal comune.

Con estrema libertà, quasi rasentando l'astrattismo, Monet con *Le ninfee* finalmente esaudisce il suo più grande sogno, quello di immergere lo spettatore in un paradiso naturale nel pieno centro di Parigi, regalando «l'illusione di un tutto senza fine, di un'onda senza orizzonte né riva». Chi mi conosce lo sa, io sono più propensa a facili materialismi che a cadute mistiche, ma vi assicuro che ogni volta che ritorno all'Orangerie sono assalita da una vera sindrome di Stendhal completa di allucinazioni acustiche: sì, una volta ho anche sentito cinguettare gli uccellini...

LA DONNA CON IL VENTAGLIO

Berthe Morisot aveva tutte le carte in regola per fare un buon matrimonio e vivere una vita tranquilla assaporando il benessere borghese a cui la sua famiglia l'aveva destinata. Ma è difficile silenziare l'inquietudine del talento, anche se sei una donna e ti è capitato di vivere in un'epoca dove la carriera di pittrice non è assolutamente prevista per una fanciulla. L'Accademia delle Belle Arti era preclusa al genere femminile, le brave ragazze al massimo si potevano dilettare con colori e pennelli come passatempo, tra un ricamo e una strimpellata al pianoforte. Ma Berthe, testarda e appassionata, nonostante le preoccupazioni del padre decise di fare dell'arte la sua ragione di vita. Di una bellezza insolita e affascinante, la signorina Morisot frequenta privatamente gli atelier degli artisti e subito s'infiamma per la nuova onda impressionista. Ma il colpo di fulmine definitivo per la pittura arriva con la conoscenza di Edouard Manet: anche lui, a differenza di Monet, Pissarro e gli altri della compagnia, proviene come Berthe da una famiglia borghese e altolocata, ma i suoi quadri come sappiamo saranno invece fonte di scandalo e critiche feroci.

«Come in tutte le peggiori bande criminali, nel gruppo c'è anche una donna: si chiama Berthe Morisot»

La Morisot condivide aspirazioni e tecniche dei suoi amici, dipinge *en plein air* e si mette a capo dell'organizzazione dei «ribelli» rifiutati dalle mostre ufficiali, esponendo con loro nel 1864 al Salon allestito nello studio gentilmente offerto dal fotografo Nadar. Tra i ventinove artisti che partecipano Berthe è l'unica donna, e da quel momento diventa un facile bersaglio per il sarcasmo della stampa più tradizionalista. Albert Wolff, critico d'arte del «Figaro», non si risparmia: «Come in tutte le peggiori bande criminali, nel gruppo c'è anche una donna: si chiama Berthe Morisot e ha un aspetto quantomai bizzarro. Evidentemente ha barattato la grazia femminile con le escandescenze di uno spirito delirante». Ma tutto il circolo dei suoi amici pittori la difende e la stima, e Berthe continua diritta per la sua strada senza battere ciglio, trasformandosi presto in una delle più importanti artiste del movimento impressionista.

Oggi al 35 di boulevard des Capucines non c'è quasi traccia dell'atelier dell'eccentrico Nadar: del più celebre studio fotografico della Parigi di fine Ottocento rimane solo uno scheletro in ferro e vetro a malapena visibile tra le vetrine dei negozi di abbigliamento che hanno preso il sopravvento nel quartiere, ma per gli amanti dell'arte è sempre un sopralluogo evocativo.

I quadri di Berthe invece li potete ammirare nel pieno della loro bellezza, ancora una volta al Musée Marmottan, grazie a una preziosa donazione dei suoi eredi. Sono tele riscaldate da una magica luce dorata che ritraggono una vita rassicurante in mezzo alla natura, ma sempre pervasa da un senso di malinconia e solitudine. Il poeta Paul Valéry, che anni dopo sposerà la nipote di Berthe, scriverà un saggio in onore della pittrice descrivendo così la sua arte: «La peculiarità di Berthe Morisot è stata quella di vivere la sua pittura e dipingere la sua vita, come se per lei fosse un'attività naturale e necessaria...».

Riservata ed elegante, Berthe nasconde sotto la sua sobria origine borghese un vulcano di passioni, tra cui quella per Edouard Manet. Nessuno ha mai saputo se tra i due sia scattata una vera relazione amorosa, e comunque sia andata la faccenda, rimarrà per sempre un mistero. L'educazione rigida dei due artisti probabilmente impedì la nascita di un rapporto travolgente, ma il loro legame profondo e sensuale traspare comunque dalle memorie di Berthe e dalle opere che Manet le ha dedicato. Il pittore era già legato a una donna da cui aveva avuto un figlio e la Morisot proveniva da un ambiente troppo convenzionale per lasciarsi andare a una vita più libera, come forse avrebbe desiderato. Berthe si limitò sempre al ruolo di amica, ammiratrice e modella, come testimonia la gran quantità di quadri di Edouard Manet che la ritraggono in tutta la sua magnetica presenza. Sono opere bellissime, cariche di tensione, che raccontano la profonda intimità che i due artisti condividevano durante le lunghe sedute di posa.

Riservata ed elegante, Berthe nasconde sotto la sua sobria origine borghese un vulcano di passioni, tra cui quella per Edouard Manet

Al Musée d'Orsay sono conservati i ritratti più intensi della pittrice per mano di Manet, e due tra questi sono i miei preferiti in assoluto che osserverei per ore, attratta dalla loro seducente bellezza. In *Berthe Morisot con un mazzo di violette* del 1872, che molti critici considerano uno dei più grandi capolavori di Manet, scopriamo una donna ardente, tenebrosa e malinconica. Invece in *Berthe Morisot con il ventaglio* i protagonisti assoluti sono i suoi occhi misteriosi e incandescenti come tizzoni, che si fanno strada tra le trame di un ventaglio nero come i vestiti che spesso Berthe indossa per posare per Manet: quasi un omaggio al colore preferito dell'artista. Alla fine la Morisot decise di sposarsi e tra tanti pretendenti scelse proprio il fratello di Edouard Manet,

Eugène, un uomo abbastanza insignificante ma pacifico, che la lasciò libera di seguire le sue aspirazioni. Era diventata comunque la signora Manet e oggi, se fate un giro nel piccolo e poetico cimitero di Passy, non molto distante dal Musée Marmottan, scoprirete in un angolo della collina la tomba di famiglia dei Manet; è lì che Berthe riposa per sempre insieme ai due fratelli; almeno alla fine ha condiviso la stessa dimora del suo amato maestro.

THOU ART ALIVE STILL
AND WE HAVE WITS TO READ
AND PRAISE TO GIVE
Book-Freshner
New Book
L'ECUME DES P
Tumbleweed
EN 1922,
DANS CETTE MAISON,
Mlle SYLVIA BEACH PUBLIA
"ULYSSES"
DE JAMES JOYCE.
Librairie italienne Tour de Babel
NHOSPITABLE TO STRANGERS
EY BE ANGELS IN DISGUISE
Espresso Book Machine
Paris
Please
LA BELLE HORTENSE
ADRIENNE
ULYSSES
SHAKESPEARE AND COMPA
Paris, July 1928
18 Rue D'Odeon
ANAIS NIN HENR
SHAKESPEARE
rêves

LIBRERIE

L di LIBRERIE

«Parigi è la grande sala di una biblioteca attraversata dalla Senna.»

— Walter Benjamin, *Ombre corte*

«I libri sono stati i miei uccelli e i miei nidi, i miei animali domestici, la mia stalla e la mia campagna; la libreria era il mondo chiuso in uno specchio; di uno specchio aveva la profondità infinita, la varietà, l'imprevedibilità.»

— Jean-Paul Sartre, *Le parole*

Anche se sono ancora tante, sparse nei vari arrondissement, diverse e pronte ad accontentare tutti i gusti e le tendenze, a Parigi le librerie stanno soffrendo come in tutto il mondo l'avvento dei libri digitali e della grande distribuzione editoriale online. Ero sicura che la capitale francese fosse la città con più librerie per abitante nel mondo e invece mi sono dovuta ricredere: secondo uno studio del World Cities Cultural Forum è Buenos Aires a detenere il primato, e subito dopo di lei è Tokyo sul podio; ma avranno contato anche i caffè letterari dove si può fare l'aperitivo e allo stesso tempo comprare un romanzo di Balzac? E le decine di *bouquinistes* che punteggiano i Lungosenna saranno stati considerati librerie a tutti gli effetti? Certo, la maggior parte ormai sono delle bancarelle turistiche, ma a cercare bene ancora sopravvivono venditori competenti e appassionati che collezionano piccoli tesori. Per non parlare di tutte le librerie annidate dentro i musei, come quella piccola e fornitissima del Musée Carnavalet, che celebra la città di Parigi in tutte le sue possibili sfumature.

Nonostante la scalata del mondo digitale, la resistenza cartacea continua come ha dimostrato PUF (Presse Universitaire de France), una storica casa editrice e libreria universitaria del Quartiere Latino, la zona con la più alta densità di negozi di libri di Parigi, che fu costretta a chiudere diciassette anni fa la sua sede storica di place de la Sorbonne per la crisi dovuta al rialzo dei prezzi delle zone diventate troppo appetibili per il turismo. Oggi, con un colpo di scena, riapre i battenti poco lontano, al 60 di rue Monsieur-le-Prince, inaugurando l'Espresso Book Machine, una macchina infernale che non ha niente a che vedere con le capsule di George Clooney, ma al posto del caffè sforna libri su richiesta, stampandoli all'istante per il cliente che può scegliere da un catalogo ricco di cinquemila titoli. Una tazzina di caffè si può consumare lo stesso nel salone adiacente, durante i pochi minuti che servono alla magica stampante per materializzare il vostro libro.

Il trauma della chiusura della storica La Hune a Saint-Germain è una ferita ancora aperta per tutti i parigini bibliofili e non; ora la libreria ha riaperto dall'altra parte della piazza in versione galleria fotografica e spazio per eventi, ma non è la stessa cosa. Un simbolo si è infranto, anche se le mostre sono di altissima qualità. Per fortuna L'Ecume des Pages, sempre su boulevard Saint-Germain proprio accanto al Café de Flore, resiste e lotta insieme a noi, con un assortimento di libri di primo livello e in più quaderni, blocchetti, penne e agendine, meravigliose cianfrusaglie di cartoleria per cui io vado matta. E come valore aggiunto rimane aperta fino a mezzanotte, rendendo le scorribande notturne per il quartiere molto più piacevoli.

«Vicino all'acqua ho compreso meglio che il fantasticare è un universo in espansione...» Se anche voi pensate che l'acqua sia un elemento fondamentale per allargare la conoscenza e liberare la fantasia, come sostiene il filosofo francese Gaston Bachelard, la libreria ideale per voi è L'Eau et les Rêves, che prende il nome proprio dal suo saggio; per visitarla dovete salire su una *péniche*, una di quelle imbarcazioni che una volta solcavano la Senna trasportando carbone e ora, restaurate, servono da abitazioni ai pochi fortunati che possono godersi Parigi ormeggiati su una banchina lungo il fiume. La barca che ospita la libreria è ancorata sul Canale dell'Ourcq, al suo interno troverete un carico di volumi che parlano di mare, viaggi e imprese avventurose. Pur restando saldamente attraccati a terra, grazie al potere delle storie vi sembrerà di solcare gli oceani della vostra immaginazione.

Parigi è disseminata di meravigliosi luoghi ibridi dove i libri sono protagonisti, insieme ad altri piaceri che si sposano perfettamente alla lettura come Le Fumoir, al 6 di rue de l'Amiral de Coligny, una brasserie che ricrea l'atmosfera di una biblioteca di fine Ottocento, ricca di volumi e giornali internazionali che si possono consultare unendo alle gioie letterarie quelle del cibo, ma non al gusto proibito di una sigaretta, perché nonostante il nome si può fumare solo nei tavolini all'esterno. Le Fumoir è a due passi dal Louvre, in una zona fortemente a rischio per l'alta densità di locali-trappola per turisti, e può trasformarsi in un rifugio sicuro dopo una sfacchinata tra i corridoi del museo più stancante del mondo.

PARIGI È DISSEMINATA
DI MERAVIGLIOSI LUOGHI IBRIDI
DOVE I LIBRI SONO PROTAGONISTI,
INSIEME AD ALTRI PIACERI CHE
SI SPOSANO PERFETTAMENTE ALLA LETTURA

Ma la più cara è sempre la libreria di quartiere, quella dove si può girovagare senza un vero obiettivo e accettare i consigli del libraio di fiducia che di volta in volta si trasforma in uno psicologo o in uno spacciatore di pensieri, sogni ed evasioni. Se anche per i pochi giorni di vacanza fuori dal Paese natio vi assale la nostalgia dell'Italia, e magari vi parte l'urgenza di leggere subito l'ultimo volume di Elena Ferrante che ancora vi manca per concludere la quadrilogia, fate un giro alla storica Tour de Babel in rue du Roi de Sicilie, o fiondatevi in rue du Faubourg Poissonnière, nel nono arrondissement, dove troverete La Libreria capitanata da Florence, che organizza anche incontri con i nostri scrittori; fornita, sicura e affidabile, è anche un punto di riferimento per tutti i francesi innamorati della nostra cultura.

Per quanto l'ebook avrà sempre più successo, non credo che i libri e le librerie moriranno mai, sarà per l'odore della carta che è insostituibile; anche se una ditta ha cercato di ricreare il magico effluvio delle pagine di cellulosa sintetizzandolo in un'essenza spray per lettori digitali, dall'accattivante nome «Smell of Books». Non so se si tratti di uno scherzo o di un vero prodotto sul mercato ma la provocazione è interessante, come resistere allo slogan? «Non riuscite a leggere gli ebook perché vi manca troppo l'odore della carta, dell'inchiostro e della colla? Anche per noi è così! Ma Smell of Books vi riporterà alle sensazioni della vostra vecchia libreria di quartiere, e gli amici non potranno assolutamente accorgersi che quello che state leggendo è un ebook.»

NON RIUSCITE A LEGGERE GLI EBOOK PERCHÉ VI MANCA TROPPO L'ODORE DELLA CARTA, DELL'INCHIOSTRO E DELLA COLLA? ANCHE PER NOI È COSÌ!

Ci arriveremo? Chissà, nel frattempo godiamoci il profumo di un bel romanzo, meglio se servito da una libreria piena di fascino come Shakespeare and Company, la mia preferita a Parigi:

un luogo romantico che possiede una storia avvincente, proprio come uno dei tanti volumi che conserva nei suoi scaffali.

SHAKESPEARE AND COMPANY

Tutto comincia da una piccola libreria, La Maison des Amis des Livres, aperta nel 1915 da un'appassionata libraia, Adrienne Monnier, in rue de l'Odéon, in piena Rive gauche. La giovane donna proviene dalla classe operaia, il padre è un semplice impiegato postale, la madre una casalinga, ma entrambi i genitori incoraggiano il sogno di Adrienne aiutandola ad aprire con i pochi risparmi di famiglia il suo negozio di libri. È proprio vero quello che diceva Virginia Woolf del talento spesso sommerso delle donne: provate a dar loro una «stanza tutta per sé» e un piccolo incentivo economico e solleveranno il mondo. Adrienne è intraprendente, curiosa e capace, in poco tempo trasforma la Maison des Amis des Livres in un centro di scambi culturali e un punto di riferimento obbligato per intellettuali e scrittori francesi; organizza presentazioni, incontri con i lettori e un sistema di abbonamenti per i clienti, che possono prendere in prestito i libri senza necessariamente comprarli. Così ne parla il poeta Jules Romains, assiduo frequentatore del negozio: «Di fronte a me arrivò una ragazza con la faccia paffutella, le guance rosate e i capelli biondi, che mi diede subito l'idea di essere entrata al servizio della letteratura come altri decidono di entrare al servizio della religione...».

Da Adrienne a rue de l'Odéon arriva un giorno per caso Sylvia Beach, una giovane americana del Maryland che, come tanti suoi connazionali, nutre un'attrazione formidabile per Parigi e la sua cultura. L'incontro tra le due donne è fulminante e in poco tempo farà nascere un grande amore, insieme a una nuova libreria che passerà alla storia nella città di Parigi. Adrienne mette a disposizione di Sylvia la sua esperienza e la aiuta a far partire un altro negozio a due passi dal suo, totalmente dedicato ai volumi in lingua inglese. Nasce così Shakespeare and Company, che definire negozio di libri è riduttivo, perché in pochi anni si trasforma in una vera e propria casa degli scrittori angloamericani a Parigi, di cui Sylvia diventa traduttrice, sponsor, amica e soprattutto angelo custode. Come raccontano decine di testimonianze, prima fra tutte quella di Ernest Hemingway che addirittura usa l'indirizzo della libreria come suo fermo posta a Parigi. Da lì passano Francis Scott Fitzgerald, Sherwood Anderson, Ezra Pound, D.H. Lawrence e giovani promettenti di cui Sylvia intuisce e asseconda le potenzialità. Da Shakespeare and Company ci si incontra, si discute, c'è sempre una macchina da scrivere per poter lavorare e divani e poltrone dove riposarsi. Addirittura al primo piano del negozio si trova un piccolo appartamento che Sylvia, negli anni tra le due guerre, mette a disposizione degli autori più squattrinati per aiutarli a sopravvivere durante il loro sogno parigino.

Le due libraie sono una strana coppia che si completa perfettamente: Sylvia è esile, alta, ama indossare tailleur dal taglio impeccabile; Adrienne, piccola e rotondetta, ha un debole per i vestiti tradizionali della campagna francese. Eppure la loro intesa è straordinaria e così il fiuto per il talento letterario dei loro amici scrittori. Si deve a Sylvia Beach la prima pubblicazione di una delle opere più importanti del Novecento: sarà lei a trasformarsi in editrice investendo i suoi risparmi per permettere a James Joyce di dare alle stampe il suo tormentato *Ulisse*. L'autore ci lavora già da sette anni ma ha cominciato a incassare i primi rifiuti delle case editrici sia in America sia in Inghilterra, nessuno si vuole prendere la responsabilità di pubblicare un'opera che la censura potrebbe bloccare per oscenità. Ma Sylvia non si arrende, lo incoraggia, lo assiste, lo protegge, lo finanzia e, superando milioni di ostacoli, riesce a dare alla luce la prima edizione mondiale dell'*Ulisse*, targato Shakespeare and Company. Purtroppo quando poi Joyce venderà i diritti alla prestigiosa casa editrice Random House non riconoscerà alla coraggiosa libraia, che era quasi finita in bancarotta per lui, neanche un piccolo risarcimento; ma questa è un'altra storia che non turberà il cammino della gloriosa libreria.

Saranno invece la guerra e la conseguente occupazione tedesca di Parigi a condannare il sogno culturale della Beach. Molti degli amici e scrittori americani tornano in patria o partono per il fronte; Parigi langue sotto il coprifuoco e la pressione nazista si fa ogni giorno più pesante. Sylvia è un'americana, una straniera e dunque una nemica della Germania: presto si rende conto che la sopravvivenza della libreria ha i giorni contati. Una mattina un ufficiale delle SS entra nel negozio chiedendo di comprare una copia autografata di *Finnegans Wake* di Joyce esposta in vetrina. La Beach si rifiuta di venderla e capisce che la sua Shakespeare and Company finisce in quell'istante. La notte stessa, insieme ad Adrienne e a pochi amici, svuota il negozio nascondendo libri e scaffali nella casa del primo piano. Quando i tedeschi arrivano all'alba non sono rimaste che le mura di quella che era stata una delle più importanti librerie di Parigi. Però trovano Sylvia e l'arrestano deportandola insieme ad altre cittadine americane in un centro di detenzione improvvisato nel Bois de Boulogne: c'era ancora un piccolo occhio di riguardo nei confronti dei nemici «non ebrei» del Terzo Reich che la salva dai campi di concentramento veri e propri. E così nel 1941 la fondatrice di Shakespeare and Company viene caricata su un camion insieme ad altre straniere e rinchiusa nel padiglione delle scimmie dello zoo di Parigi, dove resta un mese prima di essere trasferita in un campo di internamento a Vittel. A sentirlo oggi sembra un episodio assurdo, ma Adrienne e i suoi amici hanno poi raccontato che andavano di nascosto dietro le siepi del giardino zoologico del Bois de Boulogne per cercare di comunicare a distanza con le detenute; una vicenda paradossale, che ci descrive meglio di altre storie la stupidità dell'orrore.

Sylvia fu più fortunata di tanti suoi concittadini e venne liberata dopo la fine della guerra, ma non riaprì mai più la sua libreria. C'è una foto storica di Ernest Hemingway che torna a trovare le sue amiche a Parigi e trova la porta di Shakespeare and Company serrata per sempre. Sylvia, insieme ad Adrienne, continuerà a coltivare le sue passioni solo privatamente, e non sarebbe restata alcuna traccia della sua mitica libreria se un altro americano, animato dagli stessi sogni, non fosse giunto in città con il pallino di aprire una nuova Shakespeare and Company per seguire le orme gloriose del negozio di Sylvia Beach. George Whitman è un hippy un po' stralunato, amante della cultura beat americana e di ogni libertà creativa, che arriva a Parigi negli anni Cinquanta e come un adepto devoto si reca subito in pellegrinaggio dalla libraia, ormai in pensione, chiedendole il permesso di rilevare il nome e la filosofia della sua casa dedicata agli scrittori. Sylvia acconsente e l'utopia riparte.

È il 1951 quando Shakespeare and Company risorge dalle sue ceneri, e ancora oggi la trovate immutata al suo nuovo indirizzo al 37 di rue de la Bûcherie, affacciata sulla Senna, sotto l'ombra benevola di Notre-Dame. Con la benedizione di Sylvia, Whitman ripercorre la strada maestra della fondatrice e crea ancora una volta un centro letterario parigino per scrittori e aspiranti tali. Tutta la beat generation passa dalla nuova libreria, che si trasforma subito nel rifugio dei grandi autori di quegli anni come Allen Ginsberg, Anaïs Nin, James Baldwin, Julio Cortázar e tanti altri; con un occhio sempre vigile ai nuovi talenti che possono soggiornare, scrivere e riposare tra gli scaffali ricolmi di libri dove non manca mai la prima edizione dell'*Ulisse*. George Whitman chiama i suoi giovani scrittori residenti i *tumbleweeds*, come i cespugli che il vento fa rotolare nei deserti dell'Arizona. Un ammasso di rami che sembrano secchi, ma in realtà nascondono radici aeree che gli permettono di vagabondare liberi nell'aria: «Molte persone hanno varcato la nostra soglia svolazzando come cespugli al vento: quando sono usciti avevano perduto l'innocenza ed erano diventati liberi cittadini dell'universo».

Sono migliaia i vagabondi letterari che negli anni sono stati ospitati da Shakespeare and Company: in cambio devono lasciare una piccola biografia e aiutare in negozio per due ore al giorno. Le regole di Whitman sono valide anche oggi, e la libreria continua il suo inesorabile cammino, gestita con calore da sua figlia Sylvia, che si chiama così in onore della Beach, un'eredità notevole che la giovane donna porta con grazia e professionalità.

«MOLTE PERSONE HANNO VARCATO LA NOSTRA SOGLIA SVOLAZZANDO COME CESPUGLI AL VENTO: QUANDO SONO USCITI AVEVANO PERDUTO L'INNOCENZA ED ERANO DIVENTATI LIBERI CITTADINI DELL'UNIVERSO»

Qualche tempo fa ho assistito alla presentazione di un romanzo di Zadie Smith tra le mura della libreria, affollata da un pubblico appassionato; sembrava che gli anni non fossero passati neanche per i gatti, a cui da sempre è permesso sonnecchiare tra i volumi. La grande scritta appesa al muro, motto di ospitalità perenne: «Non essere inospitale con gli sconosciuti, potrebbero essere angeli in incognito», è sempre attuale e lo è stata più che mai la sera dei tragici fatti del Bataclan, come ci ha raccontato Harriet Alida Lye, una giovane scrittrice *tumbleweed* residente in libreria in quei terribili momenti quando, seguendo lo spirito del luogo, Shakespeare and Company è restata aperta tutta la notte per accogliere passanti, clienti e chiunque avesse bisogno di un rifugio sicuro e soprattutto non volesse sentirsi solo nella notte più nera della recente storia d'Europa.

L'ÉTHIQUE C'EST L'ESTHÉTIQUE DU DEDANS
Fluctuat nec mergitur
LA BEAUTÉ EST DANS LA RUE
LA POÉSIE EST UN SPORT DE L'EXTRÊME
regarde le ciel
REGARDE DEVANT TOI ..AVANT?...
aimer c'est du désordre... alors aimons!
Spray for Paris
VIVE LA COMMUNE!
PARIS
TOUT EST POSSIBLE!
MAI 68
1764 NICO LAS

M

MURI

M DI MURI

«Les murs ont la parole.»

— Slogan del maggio '68

«Una città senza graffiti è una città morta.»

— Monsieur André

I muri di Parigi parlano. Alla città non bastano i monumenti, le torri e le cattedrali per farsi notare, ma dialoga da sempre con i suoi abitanti anche attraverso scritte, poesie, graffiti, tag e i disegni più vari.

È un'antica tradizione che parte da lontano e arriva alla street art odierna, di cui Parigi è diventata una preziosa galleria all'aria aperta. Senza entrare necessariamente in un museo potrete lo stesso godere di una immensa quantità di suggestioni artistiche disseminate in tutti i quartieri di Parigi, come dichiara il popolare *graffiteur* JR: «Ho a disposizione la più grande galleria d'arte esistente: i muri del mondo intero».

Se è vero che le prime forme di comunicazione dell'homo sapiens sono state le pitture rupestri, è più che naturale che gli artisti continuino ad appropriarsi dei muri e delle facciate dei palazzi cittadini per esporre le loro opere: si tratta essenzialmente di una forma di comunicazione libera, priva di condizionamenti, per entrare in contatto con il pubblico senza mediazioni e censure.

«*Regarde le ciel*»: guarda il cielo, invitava tempo fa una frase sui muri parigini, e alzare gli occhi è un'abitudine salutare per ogni esploratore urbano che voglia cogliere l'essenza dei luoghi (sempre stando attento a dove mette i piedi naturalmente, perché l'automobilista parigino non perdona distrazioni prolungate). Prima di inoltrarci nella fitta giungla dei graffiti d'autore, per allenare lo sguardo si può iniziare con l'osservazione di muri di tutto riposo e facilmente raggiungibili dai luoghi turistici più frequentati come *Le mur des je t'aime* (il muro dei «ti amo»), che troverete nel piccolo giardino di Square Jehan-Rictus, in place des Abbesses, ai piedi di Montmartre. Nasce da un'idea molto romantica dell'artista Frédéric Baron che, in collaborazione con Claire Kito, ha raccolto trecentoundici modi per dire «ti amo» in tutti i dialetti e le lingue del mondo, esperanto compreso. Il risultato è un muro di dieci metri per quattro di piastrelle blu letteralmente ricoperte da questa babelica dichiarazione d'amore. Inutile dirvi che è diventato il punto d'incontro preferito degli innamorati patiti di selfie sentimentali che aggiungono liberamente frasi e ricordi su questo insolito tazebao, comunque più poetico di qualsiasi insensato assembramento di lucchetti. Anche se un po' sdolcinata, l'intenzione dell'artista di trasformare un simbolo di divisione in un monumento all'amore va premiata con una visita. D'altronde il giardino è intimo e accogliente, e può rappresentare una sosta ideale prima della salita definitiva sulla Butte de Montmartre. Questi frammenti di un discorso amoroso sono completati da un'opera dell'artista Jean-Marc Paumier – alias rue

Meurt d'Art – che ha incollato più in alto sullo stesso muro una silhouette che assomiglia alla Gilda di Rita Hayworth con guanti lunghi e tubino assassino e, a commento lapidario, una citazione anonima: «*Aimer c'est du désordre… alors aimons!*» (amare è creare scompiglio… allora amiamo!) Come dire di no?

Un altro muro che ho scoperto per caso – e forse per questo lo trovo così emozionante – è in rue Férou, dietro la chiesa di Saint-Sulpice: tappa obbligata per tutte le vittime del romanzo di Dan Brown. Rue Férou è una piccola strada con un grande muro di trecento metri quadri, dove è stata interamente trascritta una poesia di Arthur Rimbaud: *Le bateau ivre*, dalla prima riga: «*Comme je descendais des Fleuves impassibles...*» fino all'ultima: «*Ni nager sous les yeux horribles des pontons*». Di seguito è riportata anche la motivazione di un gesto così insolito, che non è frutto della creatività di un *graffiteur* ma un omaggio al poeta maledetto da parte della Fondazione olandese Tegen-Beeld e dell'Association Internationale des Amis de Rimbaud. Si dà il caso che Arthur Rimbaud, ancora diciassettenne, avesse letto per la prima volta la sua composizione agli amici in un piccolo bistrot in una piazza adiacente. I versi rimasti nell'aria, dopo un secolo e mezzo, hanno trovato finalmente pace in rue Férou per la gioia e lo stupore di tutti i passanti. Una bellissima idea, ma chissà se all'irrequieto Rimbaud sarebbe piaciuto vedere la sua poesia imprigionata in un muro, visto che inseguì per tutta la vita la libertà assoluta: «Mi ostino tremendamente ad adorare la libertà libera».

Il poeta era un irregolare, allergico a ogni condizionamento e si è trasformato nel tempo in un simbolo di anticonformismo, tanto che un altro «ragazzo terribile», Jean Cocteau, per difendere dal carcere un altrettanto sulfureo Jean Genet declamò la storica frase: «Lui è Rimbaud, non si può condannare Rimbaud». La libertà in Francia è una cosa seria e anche se minacciata, ferita e messa a dura prova, riemerge da ogni angolo di strada proprio come la scritta che è comparsa un po' dappertutto dopo gli attacchi al Bataclan: «*Fluctuat nec mergitur*», ondeggia ma non affonda. L'antico motto parigino è stato declinato spontaneamente in tutti gli stili e le forme possibili, disegnato dagli esponenti della street art o proiettato in versione gigante sulla tour Eiffel.

I VERSI RIMASTI NELL'ARIA,
DOPO UN SECOLO E MEZZO, HANNO TROVATO
FINALMENTE PACE IN RUE FÉROU
PER LA GIOIA E LO STUPORE DI TUTTI I PASSANTI

Ma come ogni altra espressione di quest'arte urbana, non posso assicurarvi che lo troverete a place de la République o al Canal Saint-Martin, dove è apparso in quei giorni. Bisogna saper cogliere l'attimo perché la prima regola della street art è quella di essere effimera, soggetta alle intemperie o all'implacabile lavoro dei cancellatori di professione del comune di Parigi che ogni anno eliminano 130.000 metri quadri di graffiti in tutto il territorio urbano. È sempre in atto, come in tutto il mondo, una forte polemica tra il diritto di esprimersi liberamente e la legge contro il vandalismo e il decoro urbano. Difficile ergersi ad arbitri del gusto e determinare cosa sia arte e cosa semplicemente una parete imbrattata. Per ironia della sorte gli stessi «lavori» che vengono eliminati sono sempre più spesso protagonisti di mostre d'avanguardia sponsorizzate dalla città come *TAG au Grand Palais*, che qualche anno fa ha richiamato una gran folla di visitatori. In alcuni arrondissement, amministratori lungimiranti e appassionati stanno cercando di risolvere questa contraddizione mettendo a disposizione degli artisti «muri legali» dove poter esercitare in libertà il loro talento o stilando liste di opere già considerate patrimonio della città e quindi incancellabili, come l'autoritratto di Jef Aérosol a place Igor Stravinsky, vicino al Centre Pompidou. Jef Aérosol è uno dei pionieri dell'«arte muraria», il suo strumento preferito è lo stencil con cui riproduce sui muri ritratti di uomini e donne sconosciuti che ha scattato intorno al mondo. L'autoritratto che troneggia proprio di fronte alla surreale fontana di Jean Tinguely e Niki de Saint Phalle si intitola *Chuuuttt!!!* (Shhh!!!): un invito al silenzio largo trecentocinquanta metri quadri. Dai suoi disegni emerge sempre una piccola freccia, segno inequivocabile per riconoscere le opere dell'artista che ormai abitano i muri di tutto il pianeta. Jef è arrivato fino alla Grande Muraglia Cinese dove in un angolo si può scoprire un suo personaggio ricorrente e poetico, l'*Enfant assis*, l'immagine di un ragazzino accovacciato a terra, perso nelle sue fantasticherie, simbolo del piccolo sognatore che vive in ognuno di noi.

Ma non sarà facile ritrovare ancora tra le strade di Parigi le opere di Ernest Pignon-Ernest, un antesignano della street art che iniziò a lavorare alla fine degli anni Sessanta, quando ancora non erano nati i più importanti graffitisti di oggi. I suoi ritratti realizzati su carta di giornale riciclata e poi incollati al muro sono fatti per disperdersi come lacrime nella pioggia; raffigurano volti famosi o sconosciuti e intrattengono una relazione stretta con il luogo dove l'artista decide di collocarli. Uno degli ultimi lavori è dedicato a Pier Paolo Pasolini per i quarant'anni dalla scomparsa e ritrae l'intellettuale italiano che, in una sorta di pietà michelangiolesca, mostra il suo stesso corpo devastato dall'assassinio. Delle opere di Pignon resta una dettagliata testimonianza fotografica e spesso a Parigi organizzano delle mostre in suo onore; se vi capita di leggere questo nome in qualche programma quando siete in città, vi consiglio di non perdere l'occasione per scoprirlo.
Mentre il tempo non ha mai scalfito la tag più antica di Parigi, anche perché non è stata realizzata con una bomboletta, visto che nel Settecento non esisteva la vernice spray. Il suo autore l'ha incisa con un chiodo e la trovate ancora su una colonna di place des Vosges all'altezza del numero 11. È la sua firma con data: «1764 NICOLAS». L'unica traccia rimasta di una serie infinita di graffiti ante litteram che lo scrittore Nicolas Restif de la Bretonne, denominato per questa sua ossessione «*griffon*», incideva durante le sue continue passeggiate notturne. Restif fu giornalista e autore di romanzi libertini, tra cui l'*Anti-Justi-*

ne, in aperta polemica con il marchese de Sade che considerava colpevole di procurare sofferenza e non piacere alle donne: «Quello scellerato presenta le delizie dell'amore, per gli uomini, solo se accompagnate da tormenti e perfino dalla morte, per le donne». Restif invece nutriva una totale dedizione per le signore e in particolare per i loro piedi, meglio se molto piccoli, feticismo di tutto rispetto che in suo onore in Francia da allora si chiama «*rétifisme*». Ma prima di tutto venivano i suoi graffiti, come ci spiega nel libro *Mes inscriptions*, dove confessa che se qualche contrattempo lo tratteneva a casa, impedendogli la sua grafomania quotidiana, entrava quasi in depressione: «Sono costretto a rinunciare all'unico piacere che mi fosse rimasto: quello di fare il giro dell'Isola e ritrovare le date che richiamano la situazione della mia anima». Il suo percorso urbano d'incisioni è una specie di diario intimo, un viaggio attraverso date autobiografiche e minuscoli commenti seminati sui muri per non perdere la memoria e sottolineare la sua identità; in poche parole un vero antenato degli attuali dispensatori di tag che tanto fanno disperare le squadre di «graffiti-busters» preposte alla pulizia di Parigi.
Per il fotografo e scrittore Brassaï, invece, i muri sono un libro aperto sulla storia della città e i suoi abitanti: «A Parigi ero alla ricerca della poesia della nebbia che trasforma le cose, della poesia della notte che trasforma la città, della poesia del tempo che trasforma gli esseri». Le sue fotografie notturne di sgretolate pareti urbane segnate dal tempo e da graffiti spontanei hanno influenza-

to grandi pittori come Miró e Dubuffet, fino all'amico di sempre Pablo Picasso, con cui Brassaï condivideva serate e pensieri sull'arte. Un libro prezioso, *Graffiti*, documenta il paziente lavoro di questo archeologo urbano che negli anni Cinquanta ha esaminato Parigi come fosse un'antica caverna paleolitica.

«A PARIGI ERO ALLA RICERCA
DELLA POESIA DELLA NEBBIA
CHE TRASFORMA LE COSE, DELLA POESIA
DELLA NOTTE CHE TRASFORMA LA CITTÀ,
DELLA POESIA DEL TEMPO
CHE TRASFORMA GLI ESSERI»

Anni dopo, nel maggio del Sessantotto, quegli stessi muri si sono trasformati nelle pagine di un'altra storia che è apparsa, prima che sui giornali, proprio sulle facciate dei palazzi parigini: «*Permis d'afficher, loi du 22 mai 1968*» (permesso di affissione, legge del 22 maggio 1968), scrivevano sui muri i protagonisti delle rivolte studentesche, e dopo questa prima autocertificazione hanno continuato a coniare slogan rimasti indelebili. Anche se le scritte oggi sono scomparse, lo spirito trasgressivo che usava quella comunicazione libera e alternativa alla stampa ufficiale è rimasto d'ispirazione per gli esponenti della street art contemporanea. Scritte memorabili come «*Il est interdit d'interdire*», «*Tout est possible*» e «*L'imagination au pouvoir*» («vietato vietare», «tutto è possibile» e «l'immaginazione al potere») sono parole

d'ordine attualissime anche per i nuovi *graffiteurs* che lavorano nelle strade della città, come JR che spesso realizza opere di provocazione sociale: un esempio è *Portrait d'une Génération* dove l'artista, per dissacrare gli stereotipi con cui vengono visti i cittadini delle banlieu, espose sui muri del quartiere popolare di Les Bosquets a Montfermeil ritratti giganteschi e volutamente deformati dei giovani abitanti della periferia di Parigi.
La provocazione visiva, paradossale e poetica, è parte dello stile di questi artisti che, come i registi della nuova ondata del cinema francese, hanno descritto le condizioni di vita delle banlieu parigine e previsto le conseguenze di una disastrosa politica governativa, divisa tra indifferenza e cecità. Un film come *L'odio,* del regista Mathieu Kassovitz, ci spiega più di tanti dibattiti le motivazioni profonde che hanno infiammato le periferie di tutta la Francia. E purtroppo, dopo più di vent'anni, l'apologo finale recitato dalla voce fuori campo suona ancora di un'attualità sconcertante: «È la storia di una società che precipita, e che mentre sta precipitando si ripete per farsi coraggio: "Fino a qui tutto bene. Fino a qui tutto bene. Fino a qui tutto bene". Il problema non è la caduta, ma l'atterraggio».

PASSEGGIATE ALL'OMBRA DEI GRAFFITI

Anche se oggi molti esponenti della street art sono riconosciuti dalla critica d'arte e superquotati sul mercato, il sentimento libertario e trasgressivo che ogni giorno spinge nuovi pionieri a

rischiare multe e arresti per esporre le proprie opere *en plein air* rimane intatto ed è parte fondamentale del loro lavoro. Andarli a scoprire è un'avventura che vi permetterà allo stesso tempo di conoscere quartieri meno battuti dal turismo di massa. Se volete godervi un tour alternativo alla *Gioconda* e al *Déjeuner sur l'herbe* e capire meglio la città che state visitando vi conviene affidarvi a Street Art Paris, un'associazione creata da artisti e studiosi di arte metropolitana che organizza delle passeggiate settimanali con tanto di guida specializzata che vi svelerà *on the road* tutte le novità ancora fresche di vernice o di colla. Grazie a loro, non solo ho conosciuto i muri più belli di Parigi, ma soprattutto inediti panorami urbani, non mummificati dalle ristrutturazioni di facciata un po' troppo leccate.
Come la Butte aux Cailles, una collina a sud della città, nel tredicesimo arrondissement, che conserva un autentico *esprit* parigino e un fascino quasi campagnolo grazie a casette basse, viuzze fiorite e strade lastricate da un vecchio pavé. Oggi non si direbbe che questa collina sia stata lo scenario di una delle più sanguinose battaglie della Comune di Parigi, che ogni anno viene ricordata con una grande festa organizzata dagli Amis de la Commune: l'antica associazione ha sede in rue des Cinq Diamants, proprio nel cuore della movida e dell'esplosione di ogni genere di graffiti. Tra gli artisti affezionati al quartiere ritroverete spesso la firma di Miss.Tic, una delle prime donne a osare nella street art, campo tradizionalmente circoscritto a un mondo prettamente maschile. I suoi stencil raffigurano femmine voluttuose e sensuali come le

pupe dei fumetti, sempre accompagnate da frasi emblematiche e provocatorie sulla convivenza tra i sessi, come «Il maschio è il passato della donna» o «Non mi aspetto niente dall'amore, è lui che aspetta me». Oggi Miss.Tic è un'artista così affermata che le poste francesi hanno addirittura emesso una serie di francobolli con le sue opere, ma come ogni street artist che si rispetti i muri sono ancora la sua tela preferita.

Un'altra ragazza da non perdere di vista è la giovane Kashink: i suoi lavori li scoprirete facilmente a Belleville che, insieme a Ménilmontant, è diventato il più importante museo a cielo aperto per i graffiti di Parigi.

Il nome d'arte Kashink è una parola onomatopeica suggerita dalle esclamazioni dei fumetti che l'artista leggeva da bambina e a cui si ispira il suo stile inconfondibile, a cavallo tra la pittura messicana e il pop più psichedelico e colorato. I suoi disegni raffigurano faccioni di uomini con quattro occhi e baffetti stilosi alla Salvador Dalí: gli stessi baffetti che Kashink si disegna provocatoriamente sul volto, eleganti e sottili come ali di rondine, a ribadire che le questioni di genere ancora oggi sono un campo di battaglia tutt'altro che risolto. È la mia artista di street art preferita perché riesce a miscelare con intelligenza il talento, l'ironia e l'impegno sociale, dimostrando come «l'arte può aiutare la gente a vivere insieme nella gioia».

Ma non è l'unica che incontrerete sui muri di Belleville, che in alcune zone sono così carichi di graffiti da sembrare il paesaggio di un cartone animato, come rue Dénoyez, tappa obbligata dei nostri esperti di street art. Neanche Tim Burton in una delle sue fantasie più estreme ce l'avrebbe fatta ad accumulare così tante suggestioni in una sola strada.

«L'ARTE PUÒ AIUTARE LA GENTE A VIVERE INSIEME NELLA GIOIA»

Passeggiando senza meta scoprirete i bambini naïf del mondo favolistico di Seth o potrete rincorrere, come in una caccia al tesoro, i piccoli extraterrestri di Space Invaders, opera di un *graffiteur* che ha disseminato con questo simbolo alieno i muri del mondo molto prima dell'invasione tecnologica dei Pokémon.

Belleville è una sorpresa continua, come lo scrittore Daniel Pennac ci ha insegnato da tempo, ma la vitalità del quartiere non dipende solo dall'arte urbana, dai mercati profumati di spezie e dalla vocazione multietnica; sono soprattutto i suoi abitanti e i frequentatori appassionati che fanno la differenza, insieme alla gloriosa storia del quartiere che, come la Butte aux Cailles, ha una lunga tradizione rivoluzionaria e libertaria. Un luogo per assaporare a pieno quest'atmosfera è La Bellevilloise, al 19-21 di rue Boyer, un locale fondato nel 1877 come prima cooperativa operaia per garantire alle persone meno abbienti l'accesso all'educazione politica e alla cultura. Negli anni è stato un luogo di resistenza e un animato punto d'incontro e degli scambi più vari, praticando un pionieristico commercio equo-solidale.

Oggi, dopo varie trasformazioni, è rinato a nuova gloria come spazio polivalente, con l'ambizione di mantenere alta la bandiera della sua leggenda. La musica è cambiata e così le offerte culturali e gastronomiche, ma lo spirito si mantiene vivo attraverso l'organizzazione di serate ed eventi sempre affollati da un pubblico fedele. Alla Bellevilloise si può mangiare, bere, discutere, ballare, assistere a dibattiti e a concerti. La musica dal vivo e i dj set sono sempre all'altezza, vi consiglio di farci un salto comunque, anche senza consultare il programma, a sorpresa potrete essere coinvolti in una serata Afro Connections, Hukulele Stars o, come è capitato a me, pescare un evento Paris Cumbia Sound System e vi giuro che, nonostante la difficoltà dei passi della danza colombiana, non ho nessun rimorso, e neanche la mia amica Maura che ho trascinato a sua insaputa nell'avventura.

UN MURO PER TUTTI

Ma se il vostro viaggio vi consente l'osservazione di un muro soltanto, tra tutti l'indirizzo da scegliere è senza ombra di dubbio rue Saint-Maur, precisamente dove fa angolo con rue Oberkampf; qui troverete la facciata di un palazzo che cambia pelle ogni mese con una nuova opera inedita di street art. Era un muro molto ambito dalle affissioni pubblicitarie grazie alla sua grande visibilità, ma per lo stesso motivo era diventato la tela ideale dei *graffiteurs* del quartiere che sistematicamente ricoprivano i cartelloni con i loro disegni. In questa battaglia senza esclusione di colpi ha vinto il buon senso dell'amministrazione cittadina che, insieme all'associazione M.U.R. (Modulable, Urbain, Réactif), ha affittato definitivamente questo spazio per l'estro degli artisti; ma la creatività è regolata con precisione matematica da una sequenza che prevede una durata di due settimane per ogni opera, che allo scadere del tempo viene ricoperta da un nuovo artista. Una vera passerella effimera di arte urbana che offre ai passanti lo spettacolo di un museo senza fine.

PASSE-MURAILLE

Ma il sogno più grande non è solo quello di osservare un muro – anche se splendidamente graffitato – quanto piuttosto di attraversarlo per magia, trovandosi in carne e ossa dall'altra parte senza aver aperto nessuna porta o forzato alcun ostacolo. Mentre sto scrivendo le ultime note di questo libro la Francia ha appena deciso di innalzare un nuovo muro in combutta con l'Inghilterra, la rivale di sempre. Costerà tre milioni di euro e servirà per fermare gli immigrati che sono ammassati nelle nuove città-ghetto, come nella famosa giungla vicino a Calais. Sembra tramontato per sempre il grande sogno dell'integrazione che ha animato tanto scrittori e pensatori europei. E pensare che Paul Valéry aveva affermato entusiasta: «Una città molto grande ha bisogno del resto del mondo». Ora potremmo proseguire la frase cinicamente aggiungendo che ne ha bisogno per sfruttarlo e impoverirlo. Ma come sempre nei momenti difficili mi viene spontaneo attaccarmi alla letteratura, unica ancora di salvezza che continua a sostenerci, e in questo caso una piccola cura potrebbe essere la rilettura di un racconto dal titolo evocativo: *Le Passe-muraille*. L'autore, Marcel Aymé, è stato uno scrittore francese controcorrente, ironico e allergico a ogni etichetta politica, e quindi spesso criticato da destra e da sinistra.

MA IL SOGNO PIÙ GRANDE NON È SOLO QUELLO DI OSSERVARE UN MURO — ANCHE SE SPLENDIDAMENTE GRAFFITATO — QUANTO PIUTTOSTO DI ATTRAVERSARLO PER MAGIA

Il protagonista della storia è un piccolo e onesto impiegato di un grigio ministero parigino, che viene quotidianamente vessato dal suo capufficio. Una sera, per caso, scopre di possedere un dono straordinario: inspiegabilmente riesce ad attraversare i muri, attività che comincerà a esercitare per tutta la città, prima per vendicarsi delle angherie subite e poi per entrare di soppiatto nella casa della donna amata. Il resto della storia lo lascio alla vostra curiosità di lettori, ma se state passeggiando dalle parti di Montmartre non potete perdervi un'opera dedicata a questo delizioso racconto dallo scultore e attore Jean Marais. A pochi passi dalla casa dello scrittore, in place Marcel Aymé, scoprirete la statua di un uomo rimasto incastrato tra i mattoni di un muro nel tentativo di attraversarlo. Solo il busto, le mani e una gamba sono riusciti a passare ed è irresistibile la tentazione di aiutarlo a uscire da questa scomoda situazione, come fanno spesso i bambini del quartiere. Questo omaggio è stato creato nel 1989, lo stesso anno in cui venne abbattuto il muro di Berlino; ancora non immaginavamo quanti altri odiosi muri sarebbero stati eretti. Dentro i quali siamo ormai tutti definitivamente imprigionati.

XPOSITION INTERNATIONALE ARTS ET TECHNIQU
PROMENADE
A TRAVERS L'EXPOSITION
PARIS 1937
0 CARTES DÉTACHABLES
THANX
GOD
I'M A
V.I.P
CHANEL

NINOTCHKA

N di NINOTCHKA

Ninotchka: Sono le dodici in punto.

Léon: È mezzanotte. Guardate l'orologio, perfino le lancette si baciano. Non è straordinario?

Ninotchka: È così che funzionano gli orologi. Non ci vedo niente di straordinario.

Léon: Ninotchka, è mezzanotte. Metà Parigi sta facendo l'amore con l'altra metà.

— *Ninotchka*

Ninotchka fu lanciato con uno slogan semplice ed efficace: «La Garbo ride!». E in effetti questo film del regista Ernst Lubitsch fu il primo ruolo decisamente brillante della «divina» Greta nei panni di un'ispettrice sovietica severa e apparentemente incorruttibile. La compagna Nina Ivanovna Yakushova, detta Ninotchka, viene spedita a Parigi dal Politburo sovietico per riportare all'ordine i tre commissari governativi che dovevano vendere i gioielli sequestrati alla granduchessa russa Swana. In realtà i tre poveracci non solo non riescono a portare a termine la loro missione, ma si fanno catturare dalla rete di piaceri e frivolezze della vita parigina, orchestrata ad arte dalla scaltra nobildonna, in combutta con il suo amante Léon. Una semplice trama che si accende con l'interpretazione esilarante di una Garbo tutta d'un pezzo, ingessata nel suo austero tailleur d'ordinan-

za, ma che poco alla volta cede all'amore di Léon e alla «decadenza» dei costumi occidentali, lasciandosi andare alla proibita *joie de vivre* di cui Parigi è la patria indiscussa.
Ernst Lubitsch si prende gioco con classe della dittatura di Stalin come farà con il regime di Hitler in un'altra commedia irresistibile, *Vogliamo vivere!*. Siamo nel 1939 e la tensione ideologica tra capitalismo, comunismo e nazismo è ai suoi massimi. Solo pochi anni prima, nel 1937, all'Esposizione Internazionale «Arts et Techniques dans la Vie moderne» di Parigi, i due giganteschi padiglioni di Russia e Germania si fronteggiavano marmorei sfoderando i simboli che presto avrebbero deciso le sorti del mondo negli anni a venire: un'enorme aquila con svastica abbinata in acciaio si stagliava sul cielo guardando in cagnesco i due lavoratori sovietici in bronzo armati di falce e martello. Ma in quello stesso anno il più visitato fu il padiglione della Spagna, che ospitava il capolavoro di Pablo Picasso, *Guernica*, un grido di dolore contro la sopraffazione di ogni regime; un quadro che con la sua potenza ha sbriciolato i colossi di marmo delle ideologie e ancora oggi ammiriamo commossi.

GUERNICA, UN QUADRO CHE CON LA SUA POTENZA HA SBRICIOLATO I COLOSSI DI MARMO DELLE IDEOLOGIE

In questo clima rovente una commedia come *Ninotchka* non poteva passare inosservata, e naturalmente fu strumentalizza-

ta come propaganda dagli americani e censurata severamente dall'Unione Sovietica, ma come sottolineò saggiamente Ennio Flaiano: «... confesso anche di essere rimasto stupito, il giorno dopo la "prima" romana, dalle reticenze di molti critici, alcuni dei quali hanno preferito non firmare i loro giudizi, oppure barcamenarsi per non dispiacere a nessuno».
Una tipica miopia che ancora oggi affligge tanti giudizi «ideologici» sull'arte. Il film, anche ottant'anni dopo la sua uscita, continua a essere una commedia perfetta, grazie al celebre tocco di Lubitsch e al set parigino al massimo della sua potenza. Tante sono le scene memorabili, come la sequenza dove (per la prima volta nella sua carriera cinematografica) la Garbo scoppia a ridere di cuore perché Léon, durante il corteggiamento, scivola e cade per terra da una sedia; o quando assaggia da una coppa proibita il suo primo sorso di champagne che la manda subito fuori di testa.
Ma per me il vero protagonista del film resta un cappello. Un originale modello a cono che Ninotchka, appena scesa dal treno, vede esposto in una vetrina parigina e indignata commenta così: «Una civiltà che permette alle donne di indossare certa roba sulla testa non durerà, compagni!». Quando il pubblico vedrà finalmente troneggiare il copricapo sulla testa dell'inflessibile funzionaria, proverà più soddisfazione che davanti al lungo bacio con l'ormai stracotto Léon. Personalmente ho sempre desiderato avere un cappello a cono come quello che la Garbo riesce a conquistarsi nel film, ma devo confessare che non è particolarmente

donante, diciamo che non sta bene proprio a tutti, insomma essere la «divina» aiuta parecchio... ma negli anni Trenta non era per nulla stravagante possedere un modellino così bizzarro, anzi le case di moda più in vista facevano a gara per superarsi in originalità in una guerra meno cruenta di quella delle superpotenze, ma senza esclusione di colpi e modelli. Le due generalesse della haute couture che a quei tempi si contendevano il primato della piazza di Parigi erano la veterana Coco Chanel e la new entry italiana Elsa Schiaparelli detta Schiap. Dai loro atelier piazzati nel cuore della città si diedero a lungo battaglia, creando a ogni nuova stagione oggetti del desiderio che sono poi rimasti alla storia. Coco, che aveva cominciato proprio con i cappelli, libera per sempre la donna da busti e corsetti regalando alle signore forme morbide e comode per affrontare la nuova vita moderna. Schiap entra in scena osando nei colori e nelle trovate artistiche rivoluzionarie, come il famoso cappello a forma di scarpa ideato insieme al suo amico Salvador Dalí: una décolleté nera in feltro con tacco rosso fuoco che furoreggia nelle foto dei giornali di moda indossata con nonchalance da Gala, musa e compagna dell'artista.

«Le scarpe hanno sempre influito sulla mia esistenza e le utilizzai in diversi oggetti surrealisti, in diversi quadri, fino a trasformarle in una specie di divinità» dichiarò candidamente Salvador Dalí. Il suo analista, se mai ne ha frequentato uno, avrebbe avuto molto da dire... Ancora oggi un esemplare autentico della scarpa-cappello viene esposto ciclicamente come una reliquia nel Musée de la Mode del Palais Galliera; se vi capita, correte ad adorarlo. Ma Coco non si dà per vinta e risponde al colpo basso sfornando una nuova serie di *Petite robe noire*, capo obbligato in ogni armadio femminile che si rispetti. Il vestito nero di Chanel è la sua invenzione più riuscita, un abito così semplice e portabile che in America viene subito definito la Ford dell'abbigliamento. La stilista francese sdogana il colore del lutto e lo trasforma nell'icona intramontabile dell'eleganza. Ma Schiap non si fa intimorire e inaugura la sua nuova collezione inventando addirittura il «rosa shocking»: una tonalità scioccante di rosa che si chiamerà così per sempre in onore della sua creatrice. Coco commenta acidamente la trovata definendolo «un rosa che fa male ai denti».

Le due regine si contendono gli artisti e frequentano senza tregua il jet set internazionale per accaparrarsi clienti famosi. Il colpaccio lo fa Schiap con il suo vestito-aragosta, una creazione nata ancora una volta in combutta con il geniale Dalí che le disegna un'aragosta gigante da applicare su un abito da sera bianco virginale.

La stilista colloca il crostaceo proprio al centro del modello, nel punto più «scabroso» del corpo femminile. A volerlo immediatamente è Wallis Simpson, fresca di scandalo per aver fatto abdicare per amore il sovrano d'Inghilterra. Addirittura Wallis osa indossarlo durante la chiacchierata luna di miele con l'ex re, provocando l'indignazione dei benpensanti ma, ci auguriamo, almeno aumentando il suo tasso di sex appeal (che a giudicare dalle foto d'epoca non era così esaltante).

Il duello tra le combattenti della moda continua senza tregua: nel tempo ad avere la meglio sarà la piccola Coco, che grazie al

celeberrimo profumo Chanel n. 5 aveva creato l'arma definitiva per la vittoria, sbaragliando ogni concorrenza sul campo.
Ma la natura artistica ed esuberante di Elsa Schiaparelli non si addice ai nuovi canoni estetici, e così all'inizio degli anni Cinquanta la stilista è costretta a chiudere la sua sartoria: non erano più tempi per le aragoste, il mondo doveva fronteggiare la guerra fredda e ben altri problemi; un'epoca si era conclusa per sempre. Oggi, a sorpresa, dopo quasi sessant'anni di silenzio, la casa di moda Schiaparelli ha riconquistato il suo posto al numero 21 di place Vendôme grazie all'imprenditore Diego Della Valle, un altro italiano appassionato che ha ricostruito l'archivio storico di tutte le imprese della geniale signora e sta dando vita a una nuova stagione di collezioni disegnate dal giovane e promettente stilista francese Bertrand Guyon. Staremo a vedere se riuscirà a uguagliare le invenzioni rivoluzionarie della mitica Schiap, come i guanti di pelle nera con unghie laccate rosso fuoco o gli occhiali guarniti da enormi ciglia applicate. Il mondo della moda lo aspetta al varco.
Per chi volesse intraprendere un religioso pellegrinaggio, gli epici atelier delle due signore sono lì che vi aspettano. Non credo di essere accusata di eresia se parlo di devozione mistica, perché ho potuto osservare con i miei occhi file ordinate di giovani donne giapponesi idolatrare commosse in rue Cambon una borsetta Chanel come fosse la Sacra Sindone. Se invece siete amanti dei modelli storici e dei pezzi unici del vintage d'alta moda, c'è solo un indirizzo che fa per voi: Didier Ludot, al 24 della Galerie de Montpensier. Lo stilista parigino è uno dei più gran-

di collezionisti di abiti firmati del passato, e il suo negozio sotto le arcate del Palais Royal è un vero tempio dove i capi sono esposti come in un museo e naturalmente i prezzi sono all'altezza. Comunque si può sempre visitare il negozio anche solo per fare due chiacchiere e magari accarezzare di nascosto le piume di struzzo rosa di un Balenciaga del 1965, a sentire gli intenditori ottima annata per la famosa casa di moda.

HO POTUTO OSSERVARE CON I MIEI OCCHI FILE ORDINATE DI GIOVANI DONNE GIAPPONESI IDOLATRARE COMMOSSE IN RUE CAMBON UNA BORSETTA CHANEL COME FOSSE LA SACRA SINDONE

Didier Ludot ha anche creato la sua linea di abiti contemporanei, che non a caso si chiama «Petite Robe Noire»: sono tutti vestiti rigorosamente neri che richiamano nello stile e nella confezione la miglior tradizione couturier del passato. Ogni modello ha un nome evocativo e per me che sono vittima del total black diventano una tentazione irresistibile. Confesso di possedere uno «Psycho» e un «Tiffany» che custodisco gelosamente nel mio armadio dove, per cercare qualcosa tra tutti i capi neri, ho sempre bisogno di una pila... oggi mi trovo molto bene con la app torcia del telefonino ma è sempre un'impresa.
Oltre a queste punte di eccellenza, Parigi è comunque il paradiso per gli amanti del vintage, sicuramente il miglior terreno di caccia

per scovare il vostro cappello stile Ninotchka o Salvador Dalí. E anche se Mademoiselle Chanel consigliava: «Per essere unici bisogna sempre essere diversi» non trascurerei l'ispirazione che da sempre ci ha suggerito il cinema. Magari passando dal difficile cappello di Greta Garbo a un più portabile modello Casablanca, in particolare il Fedora, molto più facile da sfoggiare anche per i comuni mortali. Per intenderci, il cappello che Ilsa-Ingrid Bergman indossa nella straziante scena d'addio con il suo Rick-Bogie, anche lui munito di feltro d'ordinanza con relativo impermeabile da maschio del mistero. Sono sicura che senza quel trench e quei Borsalino il dialogo tra i due amanti non ci avrebbe fatto commuovere fino alle lacrime.

ILSA: Che ne sarà di noi?
RICK: Avremo sempre Parigi.

Una frase tatuata nel nostro immaginario romantico, tanto che non ho resistito alla tentazione di rubarla per il titolo di questo libro. E pure noi, per fortuna, avremo sempre Parigi anche per scovare gli accessori fondamentali per aggiungere un pizzico di fascino ed eleganza al nostro abbigliamento, mortificato dai negozi monomarca che ormai affliggono tutte le città del mondo. «Sempre meglio un usato sicuro che un nuovo di serie», come dice una fashion blogger di grido di cui non ricordo il nome, ma che ha sicuramente ragione. Senza trascurare tutti i mercatini delle pulci e i bric-à-brac di quartiere che affollano ogni arrondissement, personalmente trovo che il più divertente e fornito negozio di vintage del reame parigino

resti sempre Thanx God I'm a V.I.P. al 12 di rue de Lancry: già dal nome si coglie l'ironia e il gusto della proprietaria che ha una raccolta strepitosa di abiti, cappelli, guanti e scarpe con tanto di reparto uomo e un bar per rilassarsi durante le scelte più difficili. Qui si trovano pezzi notevoli che, per la vostra gioia, sono ordinatamente sistemati secondo le sfumature di colore in un intero arcobaleno di tentazioni; vi avverto, se siete patiti del genere vi servirà un intero pomeriggio per esplorare a dovere questo prezioso indirizzo che fino all'ultimo volevo tenere per me.
Poco distante, un altro negozio sicuro è Violette & Léonie, in rue de Turenne; un luogo incantato dove, se siete fortunate con i numeri, correte il rischio di accaparrarvi meravigliose scarpe da sfilata praticamente nuove.
Ma se preferite la quantità alla qualità, la città è piena di vintage un tanto al chilo, e non è una battuta. Da Kilo Shop, al 69-71 di rue de la Verrerie e al 25 di boulevard Saint-Germain, basta fare man bassa di tutto quello che vi piace – borse, cappelli, scarpe o vestiti – e andarlo a pesare alla cassa (i prezzi variano da 10 a 30 euro al chilo) a seconda dell'etichetta, e il gioco è fatto.
Potrei continuare a elencare indirizzi all'infinito perché Parigi è una vera miniera in questo settore, ma vi lascio lo sfizio di scoprire i vostri preferiti e magari aggiungerli nelle pagine per gli appunti lasciate in fondo al libro. Però sconsiglio caldamente l'acquisto del famoso cappello *pillow-box*, quello a forma di scatola di pasticche gigante, che troneggia sulla testa delle malcapitate acquirenti come una specie di capocchia di fungo. Fu uno degli

accessori chiave dello stile Jacqueline Kennedy, ma a parte Jackie nessun altro può indossarlo impunemente senza sembrare subito l'hostess di una compagnia aerea low cost. Ma se lo desiderate a tutti i costi, naturalmente a Parigi lo trovate: come dice Victor Hugo: «Parigi è un totale [...] Cercate qualche cosa che Parigi non abbia». E infatti la città è piena di negozi di cappelli di ogni genere e stile. Come sempre vi segnalo il mio preferito: Mademoiselle Chapeaux, che si trova al numero 15 di rue des Tournelles, tra decine di modelli con spruzzi di piume, velette o romantiche infiorate, pubblicizza anche un *pillow-box* modello «Carlà»: la ex first lady di Francia lo sperimentò con convinzione durante la visita ufficiale alla regina d'Inghilterra. Fonti sicure dell'Eliseo riferiscono che Madame Sarkozy, dopo aver visto le foto dell'incontro, lo abbia gettato senza rimpianti nel cassonetto dell'umido.

CHAMPAGNE E CAPPELLI

«Nella Ville Lumière ci deve pur essere qualcuno con cui bere la luce.»

— Amélie Nothomb, *Pétronille*

Mi dispiace solo di non ricordare il nome del negozio di cappelli che mi ha suggerito Amélie Nothomb, la scrittrice belga, ormai parigina d'adozione, che è la più disinvolta ed elegante indossa-

trice di copricapo impossibili che io abbia mai conosciuto: deve possederne ormai una collezione invidiabile perché a ogni nuovo libro sfoggia un nuovo cappello e tra racconti, romanzi e opere teatrali a oggi ha già scritto più di una quarantina di volumi. Ho avuto il piacere di intervistarla più volte ed è sempre riuscita a stupirmi con un modello più eccentrico dell'altro. D'altronde il bello della Nothomb, oltre ai suoi romanzi, è l'ammissione sincera di tutte le sue debolezze: «Quando ero giovane avevo molti problemi per il mio aspetto fisico. A trent'anni sono entrata in un negozio di cappelli, ne ho preso uno e me lo sono messo in testa: per la prima volta nella mia vita, guardandomi riflessa in uno specchio, ho avuto la sensazione di essere me stessa».
Basterebbe già questa dichiarazione per farci correre a comprare di corsa il primo baschetto che ci capiti sottomano, ma ci sono anche altri motivi per sentirsi in sintonia con questa donna speciale che, nonostante l'originalità del suo stile, possiede un'autodisciplina che ricorda la dedizione alla scrittura di Honoré de Balzac. Amélie si sveglia tutti i giorni alle quattro del mattino e lavora fino alle otto ininterrottamente, non usa computer ma scrive rigorosamente a mano, con «penne di cattiva qualità su una carta di cattiva qualità», poi occupa il resto della giornata a correggere le bozze e a rispondere ai suoi lettori; finalmente verso sera si può dedicare a un altro hobby che me la rende ancora più simpatica, ovvero la degustazione di champagne. I particolari di questa passione molto parigina ce li ha rivelati nel suo romanzo del 2015, *Pétronille*, una storia d'amicizia

e bollicine dove la scrittrice confessa come sia importante nella vita trovare il complice ideale per condividere questo debole per lo champagne. Le do pienamente ragione, per celebrare come si deve questa cerimonia laica è fondamentale evitare gli amici lamentosi e quelli affetti dalla sbornia triste, magari astenersi pure dai superlogorroici o dagli afasici di professione e via discorrendo...

«BEVO PER FESTEGGIARE, PER UBRIACARMI, PER NON VEDERE PIÙ LA MIA FACCIA»

Non stiamo parlando di ubriacature moleste e ripetute, ma di momenti occasionali e ben congegniati per godersi il piacere di una buona bottiglia. «Bere è una grande felicità. Non mi considero un'alcolista, perché non bevo tutti i giorni e mai da sola. Bevo parecchio, ma sempre in modo premeditato.»
Una filosofia più moderata di quella della celebre *Je bois* di Boris Vian, che però potete sempre utilizzare come intramontabile colonna sonora per queste innocenti evasioni: «Bevo per festeggiare, per ubriacarmi, per non vedere più la mia faccia».
Parigi per la scrittrice è il luogo ideale per questo sport perché in ogni bar, anche il più insignificante e sconosciuto, si può ordinare una buona coppa di champagne proprio come in Italia si chiederebbe un bicchiere di chinotto. La Nothomb consiglia anche di imbucarsi in uno dei tanti vernissage che spuntano

quotidianamente in ogni luogo della città o autoinvitarsi alle degustazioni dove una flûte e una tartina di pâté non si negano a nessuno.
Meglio ancora, come sempre, è riuscire a scovare il proprio angolino prediletto. Insieme alla sua amica Pétronille la scrittrice opta per il Café Beaubourg, proprio di fronte al Centre Pompidou, dove si può brindare alla salute dell'arte e controllare l'andamento della fila per entrare al museo. Oppure frequenta spesso il Gymnase, semplicemente perché è accanto alla sua casa editrice e corrisponde per Amélie all'archetipo del bistrot parigino con le uova sode sul bancone per ammorbidire il tasso alcolico e i clienti che s'intrattengono nelle rassicuranti conversazioni da *zinc*.
Io ho passato momenti di pace interiore in un piccolo bar, La Belle Hortense a rue Vieille du Temple, dove insieme allo champagne si può anche degustare un libro. Il locale è insieme bistrot e libreria, accoppiata vincente per un tranquillo pomeriggio da flâneur parigini. Se invece siete in modalità esistenzialista lo champagne è d'obbligo ordinarlo nei due caffè più intellettuali della capitale, tutti li conoscono e almeno una volta val la pena sedersi nelle loro *terrasses*. Adagiati nobilmente sul boulevard Saint-Germain, il Café de Flore e Les Deux Magots nella loro lunga e nobile storia hanno visto passare tutta l'intellighenzia parigina che conta. Ma soprattutto sono stati il rifugio preferito di Simone de Beauvoir e Jean-Paul Sartre, che li avevano eletti a seconda casa e ufficio permanente, al loro tavolino d'ordinanza

incontravano amici e colleghi e tra una chiacchiera e l'altra scrivevano capolavori e fondavano movimenti letterari.

E anche oggi che sono frequentati da perdigiorno, turisti e professionisti di selfie, basterà solo una consumazione in questi templi della cultura per farvi sentire più intelligenti, meglio che iscriversi a un master alla Sorbona (anche se il budget è più o meno lo stesso).

Lo champagne non è una bevanda come un'altra, la Nothomb ci spiega che le bollicine donano un'*ivresse* tutta particolare che «concede una grazia disinteressata, corredata di leggerezza e profondità al tempo stesso». L'amore per lo champagne in questo Paese ha una lunga storia che risale alla notte dei tempi; basti pensare che i fratelli Lumière furono ingaggiati per girare il primo spot della storia per pubblicizzare, durante l'esposizione del 1900, lo champagne Mercier, una ditta che ancora oggi fa la sua parte tra le decine di produttori storici di bollicine.

Sulle marche di champagne da ordinare meglio ripassare *Pétronille* che offre indicazioni precise in merito, anche se Amélie è abbastanza perentoria in materia: «Il mio preferito è il Dom Pérignon del 2003. Mi reincarnerò in quello champagne», che guarda caso era anche il preferito di James Bond, ma annata 1952, almeno così afferma l'agente segreto nella *Spia che mi amava*: «Chiunque beva Dom Pérignon del '52 non può essere tanto malvagio». In altri racconti preferì il Bollinger, ma le possibilità sono infinite e per fortuna non sempre il prezzo fa la qualità.

Per una scelta sicura è meglio affidarsi a un barman esperto, come quelli di una volta, che conoscono a fondo i gusti di ogni cliente e riescono a interpretare i suoi desideri più reconditi e anche le sue tasche. Un vero angelo custode in questo campo l'ho conosciuto in un piccolo locale all'11 bis di rue Delambre a Montparnasse, che già dal nome – Rosebud – evoca piacevoli ricordi cinematografici. L'ambiente è ideale per conversazioni a voce bassa accompagnate da una musica jazz rigorosamente suonata su un vecchio giradischi con collezione di vinili di tutto rispetto. Il barman è un guru dell'accoglienza e prepara, secondo il mio modesto parere, il miglior cocktail champagne della capitale; non so se la Nothomb sia d'accordo con me ma sicuramente Marguerite Duras mi darebbe ragione, visto che una sua bella foto in bianco e nero è appesa con discrezione dietro al bancone. Ed è stato proprio lui a rivelarmi che la scrittrice era una grande amica dei proprietari e frequentatrice assidua di questo indirizzo, sarà anche per questo che lo champagne al Rosebud è così speciale?

«Chiunque beva Dom Pérignon del '52 non può essere tanto malvagio»

Il motivo per cui non mi ricordo il nome del negozio di cappelli preferito da Amélie Nothomb è molto semplice: per farle cosa grata ho stappato in occasione dell'intervista per l'uscita di *Pétronille* una bottiglia di champagne (a carico mio beninteso e non della Rai, sempre meglio chiarire...), purtroppo verso la fine della nostra amabile conversazione non riconoscevo più neanche gli autori del mio programma. Per certi passatempi bisogna avere una certa tempra, lo ammetto; ma se Amélie stesse per caso leggendo queste righe potrebbe gentilmente colmare questa mia lacuna? Magari per la prossima edizione...

FOL 40 40 AMOUR
AMOUR 30 30 ARGENT
AMOUR 20 20 JOYEUX
AMOUR 10 10 TIMIDE
0 0

OTERO E LE GRANDI ORIZZONTALI

O di OTERO E LE GRANDI ORIZZONTALI

«Si rimprovera coloro che si rovinano per un'attrice o per una mantenuta: mi meraviglio, invece, che essi non facciano per loro pazzie venti volte maggiori.»

— Alexandre Dumas figlio, *La signora dalle camelie*

«La fortuna viene dormendo, ma non da sola.»

— La Bella Otero

Simone de Beauvoir affermava: «Una donna libera è il contrario di una donna leggera». Si potrebbe parafrasare la grande scrittrice francese e dire che per essere libere, in un'epoca dove molte strade erano precluse al genere femminile, alcune donne scelsero come unica via d'uscita quella della «leggerezza», ma lo fecero con tanto talento e intelligenza da passare alla storia.
Le chiamavano cortigiane, *cocottes*, *castors*, *hirondelles*, *demi-mondaines*, ma non tutte riuscivano a diventare delle «leonesse» o meglio ancora delle *grandes horizontales*. In un eufemismo che non lascia niente al mistero, le «grandi orizzontali» rappresentavano il grado più alto della professione di seduttrici: è riduttivo chiamarle mantenute, visto che per mantenerle servivano fortune immense che le signore dilapidavano in un batter di

ciglia, gettando sul lastrico interi eserciti di gentiluomini altolocati e teste coronate.

Le grandi orizzontali con la loro vita indipendente e fuori dalle regole scatenarono una tempesta di follia e libertà e addirittura come scrive la saggista Catherine Guigon: «parteciparono al percorso di emancipazione delle donne, su un altro piano ma al pari delle pioniere femministe e delle suffragette». Le più intransigenti tra le storiche del femminismo arricceranno il naso, ma leggendo le biografie della Bella Otero, della Valtesse o della Païva non si può fare a meno di darle ragione.

Sono donne di umili origini che spesso nascondono un passato di povertà e soprusi, quasi sempre sono state violentate da piccolissime o costrette alla prostituzione da parenti senza scrupoli, ma poi – spinte da una incredibile ambizione o da un sanguigno desiderio di *revanche* – tutte mettono sistematicamente la loro femminilità al servizio di «carriere» fulminanti che le proiettano in una vita agiata trasformandole in donne libere ed emancipate. Si scelgono gli amanti e quando sono stufe li gettano via come scarpe vecchie; in un'epoca dove le donne non possono neanche uscire a fare una passeggiata senza essere accompagnate, queste nuove amazzoni se ne vanno in giro tranquillamente da sole guidando lussuose carrozze che fregiano con le loro iniziali. Accumulano case, gioielli e vestiti creando nuove mode che fanno furore e riempiono le cronache mondane della vita notturna parigina, permettendosi quello che nessuna donna fino ad allora aveva mai osato neanche pensare. Non si sottomettono a matrimoni di convenienza o alle

altre strettoie obbligatorie per le cosiddette «ragazze per bene» che spesso, dietro giudizi al veleno, segretamente le invidiano. E se si sposano lo fanno per accaparrarsi un titolo nobiliare e abbellire il loro cognome; tra l'altro sono le prime a usare una legge francese che permette la divisione dei beni, ma la utilizzano per non consentire ai mariti di mettere le mani sui loro patrimoni, accumulati grazie a un'assidua attività nelle sontuose camere da letto. In caso preferiscono dilapidare da sole le loro fortune, allegramente e senza tanti pentimenti, come fece la Bella Otero, giocatrice accanita, che nel 1901 perse in poche settimane al casinò di Nizza otto milioni di franchi e la sua proverbiale collezione di perle e diamanti. Morì a novantasei anni senza più un soldo in un'anonima cameretta d'albergo, ma non si pentì mai delle sue bravate. Certo le associazioni alberghiere della Costa Azzurra potevano essere più generose nei suoi confronti, visto che la Bella Otero, oltre ad animare la vita mondana, aveva ispirato gli architetti dei più lussuosi hotel della costa: pare che il disegno di tutte le cupole, dall'Hôtel de Paris a Monaco fino all'Hôtel Carlton a Cannes sia ispirato alla forma perfetta dei suoi memorabili seni.
Dalla seconda metà dell'Ottocento fino alla Prima guerra mondiale Parigi diventa il terreno di caccia ideale per queste avventuriere: la capitale francese è l'epicentro di quello che Alexandre Dumas figlio chiamò in una sua commedia di successo il demi-monde, un universo parallelo dove ogni morale veniva sospesa in nome di un sistematico libertinaggio, quasi una conquista per la nuova classe borghese post rivoluzione che poteva finalmente esercitarsi in

quella vita di lusso e piaceri che una volta era prerogativa esclusiva di re e aristocratici. Un'esistenza dorata preclusa alla massa dei «miserabili», come ci raccontano nei loro romanzi Victor Hugo o Emile Zola, che però non disdegnavano la frequentazione del bel mondo e soprattutto delle «leonesse» più in vista.

IL DEMI-MONDE, UN UNIVERSO PARALLELO DOVE OGNI MORALE VENIVA SOSPESA IN NOME DI UN SISTEMATICO LIBERTINAGGIO

Per rievocare questa atmosfera spumeggiante basta la scena, ormai leggendaria, dalla *Traviata* di Giuseppe Verdi, quando Violetta, una *horizontale* di primissimo livello, intona il suo inno programmatico:

> Sempre libera degg'io
> Folleggiare di gioia in gioia,
> Vo' che scorra il viver mio
> Pei sentieri del piacer...

Il compositore italiano aveva assistito alla rappresentazione della *Signora dalle camelie* del giovane Dumas al Théâtre du Vaudeville nel 1852, e subito decide di farne un'opera per la Fenice di Venezia. Irresistibile per gli scrittori il binomio peccato-punizione, tanto caro alla morale cattolica, ma la vera storia di Violetta, alias Marguerite, non è esattamente quella dell'arcinoto dramma. Alexandre Dumas aveva realmente intrattenuto una relazione con una delle più famose «orizzontali» del tempo, Marie Duplessis, morta di tisi alla giovanissima età di ventitré anni, e fin qui realtà e fantasia coincidono; non a caso il protagonista del romanzo si chiama Armand Duval, con le stesse iniziali dello scrittore che la Duplessis nell'intimità soprannominava amichevolmente Adet. Ma le somiglianze finiscono qui. Nella vita reale la fascinosa Marie, a differenza di Violetta e Marguerite, non avrebbe sacrificato un'ora della sua libertà né per amore di Alfredo né tantomeno di Armand. Come riferisce l'amico e biografo Romain Vienne, la Duplessis spesso dichiarava con grande franchezza: «Ho intenzione di restare in qualsiasi caso assolutamente libera nei movimenti e padrona delle mie fantasie: io gli ordini li do, non li ricevo».

Forse un po' più tenera lo fu con il compositore Franz Liszt, con cui intrecciò una storia turbinosa, ma per il resto andò dritta per la sua strada che purtroppo, a causa della malattia, si interruppe molto presto. Nei giorni dopo la sua morte Charles Dickens era a Parigi e così scriveva al suo amico, il conte d'Orsay: «Parigi è corrotta fino al midollo. Da qualche giorno i giornali hanno tralasciato qualsiasi questione politica, artistica o commerciale: tutto sbiadisce di fronte a un avvenimento ben più importante, la morte da romanzo di una gloria del demi-monde, la celebre Marie Duplessis».

Alexandre Dumas tornò in città giusto in tempo per assistere all'asta dei beni dopo il decesso di Marie e si trovò in un appartamento affollato dal bel mondo parigino che si era precipitato per curiosare, ma soprattutto per respirare la famosa aria di peccato che ancora aleggiava tra le stanze lussuose. È esattamente la scena che apre *La signora dalle camelie*, come documentano le cronache del tempo che pubblicarono il volantino pubblicitario della clamorosa vendita: un elenco infinito di mobili pregiati, lampadari di cristallo, specchiere, gioielli, mise eleganti e preziosi scialli di cachemire. Una triste lista di beni che avevano visto giorni migliori e ora servirono per ripagare gli enormi debiti che Marie aveva accumulato per le sue folli spese. La Dame, che i testimoni dell'epoca descrivono come una giovane dalla pelle d'alabastro, i tratti e le movenze di una vera aristocratica, era famosa per la sua eleganza raffinata, una vera icona di stile dal look romantico e tenebroso arricchito dalle proverbiali camelie. Pare che per mantenere alta l'immagine acquistasse un nuovo cappello ogni cinque giorni, oltre naturalmente a gioielli e vestiti degli stilisti più in voga. Lo scrittore si ricomprò all'asta una semplice catenina d'oro che aveva donato a Marie durante la loro breve storia d'amore, poca cosa, ma adatta alle sue tasche visto che ancora non aveva avuto il «boom» di vendite della *Signora dalle camelie*. Il romanzo che gli cambiò la vita lo pubblicò sull'onda dell'evento tragico, solo pochi mesi dopo la morte della Duplessis, una sorta di instant book che gli fece guadagnare una fortuna e finalmente gli regalò il tanto agognato status di scrittore. Senza Marie e la sua tormentata vicenda difficilmente Alexandre sarebbe riuscito a uscire dall'ombra di Dumas padre, un uomo geniale e poliedrico che infilava un capolavoro dietro l'altro, dai *Tre moschettieri* al *Conte di Montecristo*, solo per citare i più famosi.

Per un corto circuito del destino che piacerebbe ai cultori delle coincidenze amorose, Alexandre Dumas figlio e la *grande horizontale* che lo ha ispirato riposano entrambi nel cimitero di Montmartre, ma i due cenotafi non potrebbero essere più diversi. Quella dello scrittore più che una tomba è un imponente mausoleo che tenta di restituirgli almeno nell'aldilà tutta l'autorevolezza che forse in vita non era riuscito a ottenere: la statua di Dumas dormiente in veste da camera è adagiata in una specie di letto a baldacchino marmoreo adornato da colonne, fregi e frasi solenni, ma la pomposità è messa a dura prova dai piedi nudi, a cui mancano un paio di dita, forse sottratte da qualche ammiratore ossessionato dai feticci letterari. Mentre per la *dame aux camelias* una lapide sobria, senza tutti gli orpelli che l'avevano accompagnata nella sua turbinosa vita: solo una semplice scritta sul marmo che ricorda il suo vero nome, «Alphonsine Plessis»; è così che la *grande horizontale* si chiamava prima di inventarsi il nome d'arte che l'ha resa famosa.

Il lussuoso appartamento dove Marie riceveva i suoi ospiti è ancora visibile oggi dalla strada, al numero 11 del boulevard de la Madeleine: lo riconoscete perché le tre finestre principali del salotto sono incorniciate come allora da due eleganti cariatidi in marmo; ma per entrarci dovete aprire come minimo un cospicuo mutuo, visto che il palazzo ospita ora la sede parigina del Monte dei Paschi di Siena, che rivendica questa discendenza immobiliare persino nella brochure all'interno del suo sito internet. Vista la débâcle economica della signora Duplessis, forse sarebbe stato più opportuno scegliere un altro indirizzo. Ogni riferimento a ulteriori fallimenti è puramente casuale.

CHEZ MAXIM'S E IL LETTO DELLA VALTESSE

Io vado da Maxim
Tra orge e feste
Serate in allegria
Con donne in compagnia
Lolò, Dodò, Joujou,
Cloclò, Margot, Froufrou,
dimenticar mi fanno
ciò che dolor mi dà!

— *La vedova allegra*

Ma se volete avere l'idea di come potevano essere le stanze e gli arredi di una *grande horizontale* d'eccezione c'è un piccolo museo che pochi conoscono: si trova ai piani superiori di una istituzione parigina, il rinomato ristorante Chez Maxim's al numero 3 di rue Royale. Questo tempio indiscusso della Belle Epoque fu inaugurato nel 1893 e deve la sua secolare fortuna alla frequentazione di ricchi e potenti ma soprattutto al gradimento da

subito accordato al locale dalle grandi seduttrici che lo frequentavano quasi come fosse una seconda casa.
A immortalarlo per sempre la celebre operetta *La vedova allegra* di Franz Lehár del 1905 che ambienta l'intero terzo atto nel celebre ristorante, all'apice della sua notorietà.
Dopo i soliti alti e bassi e una moltitudine di gestioni, Maxim's verrà rilevato nel 1981 dal famoso stilista Pierre Cardin, con l'intenzione di farne un nuovo marchio del lusso francese. Da allora, oltre alla sede storica che continua a ospitare i clienti coccolandoli con menu nostalgici che prevedono le crêpe Vedova Allegra e la Selle d'agneau Belle Otero avec 120 grammes de truffes, la rinomata firma si è trasformata in una vera multinazionale del piacere e della Parigi «da bere». L'eclettico Cardin, che ha inventato i vestiti stile astronauta per le donne, con il nuovo brand è stato il primo a inaugurare la moda del lusso di massa, scatenandosi nella creazione di una miriade di prodotti targati Maxim's per ogni debolezza quotidiana. Dallo champagne ai cioccolatini, al catering con aragosta e caviale da asporto che ti viene spedito a domicilio in pratiche scatole di cartone naturalmente siglate Maxim's. Per non parlare del Bateau Ivre Maxim's, una barca che vi scarrozza in giro per la Senna mentre gustate le prelibatezze della casa a lume di candela. Ci mancano la biancheria intima e lo scolapasta firmato Maxim's, per il resto c'è tutto, hanno veramente brandizzato l'impossibile. Ma d'altronde la genialità pioneristica di Cardin è famosa nel mondo: è lui che ha inventato il concetto di prêt-à-porter e ha esposto per primo l'alta moda

nei grandi magazzini come Printemps, oltre ad aver inaugurato all'alba degli anni Settanta l'Espace Pierre Cardin, un luogo avveniristico che ospita un teatro, un ristorante, una galleria d'arte, uno studio di design e una factory per giovani talenti.

Oggi, mentre scrivo, Pierre Cardin, alla tenera età di novantaquattro anni, si è ritirato nel castello di Lacoste appartenuto al Marchese de Sade, dove nell'estate del 2016 ha organizzato una sfilata di moda che ha lasciato ancora una volta tutti a bocca aperta. Non dimentichiamo, per puro orgoglio nazionale, che lo stilista è originario della provincia di Treviso, lo si capisce perfettamente dal cognome: basta pronunciarlo all'italiana e il mistero è svelato.

Con tutto il rispetto per il genio avanguardista di Monsieur Pierre, se posso essere sincera, vi sconsiglio vivamente questa serie museale di prodotti cifrati Maxim's, ristorante compreso: al di là degli arredi perfettamente conservati ha assunto un'aria triste, da trappola per turisti, forse più adatto a una convention di odontoiatri che a una serata frizzante e peccaminosa. Mentre non perderei l'occasione di visitare il museo ai piani superiori, un vero gioiello che ci trasporta con la macchina del tempo in un'alcova dei primi del Novecento. Grazie alla sua immensa collezione di mobili e oggetti Art nouveau lo stilista è riuscito a ricostruire nei minimi dettagli l'appartamento di una *horizontale* al culmine della sua carriera. Aggirandovi nelle stanze che traboccano di lampade Tiffany e vasi Gallé vi sembrerà di rivivere l'intimità di una Bella Otero con tutti gli strumenti di seduzione necessari alla carriera di una grande ammaliatrice, compresa la biancheria intima. La lingerie di una volta era meno pratica dell'odierno tanga ma sicuramente più seducente; la quantità di tempo necessaria per scartare l'ambito oggetto del desiderio dilatava notevolmente il momento del piacere, come ci ricorda Jean Cocteau, appassionato della cultura del boudoir come il suo amico Pierre Cardin: «[le signore in questione] erano un accumulo di pizzo, velluto, seta, nastri, diamanti, rubini, perle... spogliare una di queste dame era un'impresa da prevedere con tre settimane d'anticipo, come un trasloco...».

Questa complicata operazione avveniva in quello che si può considerare il vero tempio delle case delle nostre leonesse: la camera da letto. Ma non era così facile essere ammessi nelle stanze del peccato delle amanti più famose, lo scrittore Emile Zola ne sa qualcosa. A lui non bastò un immenso mazzo di rose bianche per accedere in quella leggendaria di Blanche La Valtesse de La Bigne, regina indiscussa tra le «orizzontali» di fine Ottocento, il cui motto più famoso era il sintetico: «*Coucher pour arriver*».

NON ERA COSÌ FACILE ESSERE AMMESSI
NELLE STANZE DEL PECCATO
DELLE AMANTI PIÙ FAMOSE,
LO SCRITTORE EMILE ZOLA NE SA QUALCOSA

Lo scrittore era in procinto di scrivere *Nanà*, uno dei suoi romanzi più celebri, che racconta l'ascesa e la caduta nella polvere di una *cocotte* che aveva messo Parigi ai suoi piedi. La leggenda narra che la Valtesse, una donna colta e raffinata, detentrice di un'autostima così alta da cifrare ogni oggetto che le apparteneva con la semplice parola «ego», si fece una bella risata davanti all'omaggio floreale dello scrittore che voleva solo osservare l'ambito talamo per ispirarsi nella scrittura della sua eroina letteraria. Ci voleva ben altra cifra anche solo per «guardare e non toccare» la Valtesse e in particolare il suo letto, mito indiscusso per tutti quelli che avevano avuto l'onore di condividere l'intimità della contessa de La Bigne, titolo nobiliare che le aveva concesso Napoleone III, non sappiamo in cambio di quali favori.

Oggi per la modica somma di undici euro, prezzo del biglietto d'entrata del Musée des Arts Décoratifs di Parigi, chiunque può ammirare l'autentico letto della Valtesse per tutto il tempo che desidera: un generoso lascito lo ha donato allo Stato francese e ora troneggia indisturbato nella galleria del museo con le sue decorazioni in bronzo, gli amorini e i drappeggi di velluto in seta verde acqua, fresco di biancheria pregiata e carico di cuscini. Un vero *lit de parade* come venivano chiamati quelli della reggia di Versailles, dove si svolgeva il rito del risveglio del re, spettacolo ambito ma riservato solo ai pochi cortigiani autorizzati. Il lussuoso arredo costò all'amante in carica della contessa la bellezza di cinquantamila franchi: ci auguriamo per lui che siano stati soldi ben spesi.

Mi piacerebbe conoscere l'addetto alla manutenzione del prezioso giaciglio e chiedergli ogni quanto cambia le lenzuola e stropiccia i cuscini, ma soprattutto se ha mai resistito alla tentazione di sdraiarsi tra i delicati lini, all'ombra di un baldacchino che ha visto cose che noi umani non possiamo neanche immaginare. Comunque per l'intrepido Zola non ci fu niente da fare, ma lo scrittore non si perse d'animo: una leggenda racconta che si fece descrivere il misterioso letto da Dumas figlio, che abbiamo ormai capito come passava il suo tempo libero. Ma i più informati affermano che neanche Adet fosse riuscito a sbirciare dentro l'inaccessibile santuario. L'unica certezza che ci resta è la trasposizione letteraria rimasta alla storia: «Nanà sognava un letto che nessuno avesse mai avuto, un trono, un altare dove tutta Parigi sarebbe venuta ad adorare la sua sovrana nudità. Sarebbe stato tutto d'oro e d'argento sbalzati simile a un gran gioiello, con rose d'oro gettate su un graticcio d'argento; al capezzale un gruppo di amorini tra i fiori, in atto di chinarsi ridendo, avrebbero spiato la voluttà nell'ombra dei tendaggi».

All'uscita del romanzo – che naturalmente ebbe un successo strepitoso – la Valtesse s'indignò parecchio, non tanto perché lo scrittore trasformò in oro il suo letto di bronzo ma perché non si riconobbe neanche un po' nella descrizione di Nanà, donna stupida, capricciosa e ignorante, in sintesi una sciacquetta che non le assomigliava neanche nell'unghia smaltata di un mignolo.

Specialmente il finale deve averla fatta saltare su tutte le furie visto che prevede per la sventurata peccatrice la classica espiazione con malattia e morte particolarmente orripilanti, con tanto di bellezza sfigurata dalle pustole di un vaiolo vendicativo.

Ma ogni scrittore tira l'acqua al mulino del suo pubblico e Zola in questo campo era un maestro indiscusso. D'altronde il finale tragico a cui gli autori di ogni tempo hanno condannato le peccatrici era necessario per espiare le colpe ma soprattutto per superare le strettoie della censura a cui erano soggette le opere letterarie scandalose, mentre nella vita reale le cose spesso andavano diversamente. Emilie-Louise de La Bigne, che in un impeto di creatività si era ribattezzata da sola «Valtesse», cogliendo una piacevole assonanza con il più altolocato «Votre Altesse», oltre ad aver accumulato fortune e amanti, è stata una donna audace, colta e raffinata, generosa mecenate di artisti e musa di tanti pittori del tempo. La fine l'ha colta nel 1910 all'età di sessantadue anni, ancora ricca e piacente, per una banale malattia cardiovascolare; ma sul letto di morte è riuscita a darsi da fare fino all'ultimo compilando con precisione manageriale tutte le partecipazioni per gli invitati al suo prestigioso funerale.

LA MARQUISE DE PAÏVA

Un'altra leonessa famosa per la sua audacia e la sua determinazione è stata la marchesa Thérèse de Païva, che in realtà si chiamava Esther Lachmann, originaria di una povera famiglia polacca e cresciuta a Mosca nel ghetto degli ebrei: un inizio tutt'altro che incoraggiante per sfondare nel bel mondo parigino. Titolo e cognome se li conquista sposando il marchese Araújo de Païva, giocatore accanito e dandy di prim'ordine che, nonostante il cinismo di facciata, cade come uno straccio davanti alle arti dell'*allumeuse* di professione. Una bella presa per Thérèse, che in un momento di crisi stava per abdicare ai suoi sogni di gloria, ma con un estremo guizzo di genio aveva deciso di tentare la fortuna in Inghilterra facendosi prestare a credito vestiti e gioielli per giocarsi l'ultima carta oltremanica. Quando ritorna a Parigi, vittoriosa e marchesa, restituisce tutto il prestito con gli interessi; in materia fiscale la signora era di una precisione maniacale, come risulta dal quadernino dove appuntava prestazioni, compensi e relative richieste particolari dei suoi clienti. La vita della Païva è un manuale di autodeterminazione e forza di volontà: più volte sull'orlo del fallimento riesce sempre a rinascere con astuzia e un talento per la messa in scena degno di una grande attrice. Ora che è nobile e soprattutto si è accaparrata la dote del marchese, può liquidare l'incauto marito che non le serve più a nulla: «Avete voluto venire a letto con me e ci siete riuscito sposandomi. Mi avete dato il vostro nome e questa notte vi ho ripagato. Mi sono comportata da donna onesta. Volevo una posizione e ce l'ho... Dunque dobbiamo separarci». Un benservito di una chiarezza lampante. Da questo momento in poi la sua strada sarà tempestata di lusso e nuovi amanti prestigiosi fino al prussiano conte Guido Henckel von Donnersmarck, che sembra uscito dalla trama di un'operetta ma in realtà è un ricchissimo proprietario di miniere di zinco che mette letteralmente ai piedi della Païva, insieme a una serie infinita di diamanti e diademi vari. Ma la marchesa è insaziabile e chiede il regalo più ambito per ogni *horizontale*, la definitiva prova d'amore ovvero il palazzo di proprietà. Ma qui non si tratta di un bilocale con angolo cottura adatto a un'Olgettina qualsiasi, bensì di un *hôtel particulier* edificato su misura nel bel mezzo degli Champs-Elysées: indirizzo che non lascia dubbi sulla voracità della signora.

Io ci sono stata, ma potete farlo anche voi, prenotando via internet una visita guidata su appuntamento: vi conviene farlo prima di partire perché, vista l'eccezionalità dei luoghi, il calendario è spesso *fully booked*. Difficilmente scoprireste da soli la lussuosa dimora, perché oggi è seminascosta da nuovi palazzoni e dagli esercizi commerciali della via più turistica di Parigi, ma basta attraversare il cancello d'ingresso dell'Hôtel de la Païva per rimanere fulminati dalla sua sontuosa bellezza. Il palazzo ospita da decenni un'associazione di ricchi viaggiatori internazionali che per fortuna è costretta a mantenere tutto esattamente com'era per lasciar godere al pubblico questo raro esempio, praticamente intoccato, di ecclettismo di stili e mania di grandeur. Diciamo che il conte prussiano non ha badato a spese e ogni capriccio della sua amante è stato accontentato. Entrando salta subito agli occhi un'incredibile scalinata in pietra di onice gialla, e poi stucchi, damaschi, camini giganteschi intarsiati di malachite, specchi e dipinti a profusione, in un'atmosfera a metà tra un palazzo rinascimentale e un boudoir peccaminoso. Un arredo e un décor così esagerati da far esclamare al riservato pittore Eugène Delacroix (che pure aveva visitato i bordelli d'Oriente) di non aver mai visto niente di più cafone in vita sua! Questione di gusti, e quelli della marchesa non erano certo orientati verso il minimal chic oggi tanto di moda. Ma il colpo

di teatro del tour è senza dubbio la stanza da bagno privata della Païva in puro stile harem di lusso, con tanto di vasca intagliata in onice rivestita d'argento come i tre rubinetti. La mia guida di riferimento che ormai conoscete, Madame Lorette, mi ha assicurato che servivano per l'acqua tiepida, lo champagne e il latte d'asina a seconda del capriccio della giornata, e io le credo ciecamente. La cura del corpo per una *horizontale* doveva essere una faccenda serissima, e le spese in unguenti e creme miracolose erano parte non indifferente del budget necessario per la manutenzione di queste portentose macchine da guerra.
Se volete provare anche voi l'ebbrezza di una toilette raffinata e carica di oli preziosi e profumati Madame Lorette, che ne sa una più del diavolo, mi ha consigliato un indirizzo imperdibile al numero 6 di rue Bonaparte. In quest'elegante strada di Saint-Germain da poco è rinata l'Officine Universelle Buly, un marchio famoso che ai primi dell'Ottocento era rinomato per le sue ricette segrete e quasi miracolose, come la Lotion de toilette vinaigrée, pubblicizzata con uno slogan ancora molto convincente: «Le mode passano ma l'aceto di Buly ti fa sempre bella» (io naturalmente ne ho comprato una scorta). L'antica casa profumiera aveva ispirato Balzac per il suo romanzo *César Birotteau*, la storia di un celebre profumiere parigino rovinato dai debiti dopo che il suo lussuoso negozio era stato devastato dai rivoluzionari, durante i sanguinosi moti cittadini del 1830. I nuovi proprietari, sfidando ogni leggenda letteraria, hanno pensato bene di far rivivere il luogo ricostruendo non solo gli arredi ma anche le composizioni originali dei cosmetici

dell'epoca e propongono – a prezzi ancora abbordabili – la famosa Pommade virginale e L'huile antique. Una volta umettati a dovere con i prodotti Buly non credo che riuscirete a sedurre il primo marchese che vi capiti sotto tiro, ma sono certa che il trattamento di bellezza vi servirà a risollevare l'umore quando tornando in albergo scoprirete che la vostra toilette (peraltro senza bidet) non ha nulla a che vedere con il bagno della Païva.
Una volta sistemata la sua lussuosa abitazione, dopo dieci anni di lavori e una cifra esorbitante di fatture, la Païva si trasformò per incanto in una piccolo-borghese e inaugurò una vita mondana da signora per bene, organizzando pranzi e ricevimenti paludati, senza più un brivido peccaminoso. I soliti presenzialisti, tra cui naturalmente gli ubiqui fratelli Goncourt, riferiscono la noia di queste cene apparecchiate con uno sfarzo esagerato di argenteria e cristalli, e con delle brocche alte come cattedrali che nessun invitato riusciva a sollevare per bere un semplice bicchier d'acqua. Ma proprio quando la marchesa aveva raggiunto tutto quello per cui aveva lottato fu costretta a scappare di corsa da Parigi insieme al marito: erano entrambi sospettati di spionaggio filoprussiano. Il conte Guido Henckel von Donnersmarck aveva tramato non poco a favore della sua patria e il maestoso hotel sugli Champs-Elysées era stato l'unico ad accogliere con tutte le luci accese l'entrata dei prussiani vincitori in una città a lutto e volutamente deserta: un'onta che nessun parigino avrebbe mai cancellato dalla memoria. La coppia si rifugiò nell'austero castello di famiglia in Slesia, a Neudeck, dove la nostra leonessa lentamente si spense.

Il conte Guido, apparentemente inconsolabile, si sposò dopo tre anni con una nobile molto più giovane di lui, ma non dimenticò mai la sua adorata Païva a cui aveva dedicato i suoi anni migliori. Secondo Madame Lorette, che ha sicuramente superato un dottorato in *grandes horizontales*, la giovane sposa per poco non morì d'infarto quando, entrando negli appartamenti segreti della prima moglie, scoprì il cadavere perfettamente conservato della marchesa che galleggiava immerso nella formalina in una teca di cristallo appesa al soffitto. Mi piace credere che sia tutto vero.

LA DONNA PIÙ ELEGANTE DI PARIGI

Odette de Crécy, divenuta poi Madame Swann, è tutta un'altra cosa. Marcel Proust ha disegnato la *grande horizontale* che attraversa i volumi della sua *Recherche* con un'accuratezza quasi ossessiva, come d'altronde ha fatto per tutti i personaggi dell'immensa opera a cui si è dedicato anima e corpo fino alla morte. Tra le figure femminili che popolano il romanzo Odette, insieme alla duchessa di Guermantes, brilla per un'eleganza a dir poco sublime. Le due donne sono descritte fin nelle cuciture più nascoste dei preziosi vestiti e accessori, che lo scrittore conosce più di un sarto di grido.

Una passione, quella per la moda, che Proust ha esercitato per diletto come giornalista sotto differenti pseudonimi, il più poetico sicuramente quello di «*étoile filante*».

La sua icona di riferimento era la donna più elegante della città, la contessa di Greffulhe, che lo scrittore cita spesso nelle sue crona-

che mondane: «Chiunque guardi la contessa resta come incantato dai suoi occhi infiniti, colmi di raggi e di ombre, e di un crepuscolo che canta, di fronte alla sua perfetta bellezza, di fronte alla sua grazia assoluta e divina».
Proust era totalmente ipnotizzato da questa nobildonna, regina indiscussa dei salotti altolocati della Parigi di fine Ottocento, tanto da ispirarsi a lei per costruire le *toilettes* ricercate di Odette e della duchessa di Guermantes. A testimonianza di questa fascinazione rimangono le lettere dove Proust invoca il regalo di una sua fotografia da poter ammirare nella solitudine della sua stanzetta, ma la Greffulhe non l'ha mai accontentato. Al contrario delle donne di mondo che approfittavano della nuova arte fotografica per farsi pubblicità, la contessa non amava far circolare la sua immagine e questa strategia non ha fatto che aumentare il suo mito. Mi dispiace per Proust ma io possiedo una bellissima riproduzione di uno scatto di Nadar, il fotografo più richiesto dell'epoca, che ha ritratto la divina Greffulhe nella famosa toilette in velluto nero decorata da enormi gigli bianchi. Potete averla anche voi in formato cartolina, comprandola al Musée de la Mode de la Ville de Paris, che ha da poco organizzato una mostra affascinante esponendo il guardaroba completo della contessa, scarpette di velluto rosso comprese. Il museo conserva in un deposito segreto tutta la storia di Francia attraverso i vestiti, praticamente dalle mutande del Re Sole alla minigonna di Brigitte Bardot non manca nulla in questo Fort Knox del costume e della moda che organizza ciclicamente delle esposizioni delle sue preziose reliquie. Quale

che sia la mostra del momento, vi consiglio di passarci comunque, se non altro per una sosta nel meraviglioso giardino che è aperto al pubblico senza bisogno di pagare il biglietto.

IL MUSEO CONSERVA IN UN DEPOSITO SEGRETO TUTTA LA STORIA DI FRANCIA ATTRAVERSO I VESTITI, PRATICAMENTE DALLE MUTANDE DEL RE SOLE ALLA MINIGONNA DI BRIGITTE BARDOT

PASSATEMPI PROUSTIANI

Sarebbe stata una visita molto utile anche per Proust, che era solito frequentare ogni genere di negozio o atelier d'alta moda per approfondire i dettagli utili a comporre il suo immenso universo. Lo scrittore viveva in prima persona i suoi romanzi e niente era lasciato al caso. Salotti, boulevard e ristoranti erano gli altri luoghi di caccia preferiti per raccogliere *l'air du temps* così necessaria alla sua ispirazione: come il Pré Catelan al Bois de Boulogne, uno dei luoghi scelti da Odette per le mondanità campestri, o il Lapérouse. «Certi giorni, [Swann] invece di restarsene a casa, andava a far colazione in un ristorante abbastanza vicino, di cui un tempo aveva apprezzato la buona cucina e dove ora andava soltanto per uno di quei motivi, insieme mistici e assurdi, che si definiscono romantici, per il fatto cioè che quel ristorante (che esiste ancora) portava il medesimo nome della strada dove abitava Odette: Lapérouse.»
E inseguendo Proust per la sua Parigi, vi confermiamo che il

Lapérouse esiste tuttora al numero 51 del quai des Grands-Augustins. Nulla è cambiato nei secoli che lo hanno visto luogo d'incontro di intellettuali e scrittori, ma soprattutto di grandi seduttrici che si intrattenevano con i loro danarosi accompagnatori in salette riservate che ancora oggi si possono prenotare a cifre astronomiche per una cena galante, come il privé La Belle Otéro, un piccolo boudoir con un tavolo solo per due, imbottito di velluti rossi e carico di specchi: arredi fondamentali che le leonesse dell'epoca graffiavano senza pietà per testare sul posto l'autenticità dei diamanti che ricevevano in dono. Era importante verificare che non fossero inutili pezzi di vetro, perché una *grande horizontale* non si poteva certo permettere di perdere tempo con delle volgari cianfrusaglie. Noi invece sì, e c'è un piccolo indirizzo dove rifugiarsi quando si ha bisogno di falsi pregiati o di bigiotteria d'epoca più scintillante dei gioielli veri: si chiama Hier - Aujourd'hui - Demain, un nome perfettamente proustiano. A gestirlo da trentacinque anni è Monsieur Michel, un vero intenditore di *trouvailles* di ogni epoca e stile: si spazia dalle flûte di champagne agli occhiali da sole anni Sessanta, ma la vera meraviglia è una collezione di orecchini e collane in una lega povera composta da oro, argento e rame, un brevetto rilasciato direttamente da Luigi XVI a due orefici del Marais che l'hanno chiamata Pomponne e ancora oggi vi permette di ingioiellarvi con gran classe senza spendere una fortuna.
Il negozio si trova al numero 14 di rue de Bretagne, una strada parigina ricca di sorprese interessanti, tanto che una volta che siete lì vi conviene esplorarla tutta, dal Café Charlot alla fornitissima

libreria Comme un Roman – e per gli appassionati di fotografie vintage è imperdibile Images & Portraits, un piccolo negozio all'angolo con rue Charlot, dove il proprietario Fabien Breuvart oltre che collezionista di scatti «anonimi» è un rinomato ritrattista su appuntamento. Tra la miriade di selfie che non sempre ci fanno giustizia, una bella foto posata potrebbe essere un'eccitante novità. Ma torniamo sui nostri passi proustiani al Lapérouse: in un vezzo très chic, il ristorante espone ancora degli specchi sfregiati, non credo siano i graffiti originali dei diamanti della Bella Otero ma l'effetto nostalgia è perfettamente centrato. Nutro una profonda simpatia per questa ballerina spagnola allegra ed esuberante, famosa per un appetito portentoso, la risata facile e un abbigliamento esotico, quasi carnascialesco. Così ci appare nelle prime foto d'epoca in formato cartolina che le *grandes horizontales* usavano per farsi pubblicità – una vera forma di marketing prima del tempo, più potente di un account su Facebook delle starlette dei nostri tempi. Certo, viene da chiedersi dove risiedesse tutto quell'erotismo che portava intere schiere di uomini fino al suicidio pur di possederle; ma sono domande pleonastiche, si sa, ogni epoca ha l'eros che si merita e a noi moderni è toccato il lato B della Kardashian, che solo a pensarci ci viene un groppo di nostalgia per quelle immagini naïf delle grandi seduttrici in bianco e nero. Se volete approfondire la materia al numero 1 di rue Chabanais c'è una piccola galleria d'arte, Au Bonheur du Jour, specializzata in foto rétro, erotiche, romantiche o decisamente osé. Il negozio copre tutti i campi possibili della filosofia del boudoir e tra i libri potrete trovare anche il bel saggio illustrato di Catherine Guigon sulla Belle Epoque e le cortigiane parigine: *Les cocottes, reines du Paris 1900*, una vera bibbia in materia.

FAIRE CATTLEYA

Ma come abbiamo già detto, Odette è tutta un'altra cosa. La *dame en rose* della *Recherche* possiede un fascino sfuggente e misterioso, niente a che vedere con la schietta generosità della Bella Otero o tantomeno con il mito della cortigiana dal cuore d'oro tanto caro a Verdi e a Dumas. Odette è una continua *souffrance au cœur* per il povero Swann, che la pedina per la città minato da una gelosia inguaribile. Il fiore di riferimento per Odette non è l'innocente camelia prediletta da Marguerite Gautier, ma la misteriosa orchidea o cattleya, con cui si apparecchiava esotiche acconciature rimaste nella storia della letteratura.

Le cattleya sono vitali nel romanzo di Proust, che ci spiega come sia difficile «possedere» una donna ricoperta di fiori senza sgualcire neanche un petalo della sua elaborata toilette: «Odette teneva in mano un mazzo di cattleya e lui vide che sotto la sciarpa di pizzo aveva nei capelli dei fiori di quelle stesse orchidee appuntati a un'*aigrette* di cigno. Sotto la mantiglia le scendeva una cascata di velluto nero che [...] lasciava vedere un carré di *faille* bianco nella scollatura del corpetto, da dove spuntavano altre cattleya». Praticamente un bouquet vivente, tanto che gli amanti, a forza di spostare di qua e di là queste ingombranti orchidee, coniano un sinonimo molto elegante: al posto di dire «fare l'amore» adottano un più allusivo «*faire cattleya*», e questo fiore enigmatico rimarrà nel tempo il testimone dei loro appassionati incontri.

LE CATTLEYA SONO VITALI NEL ROMANZO DI PROUST, CHE CI SPIEGA COME SIA DIFFICILE «POSSEDERE» UNA DONNA RICOPERTA DI FIORI SENZA SGUALCIRE NEANCHE UN PETALO DELLA SUA ELABORATA TOILETTE

Se volete anche voi «fare cattleya», ma nel senso più platonico del termine, ovvero semplicemente comprare dei fiori a Parigi, non avrete certo problemi di scelta, l'offerta in città è smisurata, quasi quanto quella dei negozi di profumi o dei bistrot. Ma soprattutto c'è place Louis-Lépine, una piazzetta da non perdere che ospita il vecchio mercato dei fiori parigino. Passo sempre di lì anche se non mi servono urgentemente delle cattleya, perché è un luogo piacevole e poetico, quasi un piccolo giardino affacciato sulla Senna dove dall'Ottocento sorgono dei padiglioni in ferro battuto. Così anche se piove potrete passeggiare tra una varietà infinita di piante, fiori, semi e la domenica per incanto appaiono anche uccellini e pappagalli (non vi consiglio comunque di comprare un qualsiasi volatile parigino, specialmente se avete prenotato con una compagnia low cost, sono implacabili con il bagaglio a mano). Se volete rimanere fedeli all'itinerario proustiano, l'unico fioraio abilitato alla ricerca dell'orchidea perduta è Lachaume, al 103 di rue du Faubourg

Saint-Honoré: è lì che lo scrittore ogni mattina comprava la sua cattleya da appuntare al bavero della giacca, o almeno così assicurano le eredi della premiata ditta che continua a dispensare fiori per la Parigi che conta dal 1845. A confermare questo rito quotidiano, il bellissimo ritratto di Jacques-Emile Blanche esposto al Musée d'Orsay che ci restituisce un Proust ventenne in piena era dandy, con la sua eterna orchidea all'occhiello. Un quadro che lo scrittore amava molto e ha sempre portato con sé durante i suoi innumerevoli traslochi.

I soliti proustiani abilitati da anni di studi e ricerche affermano che il personaggio di Odette sia ispirato dalla testa ai piedi a una *cocotte* di grande livello, Laure Hayman, che fu l'amante del prozio e del padre di Proust: praticamente un'amica di famiglia. La signora, riconoscendosi in pieno nella descrizione di Odette, invece di essere contenta di comparire in uno dei romanzi più importanti del Novecento si sentì profondamente offesa e scrisse una lettera di fuoco al povero Proust, accusandolo di questa «ignobile» trasposizione letteraria. Lo scrittore, già stanco e provato dai suoi innumerevoli acciacchi, si prese comunque la briga di risponderle respingendo le accuse e cercando di dimostrare accoratamente la sua buona fede:

> «Sono costretto a rispondervi per ancora una volta protestare, senza sperare in un maggior successo ma per senso dell'onore. Odette de Crécy non solo non è voi, ma esattamente il contrario di voi [...] Mi sorprende molto. Avevate un gusto così sicuro, così ardito. Se dovessi chiedere il nome

di un mobile, di una stoffa mi rivolgerei piuttosto che a un artista a voi. Ebbene, forse con molta goffaggine, ma facendo del mio meglio, ho cercato invece di mostrare che Odette non aveva più gusto nell'arredamento che in qualsiasi altra cosa, che era sempre (tranne nell'abbigliamento) in ritardo di una stagione, di una generazione sulla moda.»

LE TEMPS ME PRESSE, CÉLESTE...

Non sappiamo se queste giustificazioni abbiano quietato la furibonda Madame Hayman, ma fa quasi tenerezza constatare come un gigante della letteratura si sia preso la briga di calmare i bollenti spiriti di una *grande horizontale*, specie in un momento della sua vita così fragile dove ogni stormir di fronda lo turbava profondamente. Ne sapeva qualcosa la sua fedele governante Céleste, che lo accudiva giorno e notte come una perpetua devota. L'unica donna, dopo la morte della madre, a cui lo scrittore permetteva di entrare nel suo sancta sanctorum, la camera da letto dove alla fine dei suoi giorni passava la maggior parte del tempo, afflitto dalle frequenti crisi di asma che l'avevano costretto a trasformare la stanza in una specie di bagno turco con le pareti rivestite di sughero per attutire i rumori che lo facevano impazzire.
Era Céleste che incollava fogli su fogli per permettere allo scrittore di correggere le bozze nei suoi famosi quadernetti di appunti, arrivati fino a noi come reliquie preziose e ora conservati religiosamente alla Biblioteca nazionale. Ed era sempre la fedele Céleste

che spediva l'autista, anche a notte fonda, al bar dell'Hôtel Ritz per comprare il gelato al lampone, l'unico gradito dallo scrittore, o la birra fresca per placare l'arsura di Marcel; sempre e solo al Ritz, uno dei luoghi proustiani per eccellenza. Lo scrittore era un habitué dell'hotel in place Vendôme dove, quando ancora faceva una vita mondana, aveva l'abitudine di affittare una sala privata per ricevere gli amici e i testimoni di quel mondo dorato che stava disegnando nella sua *Recherche*.

Proust aveva bisogno di ispirazioni continue, indizi e confidenze privilegiate, come quelle dell'amica di sempre, la principessa Soutzo, o del maître Olivier Dabescat, uno dei suoi informatori preferiti, che ricorda così una delle tante improvvisate notturne dello scrittore: «Arrivò verso le 22 nella sala deserta, imbacuccato nel suo cappotto foderato di pelliccia. Ordinò un pollo arrosto, verdure fresche seguite da una insalata e da un gelato alla vaniglia. Al termine della cena si ritirò in un salottino privato dove si fece portare una grande caffettiera dalla quale bevve sedici tazze». (Dopo Balzac, sicuramente l'autore della *Recherche* è stato uno dei più accaniti consumatori di caffè che la letteratura ricordi.)

Questi continui sopralluoghi al Ritz erano necessari allo scrittore per acquisire gli ultimi dettagli sulla vita parigina. Le indagini giornaliere gli permettevano di aggiungere nuove pennellate all'immenso affresco letterario a cui stava dedicando le sue ultime energie, quello che lui amichevolmente chiamava, più che un romanzo, «una cattedrale». E quando finalmente scrisse la parola fine si lasciò morire, almeno così assicura la governante nelle sue memorie: «Cara Céleste,

il tempo m'incalza», le diceva sempre Marcel rimanendo spesso sveglio tutta la notte per paura di non portare a termine la sua impresa. Il momento arrivò quando lo scrittore era ormai letteralmente consunto dal suo lavoro, come dimostrano le macabre foto sul letto di morte scattate dall'artista americano Man Ray che fu chiamato immediatamente al capezzale di Proust, nella casa in rue Hamelin, l'ultimo domicilio dove l'autore della *Recherche* fu quasi costretto ad andare ad abitare dopo che la zia aveva venduto l'appartamento sul boulevard Haussmann. Oggi a quell'indirizzo c'è l'Hôtel Elysées, un moderno albergo a tre stelle che ha riscaldamento e aria condizionata in abbondanza; quasi un'ironia della sorte, se si pensa ai disagi che Proust lamentava tra quelle mura fredde e rumorose. La sua piccola camera monacale completa di letto, scrivania e il comodino con la lampada verde che illuminava le sudate carte è stata traslocata di peso al Musée Carnavalet. Purtroppo non la potrete vedere fino a data da destinarsi, perché l'ala che la ospita è in restauro. Ma il museo merita comunque una visita, sia per la bellezza del palazzo che per il contenuto che illustra attraverso quadri, ricostruzioni d'interni, foto e addirittura insegne dei negozi: la storia di Parigi e dei suoi abitanti dalla preistoria ai giorni nostri.
Mentre l'Hôtel Ritz dopo Proust ha visto un susseguirsi di frequentatori altolocati, da Scott e Zelda Fitzgerald all'Hemingway del secondo dopoguerra, a Coco Chanel che negli anni Cinquanta l'aveva eletto a suo domicilio parigino. L'albergo a cinque stelle lusso è stato da poco ristrutturato con un budget stratosferico e ogni pomeriggio nel salone Marcel Proust servono il tè con una ma-

deleine affogata nel latte di vaniglia a una cifra che vi consiglierei di investire in qualcosa di più memorabile. Devo confessarvi che le madeleine più buone non le ho assaggiate a Parigi ma alla boulangerie Le Levain, nel centro di Roma, a Trastevere, il luogo meno proustiano del mondo; vi assicuro che la piccola bottega di questo talentuoso pasticciere salentino sforna dolcetti da fare invidia al lussuoso albergo. Ma se siete dei proustiani radicali, senza se e senza ma, non potete mancare la pasticceria Angelina in rue de Rivoli, altro luogo frequentato assiduamente da Marcel, dove il tempo si è perduto per sempre tra gli arredi ideati dal celebre architetto della Belle Epoque Edouard-Jean Niermans.

Sarò un'iconoclasta ma personalmente le madeleine non mi ricordano nulla, invece provo dei brividi di piacere con le meringhe; forse è per questo che non diventerò mai una grande scrittrice, ma mi consolo con la torta più buona di Parigi. Si chiama Le Merveilleux ed è più che meravigliosa, la trovate in una delle numerose sedi, cinque solamente in città, della pasticceria fondata da Frédéric Vaucamps, Aux Merveilleux de Fred, un vero genio del gusto che ha rivisitato una vecchia ricetta belga e ne ha fatto un piccolo capolavoro per il palato. Il segreto, rivela Fred, sta tutto nella meringa che è di una leggerezza impalpabile, ma non toglierei meriti alla crema e alle scaglie di cioccolato che mi hanno riportato all'istante alla memoria tutto il mio «tempo perduto», tra l'altro a un prezzo concorrenziale rispetto a una regolare seduta d'analista.

Me l'ha fatta scoprire la mia amica Daniela e le sarò grata per sempre.

RE DES VARIETES
INISTRATION
EE DES ARTISTES
PASSAGE JO
RELIURE
45
A. PETIT-SIROUX
HÔTEL CHOPIN
GALERIE DES LIVRES
QUAND LES BELLES
PASSAGE VERDEAU
FAUBOURG MONTMARTRE
ENTRÉE DES GALERIES
Jean Cocteau
BALZAC
RESTAURANT
VEFOUR
CAFÉ
GALERIE VIVIENNE
Musée Grévin
A BACQU
VILAC
SSAGE DU GRAND CERF

PASSAGE

P di PASSAGE

«I passages splendevano nella Parigi dell'Impero come grotte incantate.»

— Walter Benjamin, *I «passages» di Parigi*

A Parigi piove spesso, sicuramente è il suo bello: almeno così ci ha insegnato Audrey Hepburn quando, vestita in total Givenchy, ci dà le istruzioni per goderci la Ville Lumière nel film *Sabrina*, che i più romantici tra noi hanno visto almeno una decina di volte: «Sapete che cosa si fa il primo giorno che si è a Parigi? Ci si procura un po' di pioggia: una pioggia che non sia troppo forte però, e una persona veramente carina, con la quale girare in taxi per il Bois de Boulogne».

Sarà perché agli inizi dell'Ottocento non erano ancora stati inventati i taxi e quando la pioggia veniva giù forte le strade si trasformavano in fiumi di fango, che a Parigi cominciarono a fiorire i passage. L'invenzione di queste lunghe gallerie coperte di ferro e vetro, che permettevano di attraversare interi quartieri evitando il caos delle strade e soprattutto di inzaccherare le scarpe, fu salutata con entusiasmo dai cittadini; come ci ricorda Brazier nel *Diable à Paris*: «Ai parigini è sempre piaciuto moltissimo passeggiare». Meglio ancora se possono farlo al riparo delle intemperie e in mezzo a uno sciame di persone che non vedono l'ora di allargare il salotto di casa a tutta la città.

Sapete che cosa si fa il primo giorno che si è a Parigi? Ci si procura un po' di pioggia

Ma nella novità dei passage si nasconde qualcosa di più seducente del piacere di girovagare tra la folla tanto caro ai flâneur di professione. Le gallerie, illuminate da grandi vetrate di giorno e dalla strabiliante invenzione della luce a gas di notte, vennero subito prese d'assalto dai negozianti che, intuendo le potenzialità commerciali del nuovo «struscio» parigino, inaugurano decine di botteghe traboccanti lussuose meraviglie, rivestendo le pareti di decori sfarzosi e di una quantità incredibile di specchi per riflettere quell'opulenza scintillante: «Parigi è la città degli specchi. Le donne si contemplano più che altrove, ed è questa la ragione della tipica bellezza delle parigine. Prima che un uomo le guardi, hanno già avuto almeno dieci occasioni di sbirciare il loro riflesso allo specchio».
I passage, come moderne caverne di Alì Babà, diventarono in poco tempo un teatro di vanità e consumismo unico al mondo, e Parigi si trasformò in quella «mostruosa meraviglia» raccontata nei romanzi da Balzac. Le nuove gallerie fatate richiamano una folla sempre più numerosa e fanno a gara per accaparrarsi attrazioni inedite; al loro interno si moltiplicano pasticcerie, giocattolai, librerie, teatri, sale di lettura, profumerie, e le più prestigiose boutique di moda. Grazie al feticismo per i più disparati oggetti del desiderio diventati status symbol necessari, quell'epoca di tumultuosi

cambiamenti trova nei passage il terreno ideale per mettere radici: «La mercanzia è celebrata al pari di un oggetto di culto, e incita a una beata devozione...» scrive il poeta tedesco Heinrich Heine, da sempre innamorato della città tanto che, a forza di vagabondare nelle sue interminabili flânerie, proprio nel passage des Panoramas incontra per caso la sua futura moglie Mathilde, sicuramente cogliendo il suo riflesso in uno specchio di qualche caffè.

Benjamin aveva individuato nella nuova fiera delle meraviglie l'illusione di felicità della nascente società industriale

È il profitto in tutte le sue declinazioni l'anima di queste moderne gallerie, a spiegarcelo con la sua lucida analisi sociologica è Walter Benjamin nel saggio *I «passages» di Parigi*, opera sulla nascita del capitalismo a cui lavora con passione da anni e che consegnerà incompiuta all'amico Georges Bataille quando, per sfuggire all'arresto, decide di abbandonare la Francia occupata dai tedeschi. Purtroppo all'ultimo momento gli viene rifiutato l'imbarco per gli Stati Uniti e il filosofo deciderà tragicamente di ricorrere all'estremo gesto del suicidio pur di non finire nei lager nazisti. A noi resta un libro necessario, romantico e politico al tempo stesso, composto da frammenti, appunti e intuizioni che ci raccontano, attraverso l'osservazione di una città dell'Ottocento, il nostro futuro. Benjamin aveva individuato nella nuova fiera delle meraviglie l'illusione di felicità della nascente società industriale, ma aveva già capito che quelle sirene abbaglianti non avrebbero mai mantenuto le promesse.

PASSAGE DES PANORAMAS

I «panorami» che danno il nome a questa galleria che si apre in boulevard Montmartre sono un'invenzione strabiliante per l'epoca. Una specie di cinema ante litteram chiamato la «machine en rama» o «cosmorama» che mostrava degli immensi panorami dipinti con tale precisione da sembrare veri. Gli spettatori, dopo aver attraversato un corridoio buio, venivano accolti dentro una grande sala circolare illuminata a effetto, dove potevano osservare un paesaggio di Parigi, così somigliante alla realtà da lasciare senza fiato una platea che non aveva ancora conosciuto le meraviglie del grande schermo. Il successo fu al di sopra di ogni aspettativa e, per soddisfare la richiesta del pubblico, vennero subito allestiti «panorami» di altre città. Anche intellettuali e austeri scrittori come François-René de Chateaubriand rimasero incantati dal prodigio: «Giammai viaggiatore fu messo a una prova tanto dura; non potevo assolutamente aspettarmi che riuscissero a trasportare Gerusalemme e Atene a Parigi...». Oggi il panorama che potete ammirare in questa galleria è solo quello di negozi non sempre all'altezza della prestigiosa storia dei Panoramas. Una decadenza progressiva ha investito tutti i passage parigini, ridotti negli anni a una ventina rispetto alle centocinquanta lussuose gallerie che si nascondevano nei quartieri dei grand boulevard della Parigi otto-

centesca ma, grazie a rivalutazioni e restauri, le strutture superstiti stanno tornando lentamente in auge. Anche se alcune hanno perso l'antico splendore, visitarle è ancora un'esperienza affascinante, come scoprire un vecchio libro ingiallito ma unico e prezioso da uno sconosciuto rigattiere. Anzi, la stratificazione eclettica, con le sue sbavature, per me non fa che aumentare l'interesse di un luogo, perché lo mantiene vivo evitando la mummificazione museale, che a volte è come un lifting innaturale sul volto di una bella donna.
Anche se queste «grotte incantate» non sono più le stesse, con la decadenza hanno acquistato un nuovo mistero: qualcosa di insolito e romanzesco che ha continuato a ispirare poeti come Louis Aragon, che nel *Paesano di Parigi* celebra commosso la morte del passage de l'Opéra, indimenticato «labirinto voluttuoso». Mentre lo scrittore argentino Julio Cortázar, grande frequentatore dei passage di tutto il mondo («I passaggi e le gallerie sono stati da sempre la mia patria segreta»), nel suo racconto *L'altro cielo*, ci svela che le gallerie di Buenos Aires racchiudono un cunicolo nascosto direttamente collegato ai passage francesi dell'Ottocento. Purtroppo pur cercandolo con attenzione non l'ho mai trovato, chissà se qualcuno di voi sarà più fortunato.
Questa porta segreta potrebbe tranquillamente trovarsi nel passage des Panoramas, che tra nuovi esercizi commerciali di una tristezza infinita (come un ristorante a forma di treno inglese) conserva anche frammenti dell'antica bellezza e svariati locali curiosi, in un mix un po' surreale ma non privo di attrattiva. La storica stamperia Stern è un esempio lampante di questo incrocio spazio-temporale

che forse non piacerà ai più intransigenti ma che io invece trovo perfettamente coerente con lo spirito dei vecchi passage.

«I PASSAGGI E LE GALLERIE SONO STATI DA SEMPRE LA MIA PATRIA SEGRETA»

Dal 1834 l'incisore Stern è stato il luogo più esclusivo della città per ordinare biglietti da visita e inviti eleganti, ma quando nel 2008 si trasferisce al 131 di rue du Faubourg Saint-Honoré lascia un buco nero e delle meravigliose insegne che sono subito catalogate monumento storico. Dopo sette anni di indecisioni burocratiche, a scommettere su una sua resurrezione sono degli chef italiani, i fratelli Alajmo, quelli del Gran Caffè Quadri a Venezia, per intenderci. Un restauro affidato al solito Philippe Starck (o a uno dei suoi numerosi sosia) ha trasformato i locali abbandonati in un ristorante dall'aria misteriosa e raffinata, dove classiche boiserie e poltrone in pelle si alternano a elementi da gabinetto scientifico, con tanto di lince impagliata ma impreziosita da una collana di diamanti. Se superate lo shock dell'ambiente un po' troppo lugubre-chic, la cucina vi conquisterà dal primo assaggio della colazione con croissant e brioche all'olio extravergine d'oliva fino al baccalà mantecato con polenta fritta della cena, per non parlare dell'espresso Giamaica fatto sul momento con una macchina Faema del 1961, che fa venire voglia di intonare l'Inno di Mameli. Ma se all'estero la cucina italiana vi viene a noia, anche se stellata, a pochi metri da Stern troverete un interessante ristorante giapponese specializzato in un solo piatto, il Gyoza, e infatti si chiama Gyoza Bar e vi propone questa specie di meraviglioso raviolo ripieno di maiale, zenzero, estratto di porro e un tocco di Yuzukosho (non chiedetemi cosa sia, ma il risultato è a dir poco esaltante).

Continuando a bighellonare per la galleria, scoprirete locali superturistici e rivenditori di pietre dure, vecchi bistrot con incantevoli pavimenti decorati e menu decisamente non all'altezza della loro storia, ma anche una serie di negozietti per gli appassionati di filatelia e vecchie cartoline che hanno mantenuto indenne la polvere del tempo.

In una piccola ramificazione della galleria troverete ancora l'entrata degli artisti del Théâtre des Variétés, che aprì le porte nel 1807 tra lo scontento degli attori costretti a emigrare dal centro parigino in quella zona allora considerata periferica e fuori mano; tutto per colpa di un decreto reale che voleva privilegiare il vero Théâtre-Français serio e drammatico. Ma appena debuttano nel nuovo teatro, gli artisti del vaudeville riscuotono subito un successo «pyramidale», come raccontano le cronache dell'epoca, e da quel momento la sede tanto vituperata diventerà uno dei più importanti luoghi della cultura «leggera» parigina. L'entrata principale su boulevard Montmartre, incorniciata da colonne ioniche come un tempietto greco, ha visto passare molte teste coronate d'Europa attratte dal successo dell'operetta *La Belle Hélène* del compositore Jacques Offenbach, la cui musica era diventata la colonna sonora dei frequentatori dei passage e di tutta la società spensierata e desiderosa di divertimenti. «*Dansons! Aimons! Buvons! Chantons!*», invita senza mezzi termini il coro del terzo atto della *Belle Hélène*, che valse al compositore il titolo di «piccolo Mozart degli Champs-Elysées». A contribuire al successo dell'operetta è anche la sua interprete, Hortense Schneider, attrice-musa di Offenbach, diva assoluta rimasta alla storia per le sue interpretazioni ma anche per i vezzi e i capricci entrati nella leggenda del teatro. L'attrice era famosa per i suoi cachet esorbitanti, le *toilettes* ricche di diamanti ed ermellini, le fughe improvvise alla vigilia dei debutti e le esigenze stravaganti; in particolare amava torturare senza pietà i costumisti costringendoli a ricercare impossibili sfumature di colore per i suoi vestiti di scena. Ma soprattutto Hortense era celebre per la lista infinita di amanti, sempre scelti accuratamente tra sovrani e nobili miliardari, come annota preciso Prosper Mérimée il 6 giugno del 1867: «Sembra che le gambe della signorina Schneider abbiano avuto un potente effetto sul principe Wladimir» per citarne solo uno, ma si dice che nel suo «camerino» siano passati l'imperatore Francesco Giuseppe, il granduca Costantino, il re di Baviera, il re di Portogallo, il principe di Galles, il conte di Fiandra, il viceré d'Egitto e pare addirittura che il re Guglielmo di Prussia fosse costretto a portare a passeggio gli otto pechinesi della star per ottenere un po' della sua preziosa attenzione. Un repertorio così sterminato da far esclamare a una sua rivale: «Quella donna è diventata... le passage des princes!». Metafora che sintetizza perfettamente il successo delle gallerie parigine. Con il tramonto del Secondo Impero anche l'«Offenbachiade», come la chiamava Daudet, passò di moda: altre ombre si affacciavano alla storia e la leggerezza di quella musica, che aveva la capacità di liberare la futilità e la *joie de vivre* più superficiale, venne messa sotto accusa o parodiata ferocemente – come fece lo scrittore Emile Zola, che trasformerà la Belle Hélène nella «Blonde Vénus» nel suo romanzo *Nanà*, che come abbiamo visto è un testo fondamentale per assaporare i fasti e le rovine dell'epoca.

Dansons! Aimons! Buvons! Chantons!

Ma i cambiamenti storici non intaccarono il successo del Théâtre des Variétés, che continuò a fare il tutto esaurito sempre riuscendo a incarnare l'aria dei tempi. La lista dei talenti che hanno calcato le sue scene negli anni è impressionante, credo che sia sufficiente citare due spettacoli per tutti: *La signora delle camelie* interpretata da Sarah Bernhardt nel 1889 e, quasi cent'anni dopo, nel 1993, *La cena dei cretini* con Jacques Villeret e Claude Brasseur, sotto la fortunata direzione artistica di Jean-Paul Belmondo; scusate l'accostamento blasfemo, ma al Théâtre des Variétés tutto è permesso.

PASSAGE JOUFFROY E PASSAGE VERDEAU

Proprio di fronte al passage des Panoramas, attraversando boulevard Montmartre vi troverete davanti a un altro labirinto composto dal passage Jouffroy e dal passage Verdeau, costruiti tra il 1845 e il 1847, in un'infilata ininterrotta di gallerie che permette una vera scorribanda sotterranea da flâneur. Solo una ventina d'anni prima lo stesso boulevard era stato lo scenario della più incredibile messa in scena *on the road* del *Guglielmo Tell* del nostro Gioacchino Rossini, che viveva da tempo nel quartiere.

L'intera orchestra, con il direttore e i cantanti al seguito improvvisò l'ouverture dell'opera sui marciapiedi della sua abitazione, per omaggiare il compositore dopo lo strepitoso successo all'Académie Royale de Musique. Dovette intervenire la polizia per calmare l'eccitazione della folla e Rossini, cercando di farsi largo tra la gente in preda all'entusiasmo, per poco non fu arrestato dalle guardie che lo avevano scambiato per un facinoroso. Anni dopo, un altro incredibile assembramento di pubblico si radunò davanti all'entrata del Jouffroy per l'inaugurazione del Musée Grevin, il primo museo delle cere di Parigi che dal 1882 non ha mai cambiato indirizzo; se siete patiti del genere (che a me sinceramente mette un po' di tristezza) lo trovate ancora lì con tutte le sue statue imbalsamate nel tempo. Il passage Jouffroy, grazie a questa novità e alla solita sequenza di negozi prestigiosi, divenne presto il più gettonato della città. Ecco come descrive questa galleria Alfred Delvau, il fedele amico di flânerie del poeta Charles Baudelaire, nei *Piaceri di Parigi*: «Bisogna davvero farsi strada a spintoni in mezzo alla marea di persone che vanno e vengono, stipate come un branco di aringhe nella Manica».

Oggi il flusso è più discreto ma l'immersione rimane un vero piacere, specialmente per il passeggiatore speleologo alla continua ricerca di qualche curiosità. Il passage Jouffroy e la sua continuazione, il passage Verdeau, offrono molte sorprese, come il negozio di bastoni da passeggio di cui abbiamo già parlato o l'Hôtel Chopin, un gioiellino d'altri tempi incastonato proprio al centro della galleria, circondato da librerie specializzate in cinema, arte e fotografia; non mancano piccoli antiquari e una casa da tè per una sosta a base di pasticcini; ma il mio preferito è un giocattolaio adorabile, penso sia il più accreditato esperto in arredi per case di bambole: se siete ossessionati da ogni genere di miniature, potrete letteralmente perdere la testa. Se invece vi prende la smania di ingioiellarvi come la Belle Hortense, e magari arredare la vostra casa in puro stile reggia di Versailles, l'indirizzo ideale è la boutique La Maison du Roy. Ma attenzione: è uno di quei negozi che prendono la mano, e in un momento di euforia regale potreste fare acquisti sconsiderati e ritrovarvi con tanto di corona e mantello pronti per la prossima ghigliottina.

È UNA GIOIA SENZA LIMITI
PRENDERE DIMORA NEL NUMERO,
NELL'ONDEGGIARE, NEL MOVIMENTO,
NEL FUGGITIVO E NELL'INFINITO

Oggi come allora, non sono certo i negozi l'attrazione principale che scatena l'entusiasmo dell'esploratore urbano che cova in ognuno di noi, ma è piuttosto quel vagabondare senza meta tra piccoli labirinti sconosciuti che ci procura ancora una gioia simile all'eccitazione infantile davanti a un regalo inaspettato.

È questa la filosofia e il piacere dei passage, e proprio adesso che il regime del terrore ci ha costretto a rintanarci nelle nostre quattro mura e siamo spaventati da ogni minimo contatto con «gli altri», dobbiamo reagire e riappropriarci della nostra natura di esseri umani curiosi e aperti al mondo; magari ricominciando proprio dalle parole di Baudelaire che trovava l'ispirazione solo uscendo dalle strette pareti casalinghe, immergendosi nella folla sconosciuta di Parigi: «È una gioia senza limiti prendere dimora nel numero, nell'ondeggiare, nel movimento, nel fuggitivo e nell'infinito. Essere fuori di casa, e ciò nondimeno sentirsi ovunque nel proprio domicilio».

PALAIS ROYAL

> *«Che faccia bello o brutto tempo, è mia abitudine andare, verso le cinque di sera, a passeggio nei giardini del Palais Royal.»*
>
> — Denis Diderot, *Il nipote di Rameau*

Le prime gallerie del Palais Royal nacquero nel 1786 dallo spirito imprenditoriale del duca d'Orléans, cugino del re che, avendo bisogno di nuove entrate per soddisfare il suo tenore di vita più che allegro, decise di trasformare i giardini della sua augusta magione nella più grande speculazione edilizia del tempo. Non si era mai visto un nobile diventare imprenditore e sfruttare le fortune del suo ceto per fare cassa, tanto che si narra che lo stesso re Luigi XVI si prendesse gioco di lui: «Bene, cugino, mi dicono che avete deciso di aprire bottega! Dunque adesso potremo vedervi solo la domenica?».

NON SI ERA MAI VISTO UN NOBILE DIVENTARE IMPRENDITORE E SFRUTTARE LE FORTUNE DEL SUO CETO PER FARE CASSA

Ma dopo la costruzione delle galeries de Bois e l'insediamento degli esercizi commerciali al Palais Royal nessuno osò più ridere di lui, che nel frattempo aveva cominciato a fare soldi a palate. Nonostante la sua mentalità borghese e le tendenze politiche dichiaratamente antimonarchiche al povero duca, che dopo la Rivoluzione si era addirittura cambiato nome in Philippe Egalité per avvicinarsi di più al popolo, non fu risparmiata la ghigliottina.
La sentenza arrivò puntuale nel 1793, ma la sua dipartita non decretò la fine del grande commercio che aveva inaugurato; anzi, per ironia della sorte i primi vagiti della Rivoluzione che lo condannò a morte nacquero proprio tra i nuovi caffè che avevano cominciato ad affollare il suo Palais Royal, divenuto un incandescente luogo d'incontro di cittadini e intellettuali; proprio tra i tigli tagliati a squadro che oggi fanno ombra a innocenti mamme con le carrozzine, partì la marcia di protesta delle donne di Parigi verso la reggia di Versailles. La storia è nota, Maria Antonietta

perse la sua famosa occasione per stare zitta e se ne uscì con l'infelice frase: «Se non hanno più pane, che mangino brioche». Esclamazione che non aumentò di certo il suo indice di popolarità già ai minimi storici. Le vicende legate al Palais sono infinite, ma pare certo che in uno dei negozi in galleria, la rivoluzionaria Charlotte Corday comprò il famoso coltello usato per pugnalare Jean-Paul Marat nella sua vasca da bagno, al memorabile grido di: «Uccido un uomo per salvarne centomila». Vecchia frase rivoluzionaria che, come mi è già capitato di dire, non ha mai funzionato e infatti non funzionò neanche allora.

Ma non è solo la vivacità dei nuovi locali frequentati da letterati e politici, né l'enorme quantità di belle donne che sfoggiano toilette create apposta per riflettersi negli specchi scintillanti dei caffè, ad attirare la folla al Palais Royal. Naturalmente ci sono altri commerci che fioriscono allegramente tra i «clienti» che animano questi salotti aperti al pubblico, come le scommesse, la borsa clandestina e soprattutto la prostituzione di ogni genere e grado. Solo nelle galeries de Bois del Palais Royal si contano verso la fine del Settecento più di duemila prostitute, ce n'è per ogni tasca e ogni gioco erotico. Qualunque viaggiatore, arrivando dalla provincia nel centro di Parigi, non vede l'ora di tuffarsi nell'atmosfera eccitante e proibita che si respira nelle gallerie, ovvero «*faire le palais*» come si usava dire amichevolmente; basta leggere la descrizione che ne fa Balzac nel suo romanzo *Le illusioni perdute* per averne un'idea: «Quelle donne attiravano dunque la sera alle galeries de Bois una folla così numerosa che si procedeva al passo, come in una processione o a un ballo mascherato. Quella lentezza, che non infastidiva nessuno, serviva all'esame». Non fatevi illusioni, oggi sotto i colonnati perfettamente simmetrici del Palais non troverete l'ombra di *castors*, *semi-castors* o *hirondelles*, come si chiamavano allora le ragazze a seconda del loro grado di professionalità, ma inappuntabili turiste giapponesi esperte solo di selfie di gruppo.

L'anima commerciale del duca d'Orleans si perpetua invece nelle nuove boutique di lusso, come quelle di Stella McCartney e Rick Owens, o nei preziosi negozi di vintage di Didier Ludot che vi ho già caldamente consigliato. Il più elegante tra tutti i nuovi inquilini è sicuramente il tempio dei profumi di Serge Lutens: più che un negozio una chiesa dell'olfatto dove si celebra, nella penombra di un interno arredato quasi come la tomba di Dracula, l'antico rito della scelta dell'essenza ideale. Tra gli stilisti di grido sopravvivono qui e là ancora piccoli esercizi curiosi come la Vilac Gallery, specializzata in bellissimi giocattoli all'antica, quelli di legno ed eco-sostenibili che i ragazzini di oggi buttano in un angolo appena li ricevono. Proprio di fronte, una commovente bottega di carillon di ogni forma e misura sfida impassibile il tempo con le sue tenere *boîtes à musique*. C'è poi la Maison Bacqueville, che da più di duecento anni è il punto di riferimento per tutti quelli che sentono il bisogno di appuntarsi una medaglia sul petto. La maison è specializzata in ogni genere di onorificenza antica o moderna, per uso privato o militare. Ma attenzione, se ordinate una bella Legion d'Onore da far brillare sulla vostra giacca, la premiata ditta vi consiglia di mostrarla solo ad amici e parenti, perché in Francia una severa legge punisce chi si pavoneggia in pubblico senza essere stato realmente decorato.

Denis Diderot
passava tutti i giorni dal Palais per rilassarsi e riordinare le idee

Ma, al di là di negozi e curiosità, la grande bellezza del Palais Royal rimane sempre il suo giardino, il più segreto rifugio verde di Parigi, un'oasi di pace dove rilassarsi dopo le nostre maratone turistiche. Sdraiati su una delle chaise longue messe a disposizione dal comune è difficile pensare che fra quegli stessi colonnati, solo duecento anni fa, poco dopo la presa della Bastiglia, la testa dell'intendente generale dell'esercito Foullon fu portata in trionfo in cima a un'asta. Più pacatamente Denis Diderot, uno dei padri dell'*Encyclopédie*, passava tutti i giorni dal Palais per rilassarsi e riordinare le idee osservando le gare di scacchi o meglio ancora le «ragazze di vita» che accalappiavano i clienti. Non a caso proprio da questi pomeriggi di ozio apparente scaturì dalla mente del filosofo la sua famosa metafora: «I miei pensieri sono le mie puttane».
Questo piccolo parco nel cuore di Parigi non sarebbe lo stesso senza la sua moltitudine di fantasmi, come ci insegna Eugenio Scalfari nel suo libro *Per l'alto mare aperto*, dove si dice certo di

aver incontrato proprio al Palais Royal Diderot in persona: non stentiamo a credergli, è facile immaginarlo mentre suggerisce al filosofo qualche nuova voce per la sua geniale *Encyclopédie*. Io invece credo di aver intravisto il fantasma di Honoré de Balzac mentre entrava baldanzoso nel ristorante le Grand Véfour, o almeno così mi sembra, ma la giornata era particolarmente calda. Secondo gli storici della gastronomia è proprio sotto le nuove gallerie sempre più frequentate dalla popolazione parigina che nasce, proprio negli anni della Rivoluzione, il ristorante moderno come noi lo conosciamo oggi. Qualche studioso azzarda che i grandi cuochi dei palazzi nobiliari, restati senza più impiego per l'eliminazione sistematica dei loro datori di lavoro, imprigionati o ghigliottinati in quantità esponenziale, furono costretti a inventarsi dei locali aperti al pubblico dove poter offrire ai clienti della nuova classe borghese le delizie culinarie che prima erano esclusivo privilegio di un'élite privata. E proprio sotto le arcate del Palais Royal s'insediano i locali più prestigiosi, come il ristorante Grand Véfour (un tempo chiamato Café de Chartres) che aprì le sue porte alla fine del Settecento e incredibilmente oggi è ancora lì con tanto di specchi e decori, a tramandare una storia di tartufi e piccioni ripieni, importanti quanto le vicende letterarie e politiche che sono passate dai suoi tavoli. Io non ho ancora solcato la sua fatidica porta, per adesso mi sono solo limitata a spiare attraverso le tende le fastose apparecchiature con le tovaglie immacolate e i cristalli; è lì che ho intravisto Honoré de Balzac ordinare soddisfatto uno dei sontuosi pranzi che

si concedeva solo quando incassava l'assegno dell'editore, dopo una sudata consegna.
Le cronache tramandano l'appetito più che luculliano del grande scrittore che, solo come antipasto, ordinava più di cento ostriche annaffiate da tre bottiglie di bianco. Ma quando l'autore della *Commedia umana* era nel suo turbine creativo, si obbligava a un regime monacale che prevedeva un protocollo rigidissimo, l'unico che gli permetteva di abbandonarsi a delle sessioni ininterrotte di decine di ore di scrittura (e che scrittura!). Dopo aver indossato un camicione ascetico, si inchiodava al tavolino dove, per non alzarsi, aveva già sistemato inchiostro, carta, penne e un grande bricco di caffè. Balzac preparava personalmente la sua bevanda preferita, mischiando tre miscele diverse che comprava in altrettanti negozi sparsi per la città. Il caffè era l'eccitante indispensabile che gli forniva l'energia vitale per affrontare le sue maratone lavorative: un *tour de force* necessario per rispettare i numerosi contratti che era obbligato a sottoscrivere per far fronte alla grande quantità di debiti che lo hanno perseguitato fino all'ultimo dei suoi giorni.
L'uomo che aveva capito così a fondo l'animo umano e le sue «illusioni perdute» era un inguaribile sognatore che continuava a imbarcarsi in avventure sbagliate e amori impossibili con l'ingenuità di un personaggio dei suoi romanzi. Avrebbe voluto vivere un'esistenza dorata accanto all'Etrangère, la donna inseguita tutta una vita e invece, nonostante il grande successo, fu costretto a lavorare come un dannato, giorno e notte, sempre da solo, nella

piccola casa di Passy, che usava per nascondersi dai creditori. Ironia della sorte, questo modesto appartamento al 47 di rue Raynouard, nel sedicesimo arrondissement, è l'unico che è rimasto tra le tante dimore lussuose che gli sono passate per le mani. Oggi è stato trasformato in un museo ed è emozionante per i fan del romanziere poter curiosare tra le poche stanze che conservano ancora il tavolino e la sedia dello scrittore, ma soprattutto la sua amata caffettiera; un piccolo mondo che ha fatto nascere la più grande «commedia umana» della letteratura dell'Ottocento. Se poi volete sfuggire a qualche rompiscatole che vi si è incollato durante la vostra gita parigina, l'occasione è perfetta perché la casa possiede una strategica porta sul retro che Balzac utilizzava spesso per depistare i creditori più insistenti.

L'UOMO CHE AVEVA CAPITO COSÌ A FONDO L'ANIMO UMANO E LE SUE «ILLUSIONI PERDUTE» ERA UN INGUARIBILE SOGNATORE CHE CONTINUAVA A IMBARCARSI IN AVVENTURE SBAGLIATE E AMORI IMPOSSIBILI

Se i lussuosi arredi del ristorante Grand Véfour potessero parlare ci racconterebbero anche di altri festeggiamenti memorabili, come la cena di gala offerta nel 1830 da Victor Hugo dopo la prima dell'*Hernani*, opera scandalosa per i tempi che scatenò la più grande battaglia letteraria dell'Ottocento: praticamente una sfida all'ultimo sangue tra i nuovi romantici e i difensori del teatro classico francese che finì quasi a pugni tra i palchi del Théâtre-Français, ma per fortuna la cristalleria del ristorante venne risparmiata. Una cena al Grand Véfour è sempre un avvenimento indimenticabile, e lo era anche per Dumas padre, altro buongustaio raffinato e intenditore di ogni genere di preparazione culinaria, tanto da consegnare alla storia un famoso manuale, *Grand dictionnaire de cuisine*: un immenso prontuario di ricette che ancora oggi fa impallidire i cuochi contemporanei, giuria di MasterChef compresa. Ecco come ricorda lo storico ristorante nel suo romanzo *I Mohicani di Parigi*:

> «A Parigi dunque... e dove pranzeremo?»
> «Da Véfour!»
> «Da Véfour?... Oh bene!» esclamò la giovinetta facendo scoppiettar le dita in segno di tripudio; è tanto tempo che odo parlar di Véfour: dicono ch'è assai curioso!»

Anch'io sono pronta a battere le mani di gioia, ma ancora rimango a sbirciare dai vetri schermati dalle pesanti tende di velluto rosso e non oso sedermi a tavola in pompa magna. Un po' per la religiosità del luogo che incute un certo rispetto, e un po' per il prezzo del conto finale, che i bene informati mi assicurano notevolmente salato. D'altronde la memoria ha un prezzo e in più oggi a gestire lo storico locale è lo chef bistellato Guy Martin, amante della cucina giapponese e della più pura tradizione francese, e a quanto pare capace di fonderle mirabilmente. Gli auguro di raggiungere la grande fama del grande cuoco parigino Carême, il primo a essere insignito del titolo di «chef», che Balzac onorò con questo prestigioso epitaffio: «Carême: colui che morì bruciato dal fuoco diretto dei fornelli e dal suo genio».

LA CITTADINA DEL PALAIS

Addio regina del quartiere, addio incantatrice
Che hai fatto amare la tua legge, il tuo respiro e il tuo credo
Alla tua finestra palpita ancora una tenda
La notte d'agosto è sempre piena di carezze
Claudine vive ancora, o figlia di Sido.

— Luis Aragon, *Madame Colette*

Ma prima o poi troverò il coraggio di entrare, anche per verificare se i menu, come dicono, sono ancora quelli disegnati dal poeta Jean Cocteau, habitué del locale, che aveva trasformato nella sua «osteria sotto casa», visto che abitava a due passi in un *entre-sol* del Palais Royal. Lo frequentava spesso insieme alla sua grande amica, la scrittrice Colette, vero monumento parigino e altra cittadina del Palais, come si considerano i fortunati abitanti sopra le arcate della gloriosa piazza. La scrittrice, dopo anni di permanenza nel mezzanino insalubre che le aveva provocato una bronchite cronica, era riuscita finalmente a passare all'appartamento affacciato

sul verde dove rimarrà fino alla morte. «Tutte le mattine uscivamo a prendere un po' d'aria – io, il gatto e il bulldog.»
Così la scrittrice descrive quello che ormai considera il suo giardino parigino, una sorta di campagna in pieno centro: «Mi piace pensare che ci sia un incantesimo che preserva, a Palais Royal, tutto ciò che collassa e dura nel tempo, tutto ciò che cade a pezzi e non si altera». Dalla finestra con vista della sua casa al Palais Royal, il fotografo Robert Doisneau ha scattato una celebre foto che ci restituisce lo sguardo di Colette su quel panorama necessario al suo lavoro quotidiano. La scrittrice, che Cocteau definiva amichevolmente «una fontana d'inchiostro», all'ombra del Palais ha scritto una quantità di libri meravigliosi tra cui *Il puro e l'impuro*, testo definitivo su ogni rapporto tra i sessi.

MI PIACE PENSARE CHE CI SIA
UN INCANTESIMO CHE PRESERVA,
A PALAIS ROYAL, TUTTO CIÒ CHE COLLASSA
E DURA NEL TEMPO, TUTTO CIÒ CHE CADE
A PEZZI E NON SI ALTERA

Colette lavorava spesso sdraiata sul suo letto, che chiamava amichevolmente «la zattera»: con gli anni l'aveva spostato proprio sotto la finestra ed era attrezzato come una scialuppa di salvataggio esistenziale, piena di libri, gatti, penne, fogli e l'inseparabile lampada dalla luce blu. Alla sua morte le furono rifiutate le esequie religiose, la sua vita era stata troppo «scandalosa» per

l'alta gerarchia ecclesiastica. Ma in compenso vennero organizzati solenni funerali di Stato, la prima volta che avveniva per una donna in Francia; una folla di più di diecimila persone accorse al Palais Royal per rendere omaggio al catafalco sistemato tra i tigli dell'amato giardino, proprio sotto il suo storico appartamento. Qualcuno assicura di averla vista sbirciare dalla finestra insieme al suo gatto: l'eterna riga di kajal a incorniciare lo sguardo ironico, i capelli rossi schizzati come fili elettrici, forse stava lasciando l'ultimo piattino di acqua e zucchero per le api che ogni estate tornavano a trovarla. «L'ape [...] mi ha lasciato senza nemmeno prendersi la briga di sorbire un po' di acqua zuccherata, preparata per lei in un cucchiaio dal manico rotto che io incastro come un piccolo bagno nella terra d'un vaso di fiori. Veniva di lontano, se ne andava lontano.»
Proprio come lei.

PASSAGE CHOISEUL E GALERIE VIVIENNE

«Sono i fantasmi a creare l'atmosfera morale di una città.»

— Jean Cocteau

Descrivere per filo e per segno tutte le gallerie parigine superstiti e i loro numerosi segreti occuperebbe molto più di un libro, perché ognuna possiede una piccola meraviglia da scoprire. Come il minuscolo passage de l'Ancre tra rue de Turbigo e rue Saint-Martin, uno dei più antichi di Parigi, quasi un cortile fiorito stretto tra due palazzi dove sopravvive ancora Pep's, un artigiano che vende e ripara ombrelli, attività non di poco conto (come direbbe Audrey Hepburn). Imperdibile è anche il passage du Grand-Cerf, che si apre sulla popolare rue Saint-Denis: restaurato perfettamente alla fine degli anni Ottanta, oggi accoglie ogni sorta di negozi curiosi molto orientati verso l'artigianato. Tutt'altra atmosfera per il crepuscolare passage Choiseul, che unisce rue des Petits Champs con rue Saint-Augustin. Anche se qui ha debuttato lo spumeggiante Offenbach, inaugurando il Théâtre des Bouffes-Parisiens prima di approdare al Théâtre des Variétés, l'architettura della galleria è di una sobrietà quasi metafisica e incute una certa inquietudine. A influenzarmi sarà stato sicuramente uno dei suoi illustri frequentatori, lo scrittore Louis Ferdinand Auguste Destouches, in arte Céline. I suoi genitori possedevano fin dai primi del Novecento un negozio di bric-à-brac, merletti e curiosità varie all'interno della galleria, al numero 67. Céline cresce letteralmente nel passage, un luogo senza dubbio insalubre e non adatto a un ragazzino. «Lassù, la nostra ultima stanzuccia [...] era chiusa da inferriate, per via dei ladri e dei gatti. Era la mia camera...» Non so se queste radici abbiano influenzato il disincanto e il pessimismo dello scrittore, ma certo la descrizione del Choiseul che farà più tardi in uno dei suoi romanzi più famosi, *Morte a credito*, è di un'angoscia definitiva: «Pare fatto apposta per creparci, lentamente ma sicuramente, fra le pisciate dei cagnozzi, la zella, gli scaracchi, le fughe di gas. È più fetido d'una prigione». Oggi la situazione è cambiata, sono in corso lavori di restauro e gli scaracchi non ci sono più, ma l'atmosfera resta sospesa nel tempo e il fantasma di Céline non ha nessuna intenzione di abbandonare la galleria. Un motivo in più per visitarla.

E se dopo questo «viaggio al termine della notte» volete recuperare un po' di gioia di vivere, non vi resta che fare pochi passi e raggiungere velocemente la Galerie Vivienne, che con i suoi pavimenti a mosaico e i lunghi lampadari che pendono dalle vetrate al soffitto è il mio passage preferito in assoluto. Di questa galleria solare ed elegante non vi dirò nulla se non che dovete assolutamente visitarla. Magari, prima della sua esplorazione, vi consiglio di mangiare qualcosa al Bistrot Vivienne proprio all'entrata in rue des Petits-Champs, un angolo prezioso dove vado sempre quando voglio scacciare la tristezza e respirare a pieni polmoni la quintessenza di Parigi che, come diceva Victor Hugo, più che una città è una medicina che conserva l'animo. E mi raccomando di arrivare fino in fondo ai meandri della galleria, perché lì vi aspetta Petit-Siroux, un'affascinante libreria che occupa i locali dal 1826; oltre al negozio vero e proprio possiede una piccola sala di lettura che ricorda gli storici *cabinets de lecture* tipici dei passage, dove la clientela poteva fermarsi a leggere ogni sorta di pubblicazione e novità giornalistica. Il suo titolare è il nipote del fondatore ed è uno dei librai più competenti e gentili di Parigi. Il suo aiuto per districarmi nell'abisso cittadino è stato fondamentale e ne approfitto per ringraziarlo. Parafrasando ancora una volta la frase che dà il titolo a questo libro, mi auguro di avere sempre la Galerie Vivienne, e comprendo lo sconforto di Colette quando, dovendo traslocare la prima volta dal suo adorato Palais Royal, dichiara: «Mi resi conto di quanto avrei rischiato di perdere: la Galerie Vivienne, per esempio, con le sue viette segrete degne di un paesaggio veneziano...».

AGNES V.

QUAI

Q DI QUAI

«E la Senna è come una persona
A volte corre, a volte va molto veloce
Accelera il passo quando arriva sera
Oppure a primavera lei si ferma e
Vi guarda come uno specchio.»

— Jacques Prévert, *La Seine a rencontré Paris*

«Lungo il fiume non mi sentivo mai solo.»

— Ernest Hemingway, *Festa mobile*

Square Raoul-Nordling è una piazzetta poco conosciuta nel cuore dell'undicesimo arrondissement, proprio dietro rue Charonne, che invece è da alcuni anni una strada ricca di bistrot e negozietti interessanti, molto frequentati dai giovani parigini. Conosco la piccola piazza perché mi è capitato più di una volta di passeggiare a tempo perso per il quartiere in attesa del mio turno al bistrot Clamato, dove non si può prenotare ma il pesce è così buono che val la pena di aspettare che si liberi un tavolo. Clamato in rue de Charonne è gestito dallo stesso chef che ha aperto a pochi metri di distanza Septime, un ristorante semplice ma squisito dove però non ho mai mangiato perché è sempre pieno; qui si può prenotare, ma servono almeno tre settimane d'anticipo e

io non sono mai riuscita a fare delle previsioni così lungimiranti neanche per cose molto più importanti della mia vita.
A furia di camminare tra gli alberi del piccolo parco della piazza, guardando i ragazzini giocare a pallone con la cancellata della chiesa come porta, mi sono chiesta: ma chi è Raoul Nordling? E ho scoperto che tutti i ponti della Senna oggi non sarebbero lì a sovrastare uno dei fiumi più affascinanti del mondo se non ci fosse stato questo signore svedese, console a Parigi negli anni dell'occupazione nazista. Il 9 agosto del 1944, quando comincia a capire che forse dovrà rinunciare al suo folle sogno di dominare il mondo, Hitler fa la famosa telefonata al capo delle truppe tedesche a Parigi, il generale Dietrich von Choltitz, ordinando perentoriamente: «Parigi non deve cadere in mano al nemico, ma, se cade, il nemico non troverà che un cumulo di rovine». E come uno stalker seriale continua a chiamare l'Hôtel Meurice, allora sede del comando tedesco, per controllare che il suo delirante piano sia stato eseguito, ripetendo ossessivamente la stessa domanda: «Parigi brucia?». In effetti le mine erano già state piazzate sotto tutti i ponti della città, oltre che a Notre-Dame e alla tour Eiffel, ma l'ordine di dare il via all'esplosione che avrebbe per sempre cancellato dalla terra la storia e la bellezza della Ville Lumière non fu mai attuato. Chi ha visto il film *Parigi brucia?* del 1966 di René Clément, con un cast stellare e Orson Welles nella parte del console svedese, sa come sono andate le cose. Raoul Nordling – che era entrato in un rapporto di fiducia e confidenza con il generale tedesco – impiega un'intera notte per convincerlo a disubbidire al folle Diktat del Führer. Grazie alle sue

doti diplomatiche e a una straordinaria umanità, miracolosamente riesce nel suo intento e diventa un eroe dei francesi.
In cambio von Choltitz ebbe salva la vita, ma tornando anni dopo in incognito a Parigi dichiarò al barman del Meurice che non avrebbe mai permesso la distruzione della città di cui era follemente innamorato. Sarà… ma intanto la piazzetta è dedicata al console svedese e non a lui. E noi oggi, grazie a Monsieur Nordling (che io continuo a identificare con Orson Welles), possiamo ancora godere del luogo più romantico della città. Chi non ha resistito a baciarsi almeno una volta su uno dei trentasette ponti parigini? Lungo la Senna tutti s'innamorano o si lasciano per sempre, ma vuoi mettere la bellezza di un addio riflesso nelle sue acque? Non sarà un caso che le rive del suggestivo fiume siano iscritte dal 1991 nella lista del patrimonio mondiale dell'Unesco.
L'argomento è delicato e si rischia la retorica turistica più prevedibile, ma come non cedere al fascino dei suoi bateau-mouche dai nomi intriganti come «Catherine Deneuve» o «Yves Montand»? O come non intenerirsi davanti ai celeberrimi bouquiniste, librerie a cielo aperto che sono stanziali sul lungo fiume da più di trecento anni? (Anche se ora vendono per lo più calamite da frigorifero, come abbiamo visto rimangono sempre un'istituzione intoccabile.) Per non parlare dei ponti, primo fra tutti il Pont Neuf, scenario del celeberrimo film di Leos Carax, *Gli amanti del Pont Neuf*, una delle pellicole più struggenti ma anche più costose della storia del cinema francese. Pochi sanno che, per una serie di inconvenienti, dopo un mese di riprese nel cuore della città il set venne

spostato di peso in uno studio a sud di Parigi, dove il regista fu costretto a ricostruire un ponte totalmente finto per concludere la lavorazione. Ma il film ci regala comunque alcune tra le più belle immagini del fiume parigino, come la sequenza notturna dello sci d'acqua di Juliette Binoche attraverso una Senna illuminata da un tripudio di fuochi d'artificio.

VACANZE INTELLIGENTI

> *«In veste rosa e verde l'aurora, tremando, avanzava lenta sulla Senna deserta.»*
>
> — Charles Baudelaire, *Il crepuscolo del mattino*

Da Prévert a Baudelaire, nessuno ha resistito alla poesia del fiume. Persino il burbero commissario Maigret, che ha l'ufficio nel palazzo di giustizia sul quai des Orfèvres, guardando la Senna dalla sua finestra ha un momento di turbamento: «Guardava pensoso la Senna che scorreva al di là degli alberi, i battelli che passavano, le macchie chiare dei vestiti delle donne sul Pont Saint-Michel». Siamo sinceri, per quanto possiamo sentirci snob e fieri avversari del turismo di massa che si muove in mandrie ordinate dietro alle bandierine di riconoscimento, non si può fare a meno di rimanere totalmente soggiogati dalla maestosità di questo fiume. La Senna e le sue storiche rive che Léon-Paul Fargue nel *Piéton de Paris* definisce capolavori poetici sono la quintessenza di Parigi, e sarebbe inutile e dannoso per il vostro viaggio sottovalutarle. Meglio affondare senza resistenza nei tentacolari meandri dell'oleografia cittadina, ottemperando a tutte le opzioni che questo protocollo richiede. Primo fra tutti, il regolamentare tour della Parigi vista dall'acqua: al massimo vi concedo di evitare il grande battellone turistico con spiegazione al microfono, ma almeno dovete salire a bordo dei Batobus di linea, che con l'abbonamento giornaliero vi porteranno avanti e indietro come se non ci fosse un domani. Le fermate ai più importanti monumenti cittadini sono l'ideale per sopralluoghi *stop and go*, o in alternativa potrete rimanere inchiodati al vostro sedile godendovi la terrazza d'estate e l'interno riscaldato d'inverno. Io almeno faccio così. Le opzioni nautiche sulla Senna sono infinite e anche molto più lussuose, ma sono affezionata a questo semplice autobus acquatico che concilia i pensieri e fa salire quell'allegria infantile che sconfigge ogni malumore. Lo dice sicuramente meglio di me Guillaume Apollinaire, un vero esperto di tristezze epocali, e ai poeti si deve credere, sempre:

> «Sotto il ponte Mirabeau scorre la Senna
> Insieme ai nostri amori.
> Lo devo ricordare
> La gioia arrivava sempre dopo il dolore...»

A questo punto, liberati da ogni senso di colpa da «vacanze intelligenti», siete pronti per prenotare con leggerezza un ristorante *flottant sur l'eau*: barche attrezzate per trasportarvi mollemente sull'acqua con tanto di cena a ostriche e champagne. Se soffrite il mal di mare potete approfittare di una delle decine di *péniches* saldamente ancorate in banchina; sono disseminate lungo il fiume per tutta la città e ce n'è per ogni tasca e gusto. Dalle più centrali come La Nouvelle Seine, un barcone che si affaccia proprio sulla cattedrale di Notre-Dame in quai de Montebello, a quelle più trendy che offrono musica, cibo e tendenza in dosi uguali, come il Batofar ai piedi della Bibliothèque François Mitterrand, in una zona piena di locali e movida notturna; o affidarvi a uno dei bistrot «effimeri» ora tanto di moda, ristoranti o bar che appaiono solo per la stagione estiva e poi scompaiono nel nulla, come Les Maquereaux, l'ultimo arrivato sul quai de l'Hôtel de Ville, specializzato in ostriche della Bretagna e tonno fumé dell'Ile d'Yeu, innaffiati dai migliori bianchi di Francia, con tramonto sull'Ile Saint-Louis compreso nel prezzo. Attenzione però, una volta ho aspettato per ore il calar del sole che non arrivava mai, nel frattempo mi sono ubriacata e ho speso un occhio della testa. Vi avverto che il tramonto tira dei brutti scherzi nelle estati del Nord Europa, si presenta molto tardi, a volte si fa aspettare fino alle dieci di sera e oltre, e se cominciate con gli aperitivi verso le sei, le conseguenze alcoliche possono essere devastanti. Ma l'estate parigina riserva altre sorprese: se capitate in città verso la metà di luglio sarete fulminati da una visione quasi psichedelica, visto che i quai della Senna, nella parte centrale, vengono letteralmente ricoperti da quintali di sabbia bianca, palme e chaise longue che trasformano il paesaggio in quello di un'isola tropicale ma con uno skyline totalmente a contrasto; di solito è difficile scorgere la tour Eiffel all'orizzonte di un'isola caraibica, sempre se non avete esagerato con i Cuba Libre di cui sopra. Questa allucinazione urbana si chiama «*Paris Plages*» ed è un'iniziativa che sin dalla nascita ha scatenato sui giornali il solito coro di complimenti e polemiche ma che alla fine, dopo quattordici anni di attività, è diventata un avvenimento irrinunciabile e parte integrante della tradizione estiva. Ogni anno, i parigini rimasti in città, insieme ai turisti di passaggio, possono godersi indisturbati il sole lungo la Senna, affondando i piedi nudi sulla spiaggia calda che ricopre quella che d'inverno è una strada molto trafficata.

Sous les pavés, la plage!

Sous les pavés, la plage! recitava uno degli slogan del maggio '68; magari non intendevano proprio questo, ma la rivoluzione, si sa, a volte si perde letteralmente per strada. Su questo bagnasciuga stagionale ci si può abbronzare a piacimento, ma non azzardatevi a tuffarvi nel fiume per una bella nuotata: per ora le acque della Senna sono off-limits. Ma il sindaco ha promesso che entro il 2024 saranno balneabili, nell'attesa potrete rinfrescarvi con una sequela di spara-brume e vaporizzatori o iscrivervi a corsi di ballo e di tai chi, oppure più semplicemente leggere un libro sotto l'ombrellone mentre i bambini partecipano a una gara di castelli di sabbia… il tutto, non dimentichiamolo, sempre all'ombra di Notre-Dame. Se invece preferite la zona dei canali potrete godere di una situazione ancora più rilassata, perché il comune porta la sabbia e allestisce la stessa scenografia balneare anche lungo le sponde del Bassin de la Villette, ma in più le acque tranquille dei bacini permettono la pratica di vari sport acquatici; per gli amanti della tradizione non manca il buon vecchio torneo di *pétanque*, ovvero le bocce, che in questo Paese sono amate quasi quanto il Tour de France.

UNA SPIAGGIA A MONTPARNASSE

> *«Se mi aprissero, troverebbero una spiaggia.»*
>
> — Agnès Varda

Qualche anno fa è spuntata un'altra spiaggia a Parigi, ma non era sulla Senna, bensì a Montparnasse e precisamente in rue Daguerre: un nome che evoca subito la nascita della fotografia e del cinematografo, e proprio questo spirito aleggia tra quei palazzi. Al numero 86 della via abita da sempre Agnès Varda, regista fuori dagli schemi e pioniera della Nouvelle Vague francese, ma soprattutto donna spiritosa e intelligente sempre pronta a buttarsi in nuove avventure all'avanguardia.

La signora Varda nel suo piccolo ha anticipato l'idea di *Paris Plages*, facendo trasportare un camion di sabbia nella sua via d'elezione per realizzare un originale documentario autobiografico: *Les plages d'Agnès*, un regalo di compleanno che si è concessa nel 2008 per i suoi ottant'anni, splendidamente portati. Per comporre il ritratto della sua vita, ricca di avvenimenti e incontri speciali, la Varda ha scelto come protagonista la spiaggia: da quella della sua infanzia fino a quella onirica che ricostruisce in un angolo del suo quartiere, trasformandolo per pochi giorni in una riva marina. «La storia delle persone è fatta di paesaggi, la mia è fatta di spiagge», confessa candidamente Agnès, e così con l'aiuto di collaboratori e amici che hanno partecipato con affetto a questo gioco della memoria ha traslocato il suo ufficio *en plein air*, su uno strato di sabbia dorata, regalandoci una visione balneare del quattordicesimo arrondissement. Oggi se passate in rue Daguerre non troverete più questa scenografia marina, ma riconoscerete da lontano la casa della Varda: di solito le pareti sono dipinte di rosa acceso e la porta a righe color pastello, ma magari vi apparirà un'altra sfumatura, tutto dipende dall'estro e dall'umore di Agnès il giorno dell'ultima passata di vernice. D'altronde la sua filmografia, e quella del suo folto gruppo di amici, ci ha abituato a un'originalità scanzonata e controcorrente, sempre pervasa d'ironia. Un esempio in *Les plages d'Agnès* è la definizione di Nouvelle Vague che la regista fa riassumere in poche parole all'amico Chris Marker, rappresentato nel film come un gattone uscito dai fumetti. La nascita del più importante movimento della cinematografia francese è spiegata con il semplice bisogno del produttore de Beauregard di realizzare pellicole a basso costo, niente più... Stiamo parlando di film come

A bout de souffle di Godard, *Cléo de 5 à 7* della stessa Varda o del musical controcorrente *Les parapluies de Cherbourg* del suo compagno Jacques Demy: capolavori assoluti di un manipolo di registi che hanno cambiato in pochi anni l'estetica del cinema.

La Varda non ha mai frequentato la retorica, né con i suoi film né tantomeno nella vita privata, e una delle più belle immagini di questo originale documentario ce la mostra mentre risale le correnti della Senna al timone di una barchetta a vela, quasi un guscio di noce, con cui impavida raggiunge dal mare la sua casa nel quattordicesimo arrondissement – o almeno così ci vuol far credere, e noi da spettatori appassionati cediamo al suo sogno.

Tra le spiagge della sua memoria si percepisce anche l'ultima sponda, quella arrivata per Jacques Demy, che Agnès Varda ha accompagnato nel viaggio finale al cimitero di Montparnasse regalando come ricordo a tutti gli amici intervenuti preziosi fotogrammi ritagliati dalla scena degli addii di *Les parapluies de Cherbourg*. Per gli abitanti affezionati al quattordicesimo arrondissement come la regista, il cimitero di Montparnasse è anche un parco di quartiere, un giardino dove si può passeggiare serenamente tra le tombe di Serge Gainsbourg e Charles Baudelaire; la Varda ricorda che ci portava a spasso i bambini recitando come una filastrocca i tenebrosi versi di Rilke dedicati ai crisantemi bianchi. Non c'è niente di triste nei cimiteri parigini, anzi sono spesso luoghi d'ispirazione e bellezza che continuano a riflettere la vita degli abitanti della città. E Montparnasse, anche nelle sue sepolture, testimonia l'*esprit* culturale della Rive gauche; è qui che riposano Simone de Beauvoir e Jean-Paul

Sartre, Man Ray, Beckett, Ionesco e Brâncuşi, tutti riuniti in un eterno simposio, ancora impegnati in uno di quegli accesi dibattiti culturali che tanto li hanno animati in vita: ora che è arrivato pure Wolinski l'atmosfera si sarà fatta ancora più scoppiettante.

D'altronde le due rive della Senna si sono sempre fronteggiate in un'eterna competizione di idee e creatività: anche le due diverse tendenze della Nouvelle Vague venivano chiamate «la rive droite» e «la rive gauche» e nei secoli di vita artistica cittadina scrittori, intellettuali e poeti si sono spostati di «qua» o «di là», seguendo il vento dell'ispirazione. Due sponde opposte, a volte avversarie come due fazioni politiche, che nel tempo si sono sfidate a colpi di modernità e avanguardia, e oggi più tristemente solo nell'offerta di ristoranti e negozi alla moda. Ma in questa città non è mai detta l'ultima parola.

DUE SPONDE OPPOSTE, A VOLTE AVVERSARIE COME DUE FAZIONI POLITICHE, CHE NEL TEMPO SI SONO SFIDATE A COLPI DI MODERNITÀ E AVANGUARDIA

FLÂNEUR CINEFILI

Parigi, insieme al fiume che la unisce e la divide, ha da sempre intessuto una grande storia d'amore con il cinema; si può dire che dai fratelli Lumière in poi i registi non hanno mai smesso di fotografarla con gli occhi di amanti appassionati. Per non perdersi in questo labirinto di immagini c'è a disposizione dei flâneur cinefili un'applicazione preziosa: Cinemacity. Finalmente, invece di catturare i Pokémon in giro per le strade, potremo scoprire tutti i luoghi dei film che hanno avuto come protagonista Parigi e le sue strade; basterà puntare il vostro smartphone sul paesaggio circostante per scoprire se è stato il teatro di una famosa sequenza cinematografica o, al contrario, partire da un regista che vi interessa e vedere dove ha girato in città. Cinemacity vi suggerisce anche delle *balades*, passeggiate a tema che raggruppano più titoli insieme, regalandovi in contemporanea le scene originali da sovrapporre al vostro itinerario che si trasformerà magicamente in un viaggio nel tempo e nello spazio. Si può tranquillamente passare dalla corsa notturna in sidecar degli *Aristogatti* davanti a Notre-Dame all'inquietudine degli amanti di *A bout de souffle*. Il film di Jean-Luc Godard ha rivoluzionato per sempre lo stile di ripresa e di montaggio del cinema, ispirando tutti gli autori che sono venuti dopo, grazie anche all'interpretazione del *roi* Belmondo, come lo chiama Quentin Tarantino, grande fan del film: «All'inizio di *A bout de souffle* si vede un giovane attore di fronte alla locandina di un film, che sogna di diventare un giorno Humphrey Bogart. Per i vent'anni successivi abbiamo sperato tutti di diventare un giorno Jean-Paul Belmondo... Belmondo non è solo il nome di una star del cinema o di una persona: è un verbo che significa vitalità, carisma, forza d'animo». Come lo capisco. La coppia formata da Jean Seberg e Jean-Paul Belmondo è diventata nel tempo un'icona di modernità e fascino indiscusso, impressa per sempre nel nostro immaginario sentimentale (almeno nel mio e in quello di Quentin); e comunque trovatemi qualcosa di più sexy di Belmondo che si passa il pollice sulle labbra con l'aria da magnifica canaglia e poi ne riparliamo. Se volete rivivere il loro amore inquieto e senza speranza bisogna tornare verso la Senna, al 15 di quai Saint-Michel, in un hotel che oggi si chiama Les Rives de Notre-Dame, affacciato sull'Ile de la Cité; è lì che i due amanti consumano la loro breve storia d'amore, precisamente nella stanza numero 12, almeno così mi ha assicurato il portiere dell'albergo che, a forza di rivendersi tutti gli aneddoti del film, è più informato di un critico dei «Cahiers du cinema». Per completare questo transfert emotivo in onore di Godard, trovatevi qualcuno da baciare in rue Xavier-Privas, esattamente all'angolo con il quai Saint-Michel; è lì che (in una sequenza che non troverete nel film ma solo in una leggendaria foto di scena) i due protagonisti si scambiano l'ultimo bacio, e sapendo come va a finire il film è un bacio da brivido. Certo, rimpiazzare Belmondo non sarà facile ma anche voi non sarete proprio come Jean Seberg e viceversa. Per fortuna ci sarà sempre l'incanto della Senna a fare il resto.

L'ISOLA DEI CIGNI E LA MAGIA DELLA NOTTE

Il fiume parigino è stato negli anni testimone di una tale moltitudine di amori cinematografici che è impensabile rincorrerli tutti ma, da viaggiatrice italiana orgogliosa del nostro cinema nazionale, non posso esimermi dal celebrare un film che ha fatto scandalo ed è entrato di diritto nella storia della città. Per rivivere una scena topica dell'incontro dei due amanti in questione dobbiamo spostarci in una parte meno conosciuta della Senna, tra il Pont de Bir-Hakeim e il Pont de Grenelle: lì si estende l'Ile aux Cygnes, una piccola isola artificiale lunga 890 metri ma larga solo undici, praticamente un sentiero alberato, ideale per passeggiare indisturbati. Da non confondere con l'Ile des Cygnes, oggi scomparsa, creata nel Settecento dal Re Sole per accogliere il suo prezioso allevamento di cigni, animali da cui era totalmente ossessionato tanto da farne arrivare un'intera famiglia dalla Danimarca.

Di altre ossessioni ci parla invece Bernardo Bertolucci nel suo *Ultimo tango a Parigi*, ed è proprio sul Pont de Bir-Hakeim, da cui parte una passerella per l'isoletta dei Cigni, che Marlon Brando e Maria Schneider si vedono per la prima volta. La scena è memorabile come questo ponte che da allora è stato fotografato in molte altre pellicole, o più candidamente è diventato il set preferito dalle coppie di sposi novelli che lo scelgono spesso come scenario per l'album fotografico delle nozze. Bisognerebbe avvertirli che tra le colonne in stile Eiffel dalla prospettiva metafisica si nascondono fantasmi pericolosi per il loro futuro ménage familiare. Il film, che è stato censurato e maledetto perfino dai suoi protagonisti (in particolare da Maria Schneider che in seguito ha confessato di non essersi mai ripresa da quell'esperienza brutale), metteva in scena la parte più oscura e violenta della sessualità di un uomo nel pieno della sua decadenza. Rivedendolo oggi, dopo più di quarant'anni, resta un manifesto violento e controverso ma potentissimo contro la santità della famiglia.

Bernardo Bertolucci, in un'intervista per *CinéTV Mémoires* del mai troppo celebrato canale televisivo Arte, confessa di aver ucciso per l'ennesima volta, come in tanti suoi film, la figura del padre. Tanto che il poeta Attilio Bertolucci, suo vero padre nella vita, con gran *sense of humour* una volta gli ha detto: «Mi hai ucciso tante volte e non ti sei mai fatto un anno di galera!». Nella stessa intervista il regista confessa il suo amore per Parigi, che considera una città nata apposta per essere inquadrata. Lo stesso deve aver pensato Roman Polanski durante le riprese di *Frantic*; la sua macchina da presa, inseguendo Harrison Ford nella corsa frenetica alla ricerca della moglie scomparsa, arriva all'Ile aux Cygnes, ma passando dall'altro ponte che dà accesso all'isoletta, il Pont de Grenelle. La scena piena di suspense abbraccia nell'inquadratura anche la Statua della Libertà; stiamo parlando di una copia perfetta a formato ridotto, un monumento di soli undici metri che, nel 1889, fu donato a Parigi dai cittadini francesi che abitavano negli Stati Uniti per commemorare i cent'anni della Rivoluzione francese. Un simbolo di libertà in miniatura che purtroppo si adatta perfettamente allo spirito dei nostri tempi. Per distrarvi da queste amare considerazioni socio-politiche vi consiglio un'attività ricreativa di selfie «trompe l'œil». Infatti la statua in questione si presta per ingannevoli inquadrature dal basso, ideali per depistare gli amici, che si stupiranno di vedervi a New York, convinti di sapervi a Parigi. Una decina di like sono assicurati. Non è facile però avvistare ancora dei cigni, anche se si dice che in qualche luogo segreto del fiume vivano gli eredi dell'allevamento del Re Sole; vi confesso che in una notte stellata io ne ho visto uno che navigava sulla Senna indisturbato, come se fosse appena uscito dalla poesia di Baudelaire. Non ero neanche all'Ile aux Cygnes, ma sulla centralissima Ile de la Cité. Se non ci credete chiedete al mio amico Fabio che era con me, e nessuno dei due aveva bevuto neanche un goccio. Comunque a creare la magia sarà stata la vicinanza del vicino Pont de la Tournelle, dove tutto è possibile, specialmente notte tempo, visto che proprio qui, in *Tutti dicono I Love You*, Woody Allen fa volteggiare Goldie Hawn nel ballo più acrobatico e romantico della sua filmografia. Ma il merito potrebbe essere tutto di sainte-Geneviève, patrona di Parigi, che con la sua presenza carismatica e rassicurante domina la scena da una colonna poco distante; se da giovanetta è riuscita a fermare l'invasione degli Unni, figuriamoci se non ci può far svolazzare sui marciapiedi della Senna!

D'altronde è la notte lo scenario ideale per godere della magia di questo fiume misterioso con tutti i suoi trucchi ammaliatori: «Amo appassionatamente la notte. L'amo come si ama il proprio paese o la propria amante, di un amore istintivo, profondo, invincibile», ci suggerisce Maupassant nel meraviglioso racconto *La notte*. Attenzione però al sottotitolo: *Cauchemar*, ovvero «Incubo» in cui precipita il protagonista del libro dopo una poetica flânerie per le strade deserte della città. L'oscurità si fa così fitta e l'acqua della Senna così gelida e immobile che l'uomo si convince che il giorno non sorgerà più e, vittima di questo accesso di follia, decide di aspettare la fine sulle sponde del fiume. Libro ideale per il vostro viaggio parigino, a meno che non siate facilmente influenzabili e portati a ogni genere di ossessioni.

POLICE.
SUR SEINE
DÉCLARATION DES DROITS
PRÉAMBULE.

R

ROSA BONHEUR

R DI ROSA BONHEUR

«La donna è l'avvenire dell'uomo.»

— Louis Aragon, *Le fou d'Elsa*

La prima volta che ho sentito il nome «Rosa Bonheur» ho pensato a una marca di cioccolatini o, visto che mi trovavo a Parigi, più verosimilmente di biancheria intima e oggettini erotici: d'altronde la città è piena di negozi che offrono la più svariata gamma di gadget che favoriscono il piacere di coppia o solitario. Camminando per Pigalle, lungo il boulevard de Clichy, s'incontrano delle insegne meravigliose di rivenditori specializzati che reclamizzano prodotti di sicuro effetto: dai più semplici falli di ogni forma e misura a nuovissimi aggeggi elettronici per l'orgasmo garantito, provvisti anche di presa USB. A volte possono mettere un po' di tristezza con le loro confezioni in cellophane impolverate, ma contribuiscono al mito della Ville Lumière libertina e trasgressiva e anche loro hanno diritto ad avere un posto nella storia.

Comunque mi sbagliavo, Rosa Bonheur non c'entra niente con i dolci e i pornoshop. Si chiama così un piccolo ristorante in cima al parco di Buttes-Chaumont, una specie di casetta di campagna con i tavoli all'aperto dove si può consumare uno spuntino bio e partecipare a un originale karaoke di gruppo, Les Chorales Rosa Bonheur. Chiunque si può iscrivere per il coro della settimana, e invece di intonare l'*Inno alla gioia* di Beethoven si passa dai Queen a qualche vecchia canzone anteguerra, ma rigorosamente in gruppo, nello spirito di convivenza e allegria che contraddistingue questo locale dalla sua fondazione nella più pura tradizione delle *guinguettes* parigine.

Ora hanno aperto anche una succursale sulla Senna al Port des Invalides, Rosa Bonheur sur Seine, dove ugualmente si beve, si mangia e si canta, non necessariamente in questo ordine.

Mi sono incuriosita e ho pensato che Rosa fosse il nome della fondatrice di questa ditta dedita per statuto alla *joie de vivre* ma mi sbagliavo ancora. In cambio, però, ho scoperto una storia bellissima. Bisogna rendere merito ai fondatori dell'associazione Rosa Bonheur che hanno scelto questo nome proprio per omaggiare e far conoscere una donna veramente speciale che altrimenti sarebbe caduta nel dimenticatoio, come molte protagoniste femminili che hanno attraversato la storia compiendo imprese notevoli ma sono spesso rimaste trasparenti nei libri ufficiali.

Marie Rosalie Bonheur, detta Rosa Bonheur, nasce il 16 marzo del 1822 a Bordeaux e ha la fortuna, per la sua epoca, di avere un padre seguace della filosofia di Saint-Simon, di conseguenza molto aperto verso le nuove idee educative che non consideravano le donne solo come creature dedite al ricamo, in attesa di convolare a giuste nozze: «Alle dottrine seguite da mio padre devo il mio grande e glorioso orgoglio per il sesso a cui appartengo, e di cui difenderò l'indipendenza finché avrò vita».

Rosa cresce così libera di istruirsi e seguire le sue passioni, che sono

il disegno e gli animali. Quando la famiglia si trasferisce a Parigi, la giovane continua a coltivare il suo talento di pittrice ma si stanca presto di andare al Louvre per ispirarsi ai grandi classici della pittura: lei, che si definisce «le plus garçon de tous», preferisce la vita all'aria aperta in compagnia dei suoi amati cavalli che, insieme a mucche, buoi, cani e volpi diventano i suoi soggetti preferiti.
«Avevo un gusto irresistibile per le stalle, più di un cortigiano per le anticamere reali o imperiali. Non potete immaginare il piacere che provavo a sentirmi leccare la testa da qualche meravigliosa vacca mentre la stavano mungendo.»
A quattordici anni conosce sui banchi di scuola l'amore della sua vita, Nathalie Micas, una ragazza con cui resterà legata per oltre cinquant'anni in un'amicizia sentimentale al di fuori di ogni convenzione. Rosa ha un carattere deciso e intraprendente e comincia a riscuotere un grande successo, a soli diciannove anni accolgono le sue opere al Salon insieme ai pittori più importanti del momento. D'ora in poi le sue tele saranno sempre premiate dalla prestigiosa istituzione, fino alla Medaglia d'oro che conquista a ventisei anni con una serie di lavori tra cui un enorme quadro, *Bœufs et Taureaux, race du Cantal*, un manifesto programmatico del suo amore per la natura. Nella giuria di quell'anno ci sono mostri sacri come Corot, Ingres e Delacroix che spendono parole di elogio per la giovane artista. Addirittura Théophile Gautier commenta estasiato: «Quanta verità e che osservazione perfetta!».
Rosa ha scelto con coraggio un campo difficile: non solo vuole diventare una pittrice di successo, ma ci vuole riuscire senza ricorre-

re ai soggetti considerati tradizionalmente adatti alle donne, come bouquet di fiori o tenere scene familiari. Le tele che espone sono enormi e potenti, ritraggono nei minimi dettagli animali al lavoro o in piena libertà immersi in una natura incontaminata; ma non è solo la precisione del tratto ad affascinare il pubblico, c'è qualcosa di magico nello sguardo dei suoi soggetti, come se l'artista con il suo pennello fosse riuscita a carpirne l'anima.

DONNE NON SI NASCE, SI DIVENTA

> *«Giuro solennemente – e questa è la prima scintilla di coraggio e ambizione della mia vita! – che solleverò le donne dalla loro posizione abietta, attraverso la mia persona e la mia scrittura, Dio mi aiuterà a far sì che anche la schiavitù femminile abbia il suo Spartaco!... Questo sarò, o morirò nel tentativo di farlo.»*
>
> — George Sand in una lettera a Frédéric Girerd, 1837

La sua forza espressiva è subito notata dai critici più importanti che la elogiano, ma anche dai detrattori che non possono credere che una ragazzina possieda questo talento straordinario: «Una donna che dipinge con tale vigore non può che essere un mostro». Rosa si abituerà presto a questi giudizi sessisti e malevoli che l'accompagneranno per tutta la vita, ma non sopporta nessuna limitazione alla sua libertà di movimento. Non è facile per una signorina dell'Ottocento andarsene in giro da sola per la città alla ricerca d'ispirazione per il suo lavoro, con l'aggravante che i luoghi preferiti dalla Bonheur sono i mattatoi di Parigi. È lì che trova i modelli ideali da dipingere e allo stesso tempo ha la possibilità di approfondire gli studi di anatomia e osteologia per migliorare la sua arte.

«AVEVO UN GUSTO IRRESISTIBILE PER LE STALLE, PIÙ DI UN CORTIGIANO PER LE ANTICAMERE REALI O IMPERIALI»

Un ambiente non certo adatto a una ragazza per bene, ma la pittrice ha le idee chiare e commenta senza mezzi termini: «Che noia essere limitati nei gesti quando si è donna!». Per sentirsi più libera ed evitare di essere importunata, Rosa comincia a vestirsi da uomo; non è un'impresa facile visto che nella Parigi dell'epoca vigeva una legge che proibiva tassativamente alle donne ogni travestimento maschile: «Qualunque donna che sia trovata travestita e non sia conforme alle disposizioni degli articoli precedenti sarà arrestata e condotta alla Prefettura di Polizia».

Ma lei non demorde: «Io porto i pantaloni e trovo questo indumento assolutamente naturale. Il Creatore ha dato a tutti due gambe, e non capisco perché le donne non possano muoversi più comodamente e a loro agio».

Per conquistare la libertà di indossare i pantaloni Rosa è costretta a farsi rilasciare dalla Prefettura un permesso speciale che deve rinnovare ogni sei mesi: il documento, che è stato a lungo esposto nel castello di By vicino Fontainebleau, ultimo domicilio della pittrice, autorizza ufficialmente «la signorina Rosa Bonheur [...] a vestirsi da uomo, per ragioni di salute, senza per questo conferirle il diritto di presentarsi con questo travestimento ad alcuno spettacolo, ballo o altri luoghi di riunione aperti al pubblico».

«IO PORTO I PANTALONI
E TROVO QUESTO INDUMENTO
ASSOLUTAMENTE NATURALE.
IL CREATORE HA DATO A TUTTI DUE GAMBE,
E NON CAPISCO PERCHÉ LE DONNE
NON POSSANO MUOVERSI
PIÙ COMODAMENTE E A LORO AGIO»

La famosa e celebrata scrittrice George Sand, che tutti ricordiamo per le sue mise maschili, si era dovuta umiliare per chiedere lo stesso permesso anche se frequentava preferibilmente i salotti letterari e non i mattatoi di Parigi. George e Rosa hanno vissuto negli stessi anni e sono state, ognuna nel suo campo, pioniere di stile, influenzando con il loro talento l'arte e la letteratura francese, ma soprattutto grazie alla loro vita libera e fuori dalle convenzioni si sono trasformate nel tempo in vere icone dell'emancipazione femminile. Pur ammirandosi a distanza, le due donne non si sono mai conosciute, neanche in fila alla Prefettura di Parigi mentre chiedevano il

permesso necessario per essere se stesse. La cosa impensabile è che questa ordinanza che proibiva alle signore di «vestirsi da uomo» è rimasta in vigore in Francia fino al 2013, semplicemente perché è stata dimenticata, sepolta tra i mille cavilli dei codici. Incredibile come un Paese che ha fatto della libertà d'espressione la sua bandiera abbia avuto nella storia cadute così macroscopiche, l'ultima in ordine di tempo l'assurdo divieto del burkini in spiaggia.
Nel 1848 Rosa Bonheur comincia a raccogliere i frutti del suo duro lavoro; dopo l'assegnazione della Medaglia d'oro al Salon, lo Stato francese le commissiona la prima opera ufficiale suscitando l'orgoglio di tutta la famiglia e procurando finalmente all'artista i primi guadagni importanti, che le permettono di aiutare i parenti, comprare la sua prima giumenta – Margot – e condurre una vita totalmente indipendente, come aveva sempre sognato sin da piccola: «Voglio guadagnare molto denaro, perché è l'unico modo per poter fare tutto ciò che si desidera».
Una promessa che si era fatta il giorno della morte della mamma, che non aveva retto alla povertà e agli stenti. A spingere la sua forza di volontà a «risollevare le donne», come ripeteva sempre la Bonheur, è proprio la triste parabola della madre, che si era ritrovata sola con quattro figli senza nessun aiuto dal marito, che aveva abbandonato tutti rifugiandosi in un convento per assecondare le idee rivoluzionarie di Saint-Simon e salvare il mondo. Una contraddizione tipica dei grandi uomini, che spesso inseguendo altolocate teorie si dimenticano delle sofferenze di chi gli sta accanto.
Il voto alle donne è ancora lontano, così come tutti quei diritti

basilari per cui si era battuta all'epoca della Rivoluzione francese Olympe de Gouges nella sua inascoltata *Dichiarazione dei diritti della Donna e della Cittadina* del 1791. Documento così all'avanguardia per quei tempi che le costò una condanna a morte da parte degli stessi compagni con cui aveva condiviso lotte e barricate. La motivazione per la sua sentenza alla ghigliottina non lascia dubbi sul maschilismo degli amici di Robespierre: «Olympe de Gouges ha voluto essere Uomo di Stato [...]. La legge ha punito questa cospiratrice per aver dimenticato le virtù che convengono al suo sesso». Ma Olympe lo sapeva che sarebbe andata così, visto che una delle sue prime dichiarazioni all'Assemblea generale era stata di una logica ferrea: «Se la donna ha diritto di salire sul patibolo, deve avere ugualmente il diritto di salire sulla tribuna».

In pieno Ottocento, quando Rosa cammina per le strade di Parigi vestita da uomo, nonostante le lotte e le rivendicazioni della seconda rivoluzione del luglio del 1830, le cose per le donne non sono ancora cambiate. Non è bastata la coraggiosa partecipazione femminile alle sommosse, né l'immenso quadro di Eugène Delacroix, oggi conservato al Louvre, che raffigura la Libertà proprio come una barricadera a seno nudo che brandisce con orgoglio una bandiera francese. I sentieri tracciati dalla società per le donne «normali» sono sempre gli stessi: matrimonio, convento o prostituzione. Uscire dal seminato è ancora un atto di coraggio che si può pagare duramente, con la prigione o con il temuto ricovero per «pazzia» in un manicomio.

Ecco perché, quando nel 1865 Rosa viene insignita della grande croce della Legion d'Onore, è un evento senza precedenti. La pittrice è la prima donna in Francia a ricevere questa alta onorificenza e in più le viene consegnata personalmente dalle mani dell'imperatrice Eugenia, moglie di Napoleone III, sua grande ammiratrice che appuntadole la medaglia sul petto dichiara: «Ecco a lei cavaliere, sono felice di essere la madrina della prima artista donna che riceve questa alta onorificenza».

| SENTIERI TRACCIATI DALLA SOCIETÀ
PER LE DONNE «NORMALI»
SONO SEMPRE GLI STESSI:
MATRIMONIO, CONVENTO O PROSTITUZIONE

L'imperatrice ci aveva messo ben dodici anni per far digerire questa decisione rivoluzionaria al comitato della Legion d'Onore, che considerava la Bonheur troppo scandalosa per entrare nella cerchia dei premiati. Ma alla fine ce l'aveva fatta a togliersi questa soddisfazione.

Il musicista George Bizet, amico fraterno della pittrice, oltre a comporre un'ode in suo onore commentò divertito: «La nostra Rosa non è mai stata vanitosa, non ha mai usato né fiori né nastri, ma l'imperatrice ha voluto che potesse sfoggiarne uno dei più eclatanti». E in effetti l'artista indossava con orgoglio la sua medaglia anche sul camicione da lavoro.

La Bonheur ormai è una vera celebrità, e non solo in Francia: i suoi quadri in puro stile animalier sono richiesti nelle esibizioni di tutto il mondo. I soldi ora non sono più un problema e le permettono di acquistare un piccolo castello con un parco di tre ettari a Thomery, vicino a Fontainebleau, dove va a vivere insieme a Nathalie, la compagna di sempre. Ma le due amiche non sono sole, perché Rosa può finalmente esaudire il suo sogno di ragazza e circondarsi di tutti gli animali che ha sempre amato raccogliendoli in un'arca personale: cavalli, mucche, mufloni, cani ma anche orsi e bestie feroci, suscitando come al solito i commenti sarcastici dei suoi detrattori. Ma lei non se ne cura, oltre a dipingere senza più spostarsi da casa ha ben altro da fare: va a caccia, fuma i sigari e allatta con il biberon i cuccioli della leonessa Fatma nati nella fattoria.

È a Thomery che nel 1889 riceve la visita sensazionale di Buffalo Bill, in Francia per il suo show *The Wild West Exhibition.* La Bonheur lo considera un mito, simbolo della libertà e dell'indipendenza degli Stati Uniti, ma soprattutto gran cavallerizzo e amante degli animali e della natura selvaggia come lei. I due diventano subito amici, Rosa gli regala un cavallo della sua scuderia ribattezzandolo Apache e dipinge un romantico ritratto di Buffalo in sella al suo destriero bianco. Si dice che l'eroe del West, quando un incendio divampò nella sua casa, urlò per prima cosa ai soccorritori: «Vi prego, salvate il Rosa Bonheur!». Evidentemente ci riuscirono visto che oggi quel quadro è conservato al Buffalo Bill Historical Center of the West a Cody nel Wyoming, ma non c'è bisogno di andare così lontano per ammirare le opere della pittrice.

Sempre in America, ma nel più raggiungibile Metropolitan Museum of Art di New York, c'è quello che forse è considerato il suo capolavoro: *Il mercato dei cavalli* del 1853. Un'enorme tela di due metri e mezzo di altezza per cinque di larghezza dove l'artista dà sfogo a tutto il suo impeto nel raffigurare l'animale che ha tanto amato nella sua vita e sicuramente frequentato più di molti umani. In realtà l'opera era destinata alla sua città natia, ma per una serie di incomprensioni non fu acquistata dal comune di Bordeaux neanche al prezzo stracciato a cui, pur di onorare le sue radici, la Bonheur l'aveva offerta. Fu esposta a Londra con un successo strepitoso, applaudita anche dalla regina Vittoria, e il miliardario americano Cornelius Vanderbilt se la aggiudicò tempo dopo a una cifra impressionante, donandola poi generosamente al museo newyorchese che da allora se la tiene stretta. Solo una volta il Metropolitan ha ceduto al sentimentalismo degli abitanti di Bordeaux che, forse pentiti del mancato acquisto, l'hanno chiesta in prestito per una retrospettiva sulla concittadina. Credo sia stato un trasporto da Guinness dei primati, ma dopo questo viaggetto *Il mercato dei cavalli* è tornato al suo posto d'onore. Rimanendo a Parigi e dintorni non resterete delusi dai lavori di Rosa Bonheur esposti nei vari musei dell'Ile-de-France. Prima fra tutti *Aratura nivernese*, la famosa tela commissionata dallo Stato alla pittrice quando aveva solo ventisei anni, che decretò l'inizio del suo turbinoso successo. Lo troverete nel buon vecchio Musée d'Orsay a Parigi, difficile mancarlo visto che misura due metri e sessanta per un metro e trentaquattro e più che un dipinto sembra quasi il fermo immagine di una scena cinematografica. La terra arata dai buoi che compiono un lavoro antico e necessario non è solo l'elegia della vita campestre, ma come commentava la stessa Bonheur: «Sono i solchi da dove uscirà il pane che nutre l'umanità intera». Un tema oggi tornato fortemente d'attualità, tanto che il quadro non sfigurerebbe come manifesto ideale dell'associazione Terra madre creata dal fondatore di Slow Food Carlo Petrini.

LA TERRA ARATA DAI BUOI CHE COMPIONO
UN LAVORO ANTICO E NECESSARIO
NON È SOLO L'ELEGIA DELLA VITA CAMPESTRE,
MA COME COMMENTAVA LA STESSA BONHEUR:
«SONO I SOLCHI DA DOVE USCIRÀ IL PANE
CHE NUTRE L'UMANITÀ INTERA»

Se invece avete programmato una visita alla reggia di Versailles, troverete un ritratto di Rosa del pittore Edouard Louis Dubufe: una tela davvero originale, che rende pienamente lo spirito dell'artista raffigurata con il suo pennello in mano ma appoggiata amichevolmente a un meraviglioso bue. Più Bonheur di così...
Purtroppo il romantico castello di By dove, fino a pochi anni fa, si potevano ammirare l'atelier e la casa della pittrice, oggi è chiuso e l'edificio è in vendita! Mi auguro vivamente che l'associazione Les Amis de Rosa Bonheur, il comune di Thomery e tutto lo Stato francese al completo facciano qualcosa per impedire

questo scempio. Un documentario su YouTube di qualche anno fa mostra gli affascinanti interni del suo studio arredati con teste di animali impagliate, corna di cervo e naturalmente decine di disegni, quadri e bozzetti dell'artista. È impensabile che un patrimonio del genere vada perduto per sempre dopo che Rosa ha sfidato ogni convenzione per preservarlo.

IL TESTAMENTO: L'ULTIMO CAPOLAVORO

«Io sottoscritta Rosalie-Marie detta Rosa Bonheur, artista pittrice, sana di corpo e di mente, esprimo qui liberamente le mie ultime volontà; non dovendo nulla a nessuno, libera di disporre del mio volere e di ciò che ho guadagnato con il mio lavoro [...] Io indico la signorina Anna Elizabeth Klumpke, mia compagna e amica e collega pittrice, come erede di tutto ciò che possiederò al momento del mio decesso, istituendola mia erede universale...»
Così inizia il testamento di Rosa Bonheur, un documento che all'epoca fece scandalo e che ancora oggi, dopo centovent'anni, lascia sbalorditi per l'audacia e la determinazione di questa artista che non solo in vita, ma anche dopo la morte, ha voluto continuare a dettare le sue regole in totale libertà.
Rosa, rimasta sola dopo la scomparsa della sua amata Nathalie Micas, incontra una giovane pittrice americana, Anna Klumpke, a cui si lega in una profonda amicizia che le darà gioia e serenità negli ultimi anni della sua vita. Anna, più che una compagna, è quasi una figlia per Rosa, l'erede morale a cui l'artista decide di

affidare il compito di preservare e diffondere il suo lavoro quando lei non ci sarà più. Per garantire l'«amica e collega pittrice», Rosa stila questo testamento che ancora oggi – che ci dibattiamo sulle possibili eredità delle coppie di fatto – è un vero manifesto rivoluzionario: «Penso di avere adesso il diritto di vivere per me stessa e di disporre a mio piacimento dei miei beni, non avendo figli, né provando tenerezza per il sesso forte, a parte una franca e buona amicizia per coloro che ho stimato», e saltando a piè pari ogni legame legittimo e di sangue rende la Klumpke sua erede universale.

PER GARANTIRE L'«AMICA
E COLLEGA PITTRICE»,
ROSA STILA QUESTO TESTAMENTO
CHE ANCORA OGGI
È UN VERO MANIFESTO RIVOLUZIONARIO

In una lettera chiarificatrice la Bonheur ribadisce il suo diritto di fare testamento a favore della donna che ha condiviso con lei i pennelli, la tavolozza, gioie e dolori, la cura degli animali e le passeggiate nel parco. Rosa temeva che, dopo la sua scomparsa, la sua famiglia d'origine avrebbe reso la vita difficile alla compagna: «Non volevo che Anna Klumpke rischiasse di essere messa alla porta, senza poter rivendicare nemmeno il diritto ai suoi beni personali, e di perdere i benefici delle spese fatte sulla mia proprietà quando invece abbiamo il diritto, essendo entrambe libere

e nubili, di concederci il piacere di certe comodità grazie al denaro che abbiamo guadagnato».
Un testo che oggi potrebbe essere ricopiato e utilizzato per tante situazioni affettive a rischio e che Rosa con la sua lucidità, dovuta ad anni di lotte e ostacoli, aveva studiato nei minimi particolari.
«Dichiaro a chi mi ha giudicato molto ricca, che non avendo abbastanza beni da distribuire alla mia famiglia, per la quale ho fatto del mio meglio prima e dopo la morte di mio padre, ho stimato di avere il diritto di favorire nel mio testamento Mademoiselle Anna Elizabeth Klumpke... un'artista come me, che si guadagna nobilmente da vivere come me, che coltiva il mio stesso desiderio di poter continuare a lavorare in pace, proseguendo la sua carriera di artista e accompagnandomi con lealtà fino all'ultimo giorno del mio viaggio in questo mondo. Spero che la mia decisione sia compresa e approvata dalla mia famiglia e dai miei veri amici.»
Naturalmente non tutti compresero questo gesto, specialmente la famiglia (che era sempre stata aiutata) rimase di stucco, ma l'indole generosa della Klumpke sistemò ogni eventuale disputa economica. Per fortuna le quotazioni dei quadri della Bonheur erano alle stelle e l'«erede universale» con saggezza fece contenti tutti i familiari, mantenendo intatto il castello, l'atelier e le memorie di Rosa, che continuò a celebrare con mostre, premi, iniziative e un'affettuosa biografia. La Klumpke riuscì a rispettare in pieno le volontà della pittrice fino alle ultime indicazioni, che prevedevano la sepoltura dell'artista al Père-Lachaise insie-

me alla sua antica compagna Nathalie Micas e alla sua mamma. Quando Anna Klumpke muore nel 1942 raggiunge anche lei la tomba di questa pioneristica famiglia allargata e sulla lapide – incisa su un nastro di bronzo – si legge una frase che non potrebbe essere più felice: «*L'amitié est une affection divine*».

AMOUR
MOI NON PLUS ..
JE T'AIME !
Cigarettes
BRIGITTE BARDOT ET
COMIC STRIP

SERGE GAINSBOURG

S DI SERGE GAINSBOURG

«Sono un personaggio, dunque un mito. Ho il mio look unico, sono il precursore del neo-dandismo. E la mia barba di due giorni mi richiede moltissime cure.»

— Serge Gainsbourg, *Pensées, provocs et autres volutes*

È colpa di Parigi se le mie passeggiate sentimentali sono in disordine alfabetico. Sono troppe le suggestioni e le presenze che si aggirano per la città per mantenere fede a un dizionario canonico. Il vento del Nord, che in certe sere d'autunno diventa forte e dispettoso, mi coglie sempre di sorpresa scompigliandomi i pensieri e soprattutto le lettere. Serge Gainsbourg è finito alla S, ma il suo posto d'onore poteva tranquillamente essere alla D di Dandy, accanto a una schiera di gentiluomini che insieme a Oscar Wilde hanno tenuto alto a Parigi il vessillo di questo club ricercato. Il cantautore irriverente e maledetto è un discendente diretto del conte di Montesquieu o di Barbey d'Aurevilly – e naturalmente di Charles Baudelaire, che a causa dello stesso vento è finito alla lettera T per colpa di una sua meravigliosa poesia.
Lo confesso, ho un debole per Gainsbourg (o Gainsbarre, come si faceva chiamare nella sua versione più sulfurea) e non ho potuto fare a meno di dedicare a questo provocatore dal cuore tenero un intero capitolo. D'altronde è ormai chiaro a tutti che il mio dizionario è totalmente arbitrario, e insegue solo un alfabeto sentimentale.

Il vento del Nord, che in certe sere d'autunno diventa forte e dispettoso, mi coglie sempre di sorpresa scompigliandomi i pensieri e soprattutto le lettere

Serge Gainsbourg non era decisamente un bell'uomo, lo sapeva lui per primo e da avido lettore di Baudelaire aveva fatto suo l'assioma del poeta: «Il bello è sempre bizzarro». Sarà per questo che in compenso è riuscito a sviluppare nel tempo una forte personalità, tanto da trasformarsi da brutto anatroccolo in un cigno fascinoso con una Gitanes sempre accesa tra le labbra. Avrebbe voluto diventare un pittore, ma più che con i pennelli era bravo a improvvisare al pianoforte, in particolare quello del padre nel salotto della casa familiare, dove ha continuato a comporre anche dopo il grande successo.
Le sue prime apparizioni pubbliche furono al cabaret Madame Arthur. Il suo compito era quello di accompagnare al piano le canzoni degli artisti *en travesti* che ancora oggi sono l'attrazione principale di questo club nel cuore di Pigalle, al 75 bis di rue des Martyrs, una viuzza storica che sale verso la Butte di Montmartre e andrebbe battuta in lungo e in largo, traverse comprese, perché è un vero scrigno delle meraviglie.
Scusate la digressione, ma visto che siamo qui non posso tralasciare che al numero 9 della strada c'è La Chambre aux Confitures, dove vado a fare bottino di marmellate, sono squisite e prima di comprarle vi permettono di assaggiarle tutte: una terapia d'urto

se vi prende il classico calo degli zuccheri da camminatore compulsivo. Il pane per spalmarle va assolutamente comprato in una traversa poco lontano, da Le Grenier à Pain al 38 di rue des Abbesses, una panetteria che ha vinto per ben due volte l'ambito premio per la «miglior baguette di Parigi», una specie di Oscar che permette al vincitore di diventare per un anno il fornitore esclusivo di pane e dolci per il presidente della Repubblica; e vedendo la stazza di Hollande abbiamo la prova che i prodotti sono di prima qualità. Un'altra fermata d'obbligo nella strada è il bar La Fourmi al numero 74, punto nevralgico dei nottambuli per prepararsi alle serate dell'intensa vita notturna del quartiere; l'ambiente è piacevolissimo nonostante l'arredo sia in puro stile shabby chic, tendenza che ha devastato più di un locale nel mondo.

Appena svoltato l'angolo, dopo la formica, come La Fontaine ci insegna, non poteva esserci che La Cigale, altra sala storica di concerti con un calendario sempre interessante e vario. In questo caso dietro l'arredo c'è ancora una volta lo zampino dell'onnipresente Philippe Starck, che non si capisce bene dove trovi il tempo per architettare tutti i locali che firma (sicuramente è uno che dorme due ore per notte o ha molti assistenti volenterosi).

Appena poco più avanti, sbuchiamo sul boulevard de Clichy e ritorniamo finalmente alla storia di Serge Gainsbourg. Al 64 della via famosa per i suoi sexy shop scopriamo un locale forse oggi poco conosciuto, Les Trois Baudets. È qui che, alla fine degli anni Cinquanta, il pubblico assiste all'esordio di Gainsbourg come cantautore con le sue prime composizioni: *Ce mortel ennui* e *Le*

Poinçonneur des Lilas sono canzoni che già delineano il carattere sensuale e provocatorio della sua poetica, ma siamo ancora lontani dal piglio da artista «maledetto» che trovò in seguito.

Ce mortel ennui qui me vient quand je suis avec toi

Gainsbourg era ancora timido e insicuro del suo aspetto, a dargli coraggio e fiducia sarà uno dei più scaltri talent scout della musica francese: Monsieur Jacques Canetti, proprietario appassionato del Les Trois Baudets che in quegli anni riuscì a trasformare questa sgangherata sala da ballo di Pigalle in un palcoscenico aperto a tutti i giovani talenti musicali che ancora non avevano avuto successo. Grazie all'intuito di questo agitatore culturale molti grandi autori come Georges Brassens e Jacques Brel hanno avuto la possibilità di farsi le ossa esibendosi in questo piccolo club che da allora non ha mai cambiato indirizzo. Monsieur Canetti oggi non c'è più, ma Les Trois Baudets continua quell'opera di sperimentazione che l'ha reso famoso. Un salto val sempre la pena di farlo, potreste assistere senza saperlo al nuovo Serge Reggiani e scoprire in anticipo qualche perla ancora nascosta.

ILLUMINAZIONI

L'incontro fulminante per la carriera di Serge arriva come un'illuminazione a Damasco la sera che assiste al concerto del poeta e musicista francese Boris Vian, un altro degli artisti che si esibiscono sotto l'ala protettrice di Canetti. Vian possiede un repertorio decisamente originale e controcorrente; canzoni come *J'suis snob* e *Je bois* sono una vera rivelazione per Gainsbourg e lo ispirano profondamente: «Vian aveva una presenza scenica allucinante, ma anche malaticcia; era stressato, funesto, caustico. Ascoltandolo mi sono detto "posso fare anch'io qualcosa in questa arte minore..."». Grazie a Boris Vian, di cui diventa amico, Serge scopre l'ironia e la provocazione, ma soprattutto trova il coraggio di mostrare la sua vena più autentica, trasformandosi nel cantautore cinico e poetico che conosciamo. In lui ammira anche quel tratto ribelle e iconoclasta di canzoni come *Le déserteur*, brano diventato nel tempo un vero inno antimilitarista e che è costato a Boris Vian le minacce di morte dei veterani di tutte le guerre colonialiste francesi. Molti anni più tardi sarà Gainsbourg a essere osteggiato per la sua versione poco ortodossa dell'inno di Francia trasformato in *Aux armes et cætera*, con uno psichedelico arrangiamento reggae che fece saltare i nervi ai patriottici di professione. Serge replicò lapidario alle critiche: «Non si può dire che sia una musica che fa digrignare i denti, al massimo le dentiere».

Sono arrivati gli anni Sessanta e Gainsbourg comincia a essere apprezzato anche come autore. In quel periodo conosce Juliette Gréco e compone per lei una canzone perfetta, *La Javanaise*, che celebra un amore intenso e breve come la durata di un ballo e che diventa uno dei grandi classici del repertorio dell'artista. Lo so che rischio un'ammonizione per eccessiva retorica, ma ogni volta che l'ascolto mi lascio trascinare in quel mondo lontano e fumoso di una Parigi rétro da cartolina turistica e il bello è che non me ne vergogno. Provare per credere.

OGNI VOLTA CHE L'ASCOLTO MI LASCIO TRASCINARE IN QUEL MONDO LONTANO E FUMOSO DI UNA PARIGI RÉTRO

La Gréco, musa di grandi poeti come Sartre e Prévert, s'innamora subito del talento del giovane Serge e lo trova irresistibile: «Mi divertivo moltissimo con lui. Era intelligente, imprevedibile, emozionante. Un genio assoluto».
Con il successo si definisce per sempre la filosofia del nuovo Gainsbourg, che comincia a bersagliare il pubblico di aforismi, pensieri e provocazioni che diventeranno famosi quasi quanto le sue canzoni: «Io fumo, bevo, faccio l'amore. Un triangolo equilatero». Ottimo press agent di se stesso, sapeva bene come gestire la sua immagine: «Certo che utilizzo i media. Ho bisogno del triangolo equilatero stampa-radio-tv. Altrimenti non esisto». Ecco le geometrie esistenziali che lo accompagneranno per tutta la vita.
Ma è arrivato il momento di attraversare di nuovo la Senna e raggiungere un piccolo hotel di fronte a Notre-Dame, l'Hôtel Esmeralda, che si chiama così in omaggio alla protagonista del romanzo di Victor Hugo, anche se forse avrebbero dovuto cambiargli il nome in Hôtel Jane Birkin. Perché è proprio qui che nascerà per Gainsbourg una delle più importanti storie d'amore della sua

vita... ma andiamo per gradi. Il cantautore, ormai lanciato anche nella carriera cinematografica, sta girando *Slogan*, un film di Pierre Grimblat, e la Birkin è la sua giovanissima partner. Serge non la conosce nemmeno, il ruolo doveva essere della modella Marisa Berenson e non di questa ragazzina sconosciuta che non sa neanche una parola di francese, tanto che ha storpiato il suo nome in Serge *Bourguignon*, come fosse un volgare piatto di carne. L'attrice inglese ha solo ventidue anni ed è di una bellezza sconvolgente ma Gainsbourg all'inizio la snobba, la giudica una bambolina immatura e anche lei non lo sopporta: «Io lo trovavo orribile e lui in un'intervista mi definì *un boudin*. Praticamente "un cesso"». D'altronde Serge ha ben altro a cui pensare, ha da poco registrato un duetto musicale con Brigitte Bardot: la ballata di *Bonnie and Clyde*, accompagnato da un videoclip ante litteram che li vede vestire i panni dei banditi romantici con un'immedesimazione sospetta. La B.B. nazionale, incurante del naso pronunciato e delle evidenti orecchie a sventola del suo partner, cede all'istante al fascino del talentuoso brutto anatroccolo lasciando su due piedi il marito miliardario Gunter Sachs. Le cronache mondane hanno un sussulto e da questo momento la fama di Gainsbourg come *tombeur de femme* si consolida per sempre. La Bardot gli chiede «Scrivimi la più grande canzone d'amore del mondo», e Serge, ispirato da quella che più che una donna è la quintessenza dell'erotismo, partorisce il successo più scandaloso della sua carriera: *Je t'aime... moi non plus*. Ma la versione esplosiva interpretata da questa strana coppia di artisti rimane chiusa nella cassaforte della casa discografica. La Bardot ha paura per la sua immagine, ma soprattutto teme le reazioni del marito con cui nel frattempo è tornata insieme, in un estremo tentativo di riconciliazione. La genialità del brano, al di là del forte tasso di erotismo, risiede in quel rifiuto amoroso, il «*moi non plus*» dichiarato da un amante proprio al culmine di un amplesso travolgente. La leggenda narra che l'idea venne a Gainsbourg leggendo un'intervista a Salvador Dalí su Picasso: «*Picasso est espagnol, moi aussi. Picasso est un génie, moi aussi. Picasso est comuniste, moi non plus*» («Picasso è spagnolo, anch'io. Picasso è un genio, anch'io. Picasso è comunista, io no»).

Lascio libero il lettore di elaborare ogni considerazione sul perverso legame tra sesso e ideologia e torno sui miei passi all'Hôtel Esmeralda, dove la Birkin alloggiava durante le riprese di *Slogan*. Tutto sembrava congiurare verso un disastro annunciato, visto che i due protagonisti del film si guardavano in cagnesco anche durante le scene d'amore. Serge, consigliato dal regista seriamente preoccupato per la riuscita del suo lavoro, alla fine invita controvoglia Jane a cena da Chez Maxim's. E vedendola scendere dalle scale dell'Esmeralda ha la sua seconda illuminazione a Damasco: «Quando sono arrivato al suo albergo e ho visto questa ragazza che scendeva le scale con una minigonna che sarebbe andata bene a una bimbetta di dieci anni, mi sono detto: "Cosa fa questa, mi provoca?". A quel punto dovevo osare, ero già intrigato». Inutile dirvi che da quella sera B.B. è finita per sempre nel dimenticatoio e tutta la troupe ha dormito sonni tranquilli, per non parlare del

regista che ha portato a termine le riprese in preda all'euforia. Era nata la coppia più sulfurea dello spettacolo francese.
Per la cronaca, l'Hôtel Esmeralda vi accoglie ancora oggi con tanto di scala di legno originale ma, a sentire i commenti su TripAdvisor, decisamente troppo scomoda per caricarsi le valigie fino all'ultimo piano. Evidentemente i clienti non hanno avuto nessuna visione romantica, tanto che aggiungono: «La posizione è eccezionale, la vista su Notre-Dame è assicurata ma non ci tornerei. Una pesantissima carta da parati ricopre tutte le pareti. A terra moquette macchiata. Riscaldamento non funzionante, la camera era gelida...». Ma è noto che in rete i commentatori seriali di alberghi a volte calcano un po' troppo la mano; al contrario Jane e Serge non hanno mai avuto niente da ridire sull'hotel.
Ormai il grande amore è decollato e la Birkin non trova più orribile il suo Gainsbourg: «... Era molto sarcastico, ma nascondeva una profonda timidezza. E fu questa contraddizione a farmi innamorare di lui...». Serge, dal canto suo, non può che regalare alla sua nuova compagna la canzone dello scandalo.

NOI RAGAZZE IN ERBA SEGUIVAMO IN UN RELIGIOSO SILENZIO LE NOTE FUORILEGGE

Je t'aime esce finalmente dal cassetto e nella nuova interpretazione della Birkin, dalla sensualità quasi innocente, diventa ancora più scottante con conseguente scandalo internazionale. Sicuramente il successo planetario del brano dipende anche da una censura inflessibile che lo vietava ai minori di ventun anni, persino nella spregiudicata Francia. Mi ricordo che all'epoca facevo le scuole medie e insieme ad altre bambinette della mia età ci ritrovavamo di nascosto per ascoltare Radio Montecarlo, l'unica emittente che ignorava il divieto di trasmissione del duetto incriminato. La Rai, inutile dirlo, non solo aveva proibito la diffusione ma aveva persino impedito al povero Lelio Luttazzi, conduttore di *Hit Parade*, di pronunciare il titolo della canzone, anche se era ai primi posti in classifica. Noi ragazze in erba seguivamo in un religioso silenzio le note fuorilegge, cercando di capire il senso completo delle parole (peraltro abbastanza evidente), nel terrore che venissero ad arrestarci o anche peggio. Il papa di allora, il temibile Paolo VI, aveva scagliato una scomunica nei confronti della canzone e non sapevamo se questa minaccia fosse trasferibile anche agli ascoltatori.

Il personaggio Gainsbourg in coppia con Jane Birkin si completa e regala al pubblico un mix di provocazione e romanticismo perfetto per lo show business. L'artista che è riuscito a coniugare i poeti maledetti con il jazz, e la Nouvelle Vague con il pop, ha definitivamente cambiato pelle e può riscrivere così la sua nuova carta d'identità:

> «Cognome: Gainsbourg. Nome: Serge. Mestiere: ladruncolo, falsario, giocatore d'azzardo, uomo al vetriolo, depresso, pessimista forsennato, orgoglioso. Indelebile, maldestro, addict e violento. Oggetto più prezioso: la donna oggetto. Occupazione preferita: ascoltare la mia barba che cresce.»

I servizi fotografici che li vedono insieme sono curati in ogni dettaglio. Serge ha ormai adottato la sua divisa da dandy postmoderno: jeans e giacca smilza su misura, preferibilmente un gessato blu a sottili righe bianche; camicia bianca aperta sul petto e, come tocco di eccentricità, non opta per dei guanti rosa cipria come il suo maestro Charles Baudelaire, ma punta sulle scarpe: rigorosamente bianche, di pelle sottile, che indossa sempre senza calzini! Potrebbero sembrare delle pantofole più adatte a un anestesista in sala operatoria, ma in realtà sono un ricercato modello di Repetto, famosa casa francese di accessori per il ballo. Se volete adottare il look Gainsbourg, almeno nelle scarpe, basta entrare in uno dei tanti negozi parigini della ditta; io li frequento regolarmente, anche senza comprare niente, solo per il gusto di ammirare tutte le ballerine del catalogo che coprono la gamma completa dei colori dell'arcobaleno.
Per Jane invece solo un accessorio oltre alla bellezza: un paniere di paglia alla Cappuccetto Rosso che lei porta anche sugli abiti da sera. Un cestino da campagnola che usa sempre, almeno fino a quando la nota casa di moda Hermès non le dedica la famosa borsa che porta il suo nome: la «Birkin». Praticamente impossibile oggi averne una originale a meno che non siate la regina del Qatar, non solo per la lista d'attesa che può superare i due anni solari, ma soprattutto per il costo che va dai 6000 ai 300.000 euro per le versioni in coccodrillo e diamanti. Anche il mercato dell'usato picchia forte, la Birkin non si deprezza, anzi certi modelli aumentano di quotazione con il tempo, tanto che per mol-

ti correntisti sarebbe stato più saggio investire in Birkin che in azioni della Banca Etruria. Chi ha perso fiducia nella borsa tradizionale può sempre rifarsi con la borsa di Jane, ma deve stare attento alle imitazioni e ai vari tarocchi che circolano; un negozio sicuro per questo investimento a Parigi è Les Trois Marches de Catherine B al numero 1 di rue Guisarde sempre a Saint-Germain, o da Lorette & Jasmin al 6 di rue François Millet a Passy, dove esiste anche l'opzione affitto. Per gironzolare impunemente con una Birkin al braccio basta la modica cifra di cento euro per tre giorni ma è indispensabile lasciare in pegno documenti, numero di conto corrente, impronte digitali ecc. ecc., in alternativa ve la legano direttamente al polso con una catena di sicurezza.

LA TANA DI RUE DE VERNEUIL

Come in un circolo vizioso anche questa storia ci riporta all'Hôtel, in rue des Beaux-Arts, dove Oscar Wilde ha trascorso i suoi ultimi giorni. Jane e Serge scelgono di vivere per più di un anno nello storico albergo, in attesa dei lavori di ristrutturazione della nuova casa che hanno comprato a pochi passi da lì, al 5 bis di rue de Verneuil: nido d'amore e soprattutto lussuosa tana del lupo che il compositore adotterà come suo quartier generale fino alla morte. Poco distante, al 33 di rue de Lille, il ristorante Bistrot de Paris diventa per la famiglia Gainsbourg quasi la seconda cucina di casa. Vi confesso che non ho resistito alla tentazione di cenare al suo tavolo, che per la cronaca è quello di fronte al bar. Almeno così suggeriscono i camerieri, forse solo per accontentare i fan più accaniti. Saint-Germain è ormai il suo quartiere d'elezione e in poco tempo il piccolo *hôtel particulier* dove Serge va ad abitare si trasforma in leggenda quasi quanto il suo proprietario. Il colore dominante è solo uno: «Amo la notte. Ho le idee più chiare nell'oscurità» dichiara Gainsbarre. Oltre alle pareti dipinte di nero e i divani anche loro a lutto, tutto l'ambiente è occupato da centinaia di oggetti che l'artista colleziona compulsivamente, passeggiando come un vero dandy tra gli antiquari e le gallerie d'arte che da sempre affollano il quartiere: «Riempio il mio *hôtel particulier* di oggetti inutili e molto belli per riuscire a sopportare, per rendere un po' lussuosa la mia solitudine». E naturalmente non mancano gli specchi, uno dei quali, gigante, fa da spalliera al letto: d'altronde, come affermava convinto il suo mentore Charles Baudelaire, «Il Dandy deve aspirare a essere sublime senza interruzione; deve vivere e dormire di fronte a uno specchio».

«RIEMPIO IL MIO *HÔTEL PARTICULIER* DI OGGETTI INUTILI E MOLTO BELLI PER RENDERE UN PO' LUSSUOSA LA MIA SOLITUDINE»

Gli adepti del culto Gainsbourg aspettano da anni che la casa sia trasformata in un museo ma gli eredi, dopo qualche annuncio che ha acceso le speranze, non si sono ancora decisi. Fonti ben informate assicurano che all'interno tutto è rimasto com'era dal

giorno che Serge ci ha lasciati. Pare che addirittura non abbiano toccato neanche le cicche spente nei vari posacenere.
Il vero mausoleo di Gainsbarre oggi non è al cimitero di Montparnasse dove è sepolto, ma proprio lì in rue de Verneuil dove, da venticinque anni, artisti, graffittari e semplici ammiratori arrivano da tutto il mondo per lasciare un segno sul muro di cinta della casa che, nel tempo, si è trasformato in un'opera d'arte a cielo aperto: un vero quadro in movimento che si arricchisce ogni giorno di frasi, disegni e poesie. Quando ci sono passata l'ultima volta ho incontrato una ragazza che con una bomboletta spray rosa fucsia stava scrivendo: «Non vale la pena vivere senza amore». Come darle torto, Serge sarebbe stato sicuramente d'accordo.

LES
FLEURS DU MAL
POÉSIES
PAR CHARLES BAUDELAIRE
RECUEIL
DES LETTRES
THE DOORS
Ch. Baudelaire

TI DONO QUESTI VERSI…

T DI TI DONO QUESTI VERSI...

«Che tu dorma ancora nelle tue coltri mattutine
Greve, oscura, costipata, o che ti pavoneggi
Nei tuoi veli serali orlati d'oro fino,
Io ti amo, o infame capitale!»

— Charles Baudelaire, *Lo spleen di Parigi*

Tra tutti i fantasmi che vi accompagneranno nella vostra visita parigina, il più instancabile e tenace sarà sicuramente quello di Charles Baudelaire. L'autore dei *Fiori del male* ha avuto un rapporto viscerale con la città, l'ha amata e insieme detestata, ma soprattutto descritta continuamente nelle sue opere restituendoci immagini di una bellezza incredibile.

Baudelaire possedeva un animo irrequieto, non rimaneva mai seduto al tavolino per trovare l'ispirazione, preferiva percorrere ossessivamente le strade di Parigi e immergersi nella folla dei volti sconosciuti. Solo camminando, perso nella sua flânerie, riusciva a trovare i versi incastonati nei muri o nel pavé che calpestava: «Inciampando nelle parole come nel selciato, urtando qualche volta in versi a lungo sognati». Nel suo piccolo libro *Lo spleen di Parigi* ci restituisce una visione inedita della città, intuendone il fascino ma anche gli abissi del nuovo progresso che stava trascinando il mondo verso orizzonti sconosciuti e non sempre rassicuranti.

La Parigi del poeta è quella delle grandi rivoluzioni urbane sotto la guida del prefetto Georges-Eugène Haussmann, fortemente volute da Napoleone III ma fonte di più di un turbamento per suoi contemporanei. Baudelaire nel suo poema *Il cigno* diventa l'interprete universale di questo disagio: «La vecchia Parigi non esiste più (l'aspetto d'una città muta più presto, ahimè, che il cuore di un uomo). Parigi cambia! Ma nulla è mutato nella mia malinconia». Interi quartieri medievali vengono abbattuti per costruire gli ampi boulevard che oggi conosciamo; nascono nuovi negozi, parchi e ampi marciapiedi ma una moltitudine di cittadini più poveri viene esiliata nelle periferie: sono gli ultimi della Terra, spesso protagonisti dell'opera di Baudelaire.

«Parigi cambia! Ma nulla è mutato nella mia malinconia»

Si apre una nuova era in cui sarà più facile spostarsi ma più difficile costruire barricate, come quelle della recente rivoluzione del 1848 che avevano visto il poeta abbracciare la rivolta in prima linea e buttarsi nella mischia dopo aver svaligiato un'armeria insieme ai suoi compagni. Un testimone dell'epoca racconta che all'incrocio di rue de Buci (oggi una strada turistica piena di localini e negozi nel cuore di Saint-Germain) aveva avvistato Baudelaire «armato di un bellissimo fucile a due colpi e di una superba cartucciera gialla» che arringava la folla al grido di guerra: «Andiamo a fucilare il generale Aupick!».

Ma la natura di Baudelaire non è quella del partigiano combattente, e lo confessa lui stesso con grande lucidità nel suo diario intimo, *Il mio cuore messo a nudo*.

> «La mia ebbrezza nel 1848.
> Di che natura era quell'ebbrezza?
> Gusto della vendetta. Piacere *naturale* della demolizione.
> Ebbrezza letteraria; ricordo delle letture.»

E la vendetta in questo caso non è solo nei confronti dei soprusi del potere costituito, ma anche verso un'ingiustizia personale che era costretto a subire dall'odioso patrigno, il generale Aupick appunto, che aveva sposato la madre in seconde nozze e lo teneva a stecchetto con un mensile da fame costringendolo a un'umiliante vita di rinunce. Il giovane Charles l'avrebbe volentieri fronteggiato a viso aperto in una di quelle giornate per eliminarlo definitivamente dalla faccia della Terra, nella speranza di riconquistare l'amore perduto della madre e magari una rendita più adeguata. Lo stato d'indigenza in cui era costretto a vivere non gli permetteva di condurre l'esistenza che avrebbe desiderato, sicuramente scapestrata e bohémien secondo il severo generale, ma necessaria allo scrittore per tuffarsi «giù nell'Ignoto per trovarvi del *nuovo*». È con questo proposito temerario che finisce l'ultima poesia dei suoi *Fiori del male*, una raccolta che fu ritenuta scandalosa e censurata a più riprese. Baudelaire dovette affrontare un processo da parte di quei benpensanti che in una delle sue cronache sui nuovi pittori francesi, incompresi come lui, apostrofava così: «Voi siete la maggioranza [...] possedete il governo della città [...] ma occorre che siate capaci di sentire la bellezza». Frase ahimè sempre valida, anche un secolo e mezzo dopo... Lo accusarono di comporre versi che conducevano «all'eccitazione dei sensi», o peggio di descrivere le vicende umane con un realismo «volgare e offensivo». Le stesse accuse che piombarono su *Madame Bovary* di Flaubert o sul pittore Courbet, tutti colpevoli di aver descritto la realtà a tinte troppo veritiere, senza ricorrere alle lenti edulcorate del moralismo. E anche qui gli anni sembrano passati invano...

Lo accusarono di comporre versi che conducevano «all'eccitazione dei sensi»

Ma Baudelaire non era solo in questa sua nuova avventura: a difenderlo intuendone lo straordinario talento si sollevò il suo gruppo di amici, scrittori e artisti con cui condivideva eccessi, ideali, sperimentazioni e vagabondaggi parigini. Spesso si incontravano nel nuovo quartiere della Nouvelle Athènes, ai piedi di Pigalle, una zona che allora era frequentata da ogni genere di intellettuale e viveur. I fratelli Goncourt che – come abbiamo già visto – hanno commentato ogni dettaglio della vita dell'epoca (tanto che oggi li incoroneremmo campioni mondiali di post su Facebook), descrivevano così quell'ambiente privilegiato: «Gaia città degli studi ricchi, dell'arte felice, del successo, i cui piccoli marciapiedi in salita non sono percorsi che da artisti decorati». In effetti ancora oggi la zona è affascinante e degna di una perlustrazione, in particoalre rue Frochot e le stradine limitrofe con i piccoli hotel ottocenteschi, ognuno con uno stile architettonico diverso. Sicuramente da non perdere la grande vetrata Art déco che sovrasta il palazzo al civico numero 2: un enorme pannello colorato che rappresenta il monte Fuji che sta per essere sommerso da onde gigantesche, idealmente ispirato alle stampe del pittore giapponese Hokusai, in gran voga allora nella capitale parigina.

APOLLONIE E JEANNE

Ma è al numero 4 di rue Frochot che la comitiva di Baudelaire si ritrovava puntualmente ogni domenica sera. Oggi lo stabile accoglie un piccolo boutique hotel a tre stelle, l'Hôtel Opéra Frochot, ottima postazione per esplorare Montmartre e il nono arrondissement, ma all'epoca ospitava il rinomato salotto di Apollonie Sabatier, una donna bella e spregiudicata che con grande intelligenza era riuscita a creare un ritrovo speciale dove la libertà di pensiero e la conversazione effervescente regnavano indiscussi. Théophile Gautier, ospite fisso di questa compagnia di giro, l'aveva soprannominata «la Présidente» per le sue qualità di grande intrattenitrice e padrona di casa. Apollonie faceva parte di quella schiera di donne che aveva scelto un'esistenza libera e indipendente, invece di un matrimonio rispettabile e di convenienza, riuscendo a trasformare la condizione di semplice mantenuta in una vita anticonformista e brillante. Ma al contrario delle più famose *grandes horizontales*, la Présidente preferiva collezionare intellettuali scanzonati e intelligenti piuttosto che parure di diamanti.

Da Gustave Flaubert a Victor Hugo, fino a Dumas padre, nessuno mancava agli incontri spumeggianti di casa Sabatier, dove oltre a una cena squisita ai commensali era offerta la possibilità di una conversazione licenziosa, senza limiti e tabù. La Présidente, grande seduttrice e regina indiscussa di queste serate, diffondeva intorno a sé «... una specie di luce e di felicità. Le sue toilette erano ricche di gusto e di fantasia. Non seguiva molto la moda, ma ne creava una tutta speciale».

Per avere un'idea del fascino irresistibile di Apollonie e ammirarla in tutta la sua marmorea bellezza dovete tornare ancora una volta al Musée d'Orsay (a questo punto consiglio l'abbonamento), dove la troverete al centro della grande sala al piano terra, immortalata in una scultura che è passata alla storia. Si tratta di una statua di marmo bianco dell'artista Jean-Baptiste Auguste Clésinger, dal titolo *Donna morsa da serpente* che la mostra completamente senza veli, come tutti i suoi illustri ospiti sognavano di vederla. Quando fu presentata nel 1847 all'esposizione parigina del Salon del Louvre l'opera provocò un incredibile scandalo e non solo per l'opulenta e realistica nudità del soggetto. In teoria, come da titolo, l'opera dovrebbe rappresentare una donna semisvenuta a terra che si contorce per il morso di un serpente;

in pratica, più che da un serpente la meravigliosa creatura sembra pervasa da un piacere profondo, come se lo scultore l'avesse ritratta proprio al culmine di un orgasmo perfetto. Un'estasi che non passò inosservata, proprio come l'identità della modella. Anche un uomo di mondo come Fryderyk Chopin vedendola non poté fare a meno di commentare: «Questa statua è viva al punto da essere allarmante!».

D'altronde il piacere femminile non era ben visto nella società dell'epoca, dove furoreggiavano varie teorie scientifiche che classificavano l'orgasmo delle signore come un evidente segno di malattia e devianza, in poche parole un chiaro sintomo di isteria conclamata da curare con ripetute docce fredde e ritiri spirituali. La bella Apollonie era riuscita a creare scalpore anche al di fuori del suo ricercato salotto e ancora adesso, nella sua postazione d'onore al d'Orsay, continua a suscitare l'ammirazione che si merita.

Baudelaire, come tanti suoi amici, si era follemente invaghito della Présidente e le dedicò molte composizioni dei *Fiori del male*; addirittura aveva preso l'abitudine di recapitare ad Apollonie, in anteprima e anonimamente, le sue poesie più sensuali, accompagnate da missive appassionate. «Voi siete per me non solo la più attraente delle donne, di tutte le donne, ma anche la più cara e la più preziosa delle superstizioni.» Il poeta era affascinato dalla natura solare della Présidente, che contrastava totalmente con il suo animo tenebroso e pessimista. «Io sono un cimitero aborrito dalla luna [...]. Sono un vecchio cameri-

no pieno di rose passe». Così si descriveva in altri versi famosi e non nascondeva certo la sua natura misogina e crepuscolare che esaltava persino negli abiti, sempre rigorosamente neri, accompagnati dalle inseparabili scarpe di vernice (sempre nere), con l'eccezione dei proverbiali guanti rosa, solo per sottolineare un sobrio tocco da dandy. Apollonie emanava troppa *joie de vivre*, era troppo «vera» e «carnale», difetti imperdonabili per Baudelaire, ma anche attrazioni fatali che provocarono un corto circuito esplosivo nella sua ispirazione.
Un esempio per tutti la meravigliosa poesia *A colei che è troppo gaia*:

> «Sono belli come un bel paesaggio, la tua testa il tuo gesto il tuo atteggiarti; il tuo riso scherza sul tuo viso come in un cielo chiaro fresco vento [...]
> I colori squillanti che spargi nelle tue vesti suscitano nel cuore dei poeti l'immagine d'un balletto di fiori.
> Quegli abiti folli sono l'emblema del tuo spirito screziato: folle che mi rende folle, io t'odio nella misura che t'amo.»

Versi che hanno sorpassato il tempo trasformandosi nella sintesi perfetta di ogni rapporto amoroso.
Quando finalmente i due predestinati si incontrano nell'intimità qualcosa non funziona; diciamo elegantemente che fu Baudelaire a non funzionare, come conferma il fitto carteggio tra i

due amanti. Inoltre a far naufragare la possibilità di un grande amore, oltre al contrasto di caratteri, fu più realisticamente la presenza fissa di un'altra donna nella vita del poeta, l'amante di sempre, l'attrice mulatta Jeanne Duval.
Per non far torto a nessuna, anche a lei Baudelaire dedicò varie poesie dei *Fiori del male*:

> «Ti dono questi versi, perché se un giorno
> il mio nome approderà felicemente alle epoche lontane
> e farà sognare qualche sera i cervelli degli uomini,
> vascello assecondato da un gran vento,
> il ricordo di te, pari alle vaghe favole,
> affatichi il lettore come un timpano,
> e resti appeso come un fraterno
> e mistico anello alle mie rime altere.»

Questo dono poetico nasce dalla volontà di legarla a lui nell'immortalità, e soprattutto di vendicare con la poesia la cattiveria degli «stupidi mortali che t'hanno giudicato amara», riscattandola per sempre dalla sua fama di dark lady funesta. In effetti la Duval, haitiana «dal passo da regina», non era una compagna facile ma fu per il poeta la donna del destino, l'unica a cui rimase sempre legato, avvinto da un'attrazione fatale che la madre, e spesso anche gli amici più intimi, gli rimproveravano severamente. Baudelaire non riuscì mai a separarsi da lei, nonostante i tradimenti e le umiliazioni che spesso Jeanne – spregiudicata e venale – gli infliggeva, e le restò generosamente accanto fino alla fine causata dalla sifilide, l'odiosa malattia che lei gli aveva trasmesso e di cui morirono entrambi. Di questa tormentata storia d'amore restano per la nostra emozione decine di versi meravigliosi come questi:

«Io preferisco alla costanza, all'oppio, alle notti,
l'elisir della tua bocca in cui l'amore si pavoneggia:
quando verso di te i miei desideri partono in carovana,
i tuoi occhi sono la cisterna in cui bevono le mie pene.»

È insieme a Jeanne che il poeta ha inseguito l'*ivresse* che predicava come unica possibilità di vita e conoscenza. «Bisogna sempre essere ebbri. Ecco tutto: è l'unica questione. Per non sentire l'orribile fardello del Tempo che spezza le vostre spalle e vi piega verso terra, dovete ubriacarvi senza tregua. Di che? Di vino, di poesia, di virtù, a vostro piacimento. Ma ubriacatevi.» E una delle fonti privilegiate della sua «ubriacatura» è sempre Parigi, che il poeta continua a percorrere in lungo e in largo cambiando casa compulsivamente, spesso perché inseguito dai debitori che lo costringono a traslochi improvvisi. In un piccolo libro, *Tout sur Paris (ou presque)*, l'autore si è preso la briga di compilare tutti gli indirizzi dove Baudelaire ha abitato, la somma arriva a una trentina di case sparse per tutti gli arrondissement (ma sono solo quelle strettamente documentate). In questo caleidoscopio di luoghi ce n'è uno molto particolare che abbiamo la fortuna di poter visitare ancora oggi: l'Hôtel de Lauzun.

HÔTEL DE LAUZUN

Perfettamente incastonato come un gioiello in una preziosa corona, l'Hôtel de Lauzun, al numero 17 del quai d'Anjou, si trova sull'Ile Saint-Louis, il pezzettino di terra più affascinante e naturalmente uno dei più cari di tutta Parigi. Le finestre delle sue magnifiche stanze ricche di affreschi e incredibili decorazioni dorate si affacciano su uno dei più puri scenari della città baciati dalla Senna. Non sarà un caso che oggi per comprare una casa da queste parti vi servono come minimo 15.000 euro al metro quadro, ma stiamo parlando delle cantine naturalmente. Charles Baudelaire ha abitato a questo indirizzo per pochi anni, il tempo di dilapidare totalmente la piccola eredità paterna per poi tornare a domicili molto più abbordabili anche se, per la precisione, il poeta occupava solo le soffitte del lussuoso hotel. Jeanne invece si era sistemata in un'abitazione più modesta a un tiro di schioppo dal nobile palazzo, in rue de la Femme-sans-Tête, oggi rue Le Regrattier; ma ogni allusione alla mancanza di cervello della giovane Duval sarebbe fuori luogo, visto che la ragazza possedeva intelligenza e istinto da vendere, che uniti alla sua bellezza esotica le fecero collezionare una quantità notevole di amanti di cui Baudelaire era solo uno della lista. Come sottolineava malignamente Nadar, il fotografo delle celebrità che ormai conoscete, Baudelaire era per Jeanne solamente «il signore che arriva dalle due alle quattro».

Ma poiché anche lui era stato amante della Duval non scommetterei su questa indiscrezione. E gli perdoniamo il gossip malevolo solo perché ci ha lasciato delle foto splendide di Baudelaire con il suo regolamentare completo nero e cravatta a fiocco di raso. Ma non possediamo nessuna immagine degli anni giovanili del poeta, anche se uno sfocato dagherrotipo non avrebbe reso giustizia al periodo più dandy di Baudelaire, quando ostentava con nonchalance la sua capigliatura verde ramarro e accumulava debiti per arredare lussuosamente la mansarda all'Hôtel de Lauzun, dove i vicini si lamentavano per gli schiamazzi notturni dovuti alle feroci litigate con l'infedele Jeanne.

L'Hôtel de Lauzun è una visita obbligata in ogni itinerario parigino. Scoprire questa meraviglia nascosta è un'esperienza unica, però dovete prenotarvi via internet presso uno dei tour operator che hanno il permesso di accedere al palazzo: vi assicuro che ne vale veramente la pena. Vi sembrerà di attraversare lo specchio di Alice ed essere proiettati per incanto all'epoca del Re Sole, specialmente se vi capita una brava guida come la mia Madame Lorette, che saprà affascinarvi con le innumerevoli storie che aleggiano ancora tra gli stucchi preziosi del palazzo, uno fra i pochi che hanno conservato intatti i suoi incredibili interni.

L'hotel continua a portare il nome di uno dei suoi proprietari più illustri, il duca di Lauzun, un nobile scapestrato, grande seduttore e amante della bella vita che riuscì a dilapidare in avventure romanzesche e galanti l'intera sua fortuna insieme alla sua reputazione. Eppure il gentiluomo era partito bene come comandante dei dragoni dell'esercito di Luigi XIV, di cui era addirittura confidente e amico personale, nonché compagno di varie scorribande sportive e godereccce. Ma un carattere insolente e spavaldo lo trascinò più volte in prigione fino a fargli perdere ogni privilegio. Bello e coraggioso, il duca di Lauzun è ricordato dai suoi storici come il padre di tutti i dandy, letteralmente adorato dalle dame di corte che facevano a gara per accaparrarsi le sue attenzioni che il duca concedeva con molta generosità anche oltre i confini nazionali. Purtroppo commise l'imperdonabile errore di far innamorare follemente la Grande Mademoiselle, ovvero la cugina single e già sopra i quaranta di sua maestà il Re di Francia.

All'Hôtel de Lauzun vi sembrerà di attraversare lo specchio di Alice ed essere proiettati per incanto all'epoca del Re Sole

La stretta etichetta dell'epoca non poteva ammettere il matrimonio tra una damigella di stirpe reale (anche se non proprio attraente) e un giovanotto di belle speranze ma senza i titoli necessari per ambire a nozze così altolocate. In un primo momento Luigi XIV, forse per liberarsi della cuginetta ormai già in odore di zitellaggio, aveva incautamente dato il suo permesso a questa unione non a norma. Prontamente i due promessi sposi fissarono la data del matrimonio, pregustando i fasti di quella che fu subito considerata la cerimonia dell'anno. Non si parlava d'altro in città, un vortice di pettegolezzi circolava tra i palazzi nobiliari come testimonia ampiamente la corrispondenza di Madame de Sévigné, più nota come la penna più incontinente del reame. La nobildonna aveva il vizio di passare il suo tempo a commentare ogni ronzar di mosca dell'alta società, scrivendo una serie assillante di lettere che spediva a ritmo continuo, tanto che se fosse vissuta ai nostri tempi avremmo condannato le sue moleste email a uno spam perpetuo. Ecco come lunedì 15 dicembre 1670 Madame De Sévigné informa la sua amica, Madame de Coulanges, della notiziona:

> «Io voglio parteciparvi la cosa più stupefacente, più sorprendente, più meravigliosa, più miracolosa, più trionfante, più sbalorditiva, più inaudita, più singolare, più straordinaria, più incredibile, più imprevista; la più grande, la più piccola, la più rara, la più comune, la più strepitosa, la più segreta fino ad oggi, la più brillante, la più degna d'invidia» [*scusate ma qui opero un salvifico taglio perché Madame, nella sua estasi da sinonimi, non arriva mai al punto*...] «una cosa a cui noi a Parigi non osiamo credere [...] Non posso risolvermi a dirla; indovinatela: ve la do in tre. Vi date per vinto? Ebbene ve lo devo dire: il Signor di Lauzun sposa domenica al Louvre indovinate chi?...» [*E qui opero un altro taglio perché non possiedo la pazienza infinita della povera Madame de Coulanges*] «Devo dunque dirvelo infine: egli sposa domenica al Louvre, col permesso del Re, Madamigella, Madamigella di... Madamigella... indovinate il nome: egli sposa Madamigella, in fede mia, ve lo giuro. Madamigella, la grande Madamigella, figlia del defunto Signore; Madamigella nipote di Enrico

> IV, Madamigella d'Eu, de Dombes, de Montpensier, d'Orléans; Madamigella prima cugina del Re, destinata al trono, il solo partito di Francia che fosse degno di Monsieur. Ecco un bel soggetto di conversazione».

Vi risparmio il resto del carteggio che metterà a parte il mondo intero del conseguente colpo di scena quando, dopo tre giorni e a sole ventiquattr'ore dalle nozze, il re ci ripensa e ritira il suo permesso annullando la cerimonia. A pronunciare la fatidica frase: «Questo matrimonio non s'ha da fare», fu l'alto entourage della corte con la ferrea regina Maria Teresa in testa; ma a dare il colpo di grazia fu anche il parere dell'amante in carica di Sua Maestà, la potentissima Madame de Montespan che aveva il dente avvelenato con il povero Lauzun per varie insolenze precedenti. Non vi sto a raccontare i dettagli del putiferio che si creò; per me ci pensa ancora una volta l'immarcescibile Madame de Sévigné:

> «Ecco un bel sogno, un bel soggetto di romanzo o di tragedia; ma soprattutto un bell'argomento per discorrere eternamente; ciò che noi facciamo giorno e notte, sera e mattina, senza fine, senza posa. Speriamo che voi farete lo stesso».

Lo scandalo fu immenso e la povera grandamigella vide sfumare per un soffio il suo unico sogno d'amore, anche se alcuni ben informati riferiscono che i due amanti si sposarono lo stesso in gran segreto giurandosi eterna fedeltà. Per sicurezza il duca di Lauzun fu spogliato di tutti i suoi beni e mandato per una decina d'anni nelle carceri di Pinerolo, con l'intimazione di non avvicinarsi a meno di dieci chilometri dalla reggia di Versailles. Fu proprio quando tornò dalla prigione che Lauzun, per consolarsi dei torti subiti, diede sfogo a un'orgia di restauri nel palazzo che prende il suo nome. Era l'unica proprietà che gli era rimasta dopo quell'incauta avventura, ma purtroppo non riuscì a godersela a lungo perché solo pochi anni dopo fu costretto a vendere anche il bell'hotel affacciato sulla Senna con tutte le meraviglie che ancora contiene. Tra alti e bassi e fasi di decadenza, durante la Rivoluzione francese l'edificio fu sequestrato per volere del Comitato di salute pubblica e trasformato in una gigantesca tintoria popolare. Ma davanti allo splendore degli interni anche i sanculotti ebbero un fremito e ricoprirono tutte le pareti con dei pannelli in legno per non rovinarlo, almeno così mi ha raccontato Madame Lorette e non ho osato contraddirla: a suo giudizio i decori del palazzo valevano molto di più della testa di Maria Antonietta. Quando nel 1844 il pittore Fernand Boissard lo prese in affitto, il palazzo era tornato alla sua antica bellezza.

Il nuovo inquilino era amico e grande ammiratore del dottor Jacques-Joseph Moreau, uno dei primi psichiatri a studiare gli effetti degli allucinogeni sul cervello umano. Per sperimentare al meglio le sue teorie, il medico fondò «le Club des Hashischins» che riuniva una volta al mese, proprio all'Hôtel de Lauzun, una comitiva di volontari che allegramente si prestavano come cavie.

Per Baudelaire, uno degli assidui del club, era di una comodità straordinaria partecipare a questi «meeting di studio»: gli bastava scendere le scale e si trovava già pronto per provare la nuova *ivresse* stimolata dalle sostanze messe a disposizione dal dottore. Insieme a lui c'erano le menti migliori dell'intellighenzia parigina dell'epoca, non mancava nessuno all'appello: dall'immancabile Théophile Gautier fino a Honoré de Balzac, e persino l'austero Eugène Delacroix non perdeva un appuntamento. Sempre secondo Madame Lorette quell'esperienza psichedelica avrebbe ispirato pochi anni dopo al grande pittore romantico la creazione di memorabili quadri come *Lotta di Giacobbe con l'angelo* e *L'arcangelo Michele sconfigge il Male*: capolavori assoluti che potete ammirare nella chiesa di Saint-Sulpice.
Credo che sarebbe opportuno chiedere a un critico d'arte informazioni più approfondite su questa interpretazione lisergica della nostra guida, anche se le numerose testimonianze di quegli esperimenti non lascerebbero dubbi: «La cena volgeva alla fine, alcuni dei più ferventi adepti già sentivano gli effetti della pasta verde: da parte mia, avevo provato una completa trasposizione del gusto. L'acqua che bevevo mi sembrava avere il sapore del vino più squisito, la carne si mutava nella mia bocca in lamponi e viceversa. Non avrei saputo distinguere una costoletta da una pesca».
E questi erano solo alcuni degli effetti di questa famosa pasta verde: è evidente che il dottor Moreau non offriva delle semplici canne. Come Baudelaire ci racconterà dettagliatamente nei suoi

Paradisi artificiali, gli ospiti venivano invitati a mandar giù una specie di gelatina a base di hashish a cui venivano aggiunti, secondo la micidiale ricetta dello scienziato, miele, pistacchi e oppio e altri intrugli in modica quantità. Una bomba psichedelica ad alto rischio che, a sentire i testimoni, alterava i colori e le dimensioni delle stanze dell'Hôtel de Lauzun, già per altro di un'allucinante bellezza. «I miei vicini cominciavano a sembrarmi un po' originali; sgranavano grandi pupille di barbagianni, il loro naso si allungava a proboscide, la loro bocca si allargava come un'apertura di sonaglio. [...] Uno di loro, viso pallido con una barba nera, rideva a crepapelle per uno spettacolo invisibile; un altro faceva incredibili sforzi per portare il bicchiere alle labbra e le sue contorsioni per riuscirci suscitavano schiamazzi assordanti» come annota divertito Théophile Gautier.

«I MIEI VICINI COMINCIAVANO
A SEMBRARMI UN PO' ORIGINALI;
SGRANAVANO GRANDI PUPILLE DI BARBAGIANNI,
IL LORO NASO SI ALLUNGAVA A PROBOSCIDE,
LA LORO BOCCA SI ALLARGAVA
COME UN'APERTURA DI SONAGLIO»

Pare che una sera perfino Balzac, che come droga ammetteva solo il caffè, sia stato fermato a forza mentre voleva uscire dalla finestra del terzo piano per farsi una passeggiatina sulla Senna. «Dopo una decina d'esperienze noi rinunciammo per sempre a

quella droga snervante, non perché ci rovinasse fisicamente, ma perché il vero letterato non ha bisogno che delle sue fantasie naturali.» Ma questa è una dichiarazione di Théophile Gautier e non possiamo garantire per gli altri. Vi posso assicurare che la visita al palazzo sull'Ile Saint-Louis è già così stupefacente di suo che non è necessario ricorrere ad altri additivi.
Madame Lorette, che negli anni Settanta deve aver fatto la sua parte tra i fricchettoni parigini, mi ha rivelato che Jim Morrison veniva spesso in pellegrinaggio all'Hôtel de Lauzun visto che tra l'altro abitava a due passi, al di là della Senna, nel bellissimo quartiere di Saint-Paul, al 17 di rue Beautreillis. Il Re Lucertola era venuto a Parigi non solo per seguire l'ispirazione dei poeti maledetti di cui si sentiva un erede naturale ma anche per sfuggire come al solito alla soffocante censura americana che lo aveva preso di mira. Purtroppo, come sappiamo, fu proprio a Parigi che trovò la morte, rimasta sempre avvolta nel mistero; chissà... se avesse avuto la compagnia degli amici del «Club des Hashischins» e non invece quella di pusher senza scrupoli, forse si sarebbe salvato. O almeno ci piace pensarlo. Ora riposa per sempre al Père-Lachaise.

VI POSSO ASSICURARE
CHE LA VISITA AL PALAZZO
È GIÀ COSÌ STUPEFACENTE DI SUO
CHE NON È NECESSARIO RICORRERE
AD ALTRI ADDITIVI

Per chiudere in dolcezza questa esperienza multi-sensoriale vi consiglio una visita salvifica alla gelateria Berthillon, un indirizzo storico sull'Ile Saint-Louis al 29-31 di rue Saint-Louis en l'Ile che, a detta di molti, produce i più buoni gelati e sorbetti di Parigi: una vera sicurezza per tutti gli amanti dei dolci e in particolare per chi soffre di qualche calo improvviso degli zuccheri. Il segreto dei suoi gelati risiede in un'antica ricetta che però non ha niente a che vedere con quella del famigerato dottor Moreau dell'Hôtel de Lauzun. Almeno così mi ha assicurato Madame Lorette mentre attaccavamo la seconda Bombe glacée royale, un mix stratosferico di marron glacé e parfait café che, devo confessare, una certa *ivresse* la procura lo stesso.

7, 79, 81, Rue Lepic, 77, 79, 81
MONTMARTRE
RAND BAL
Jeudi et Samedi
et Fêtes
CHAT NOIR
LES DEUX MAGOTS
LE BATEAU LAVOIR

U

UTRILLO

U DI UTRILLO

«Ho avuto grandi maestri, da cui ho preso il meglio, ovvero i loro insegnamenti, i loro esempi. Ho trovato me stessa, ho creato me stessa e ho detto ciò che avevo da dire.»

— Suzanne Valadon

Tutti conoscono il pittore Maurice Utrillo e i suoi paesaggi poetici che ci proiettano nelle stradine di Montmartre quando era ancora un villaggio di campagna alla periferia di Parigi. Quasi nessuno invece conosce i potenti dipinti di Suzanne Valadon, tele piene di contrasti e personalità che ritraggono fiori carnosi, scene familiari e soprattutto nudi e non solo femminili. Ma Utrillo non sarebbe mai diventato l'artista che tutti ammirano, se non ci fossero state le cure, l'amore e la protezione di Suzanne, sua madre.

Ripercorrere la loro storia, prima di affrontare una visita alla Butte de Montmartre, vi farà intravedere – tra i banchetti dei ritrattisti della domenica e le decine di negozi di souvenir – come poteva essere la vita di questa collinetta che magicamente ha partorito una quantità impressionante di capolavori, oggi conservati nei musei di tutto il mondo. *La chambre bleue* è il primo quadro di Suzanne Valadon che ho scoperto per caso in una visita al Centre Pompidou, non sapevo neanche chi fosse l'autrice e sono rimasta affascinata dal ritratto di questa donna mollemente sdraiata su un divano con dei pantaloni di pigiama a righe e una sigaretta stretta tra le labbra. Non era erotica, né sensuale, né sexy, né esotica, era semplicemente moderna. Una donna colta in un momento di relax, colorata e comoda, persa nei suoi pensieri.

«Bisogna avere il coraggio di guardare il modello in faccia se ne vogliamo cogliere l'anima. Non portate mai da me una donna che voglia un ritratto amabile o carino, perché le darei una delusione cocente.» Impossibile non innamorarsi di questa pittrice e andare a scoprire la sua vita avventurosa e difficile, così piena di turbolenze che lei stessa si era soprannominata «la figlia della tempesta». Oggi la critica d'arte parla del suo stile rivoluzionario, ma per lei la strada è stata tutta in salita proprio come quella per arrivare in cima alla Butte de Montmartre.

NON PORTATE MAI DA ME UNA DONNA
CHE VOGLIA UN RITRATTO AMABILE O CARINO,
PERCHÉ LE DAREI UNA DELUSIONE COCENTE

Suzanne, ma il vero nome era Marie, nasce da una lavandaia e da un padre sconosciuto, un inizio non proprio incoraggiante per una ragazza che viene al mondo nel 1865. A Montmartre furoreggiava il circo Fernando, una vera istituzione per il quartiere: sotto il suo tendone si ritrovano gli artisti dell'epoca, ispirati dalla fantasia e dalla libertà di quell'ambiente; è così che

acrobati e clown, insieme alle ballerine di cancan e agli attori di cabaret, irrompono nelle tele dei nuovi pittori che in pochi anni sconvolgeranno tutti i canoni dell'estetica tradizionale.
Determinata fin dall'adolescenza a intraprendere una vita artistica Suzanne decide di diventare proprio un'acrobata e viene subito accettata per un apprendistato al circo Fernando, ma una brutta caduta dal trapezio le preclude presto il sogno della carriera circense e così, appena quindicenne, comincia a posare come modella per gli artisti del «quartiere». È lei che presta il volto all'opulenta *Femme nue dans un paysage* di Auguste Renoir, conservato al Musée de l'Orangerie, o con un cambio totale di personalità si trasforma nella donna con lo sguardo perso nel vuoto davanti a un bicchiere d'assenzio in *Gueule de bois* di Toulouse-Lautrec, ispiratore e amico di una vita; è lui che le suggerisce il nome di Suzanne, al posto del troppo angelico Marie, giocando sul mito di «Susanna e i vecchioni», viste le frequentazioni di uomini molto più grandi di lei.
Nelle lunghe ore in cui posa immobile davanti allo sguardo concentrato dei pittori Suzanne non perde tempo, ma assorbe tutto quello che può dalle tecniche degli artisti di cui diviene amica, spesso amante, ma soprattutto allieva. Sarà Degas a incitarla a dipingere intravedendo nella giovane un grande talento. La Valadon inizia timidamente a disegnare, ma presto si getta a capofitto nella nuova passione, cominciando a stupire i suoi stessi maestri. Le accademie erano precluse alle donne e così le tocca la dura strada dell'autodidatta; ma al contrario di Berthe Morisot,

facilitata dal suo ambiente borghese e benestante, Suzanne deve combattere con le unghie e con i denti per potersi affermare nel mondo dell'arte completamente dominato dagli uomini.
I suoi quadri riflettono forza e determinazione, e anche quando si dedica a innocui soggetti quotidiani come cani, gatti, fiori o la gente umile e semplice di Montmartre, riesce sempre a sfoderare uno stile personale e spontaneo che sfugge a ogni catalogazione; ma non è facile per Suzanne farsi accettare dal pubblico dell'epoca, che la considera un'eccentrica. Uno dei suoi primi lavori a olio è un ritratto del musicista Erik Satie, un altro abitante della Butte e frequentatore di tutti quei locali che fecero la storia del quartiere. Primo fra tutti Le Chat Noir dove il genio, che avrebbe contribuito a creare la musica moderna, suonava il pianoforte accompagnando le serate di canzoni e cabaret. Anche Satie era un artista originale, completamente fuori dagli schemi e lo sapeva benissimo: «Sono venuto al mondo troppo giovane in un tempo troppo vecchio».
Il colpo di fulmine tra i due è inevitabile e fa nascere una storia d'amore intensa ma molto breve. Satie regala a Suzanne collane di salsicce, le chiede subito di sposarlo e le dedica brevi composizioni atonali per pianoforte.
Ma la Valadon si stanca presto di questo rapporto troppo possessivo e di punto in bianco abbandona il musicista. Satie per tutta la vita rimpiangerà con amarezza la fine del suo unico vero amore, continuando a scriverle per oltre trent'anni lettere appassionate.

Suzanne comincia faticosamente a farsi largo nel mondo dell'arte; nel frattempo ha avuto anche un figlio, non rivelerà mai da chi, ma più tardi farà riconoscere il bambino al giornalista e pittore catalano Miquel Utrillo. Nell'anno della nascita del bambino, la Valadon dipinge un autoritratto che sembra il suo manifesto programmatico: il volto della pittrice bello e severo punta verso gli osservatori uno sguardo deciso, quasi di sfida; la tonalità dominante è un verde rabbioso e volitivo, lo stile è già così moderno da far pensare a un quadro di Lucian Freud di cent'anni dopo. «Bisogna essere duri con se stessi, avere una coscienza, guardarsi bene in faccia.» Questo è il Valadon-pensiero in quei tempi difficili dove la bohème non è solo una parola letteraria ma una vera lotta quotidiana per la sopravvivenza. Un anno dopo, spinta da Degas che sentenzia: «Non c'è dubbio, voi siete davvero dei nostri», presenta le sue opere alla Société nationale des Beaux-Arts; è l'unica donna dell'esposizione e comincia a raccogliere i primi consensi. Ora la vita si fa più complicata per Suzanne, la salute del piccolo Maurice è molto fragile, spesso è soggetto a crisi epilettiche che la nonna pensa bene di calmare con bicchieri di vino, la medicina più facile da trovare a Montmartre.

La Butte era famosa per i suoi vigneti: da Parigi si saliva a divertirsi in collina, nei locali da ballo dove il vino costava meno perché non era soggetto al dazio cittadino. L'unica sopravvissuta di queste balere è Le Moulin de la Galette, immortalato nel celeberrimo quadro di Renoir *Bal du moulin de la Galette* che sprizza luce e vitalità in ogni pennellata anche oggi che è conservato religiosamente al Musée d'Orsay. Il Moulin de la Galette negli anni diventa anche il soggetto ricorrente di tanti dipinti che Utrillo dedicherà al suo quartiere feticcio; oggi è un rispettabile ristorante, un po' turistico, ma che conserva ancora l'ultimo dei tanti mulini che svettavano sulla collina.

Anche una preziosa vigna è stata preservata a forza dalla speculazione edilizia, ogni anno produce un migliaio di bottiglie di un pregiato vino rosato color salmone che viene vendemmiato ai primi d'ottobre con una grande festa che coinvolge tutta la città. I proventi del raccolto sono devoluti all'Associazione del diciottesimo arrondissement che si occupa di opere sociali per la Butte. Durante la festa, nello spirito più autentico del quartiere, viene celebrato ancora oggi il rito dei non-matrimoni, in cui le coppie che lo desiderano possono scambiarsi la promessa di rimanere fidanzati per sempre, senza mai unirsi in matrimonio: un omaggio alla canzone di Brassens *La non-demande en mariage,* dedicata alla sua compagna con cui infatti è stato non-sposato per tutta la vita.

Ed è proprio a Montmartre, al Lapin Agile, che il cantautore francese ribelle e iconoclasta – tanto amato dal nostro Fabrizio de André – debutta verso la fine degli anni Cinquanta. Riconoscerete facilmente questo piccolo cabaret che ha fatto la storia del quartiere dalla sua epica insegna che ancora mostra un allegro coniglio che salta in padella. Sin dalla sua nascita a metà dell'Ottocento il locale è sempre stato uno dei ritrovi più caldi della *vie de bohème* della Butte, non a caso lo ritroverete ritratto in innumerevoli quadri: da Picasso a Pissarro, e naturalmente Utrillo, tutti hanno scelto il Lapin come soggetto, spesso perché era l'unico modo per saldare il conto. Imperturbabile al tempo e a ogni cementificazione, il cabaret occupa ancora una casetta ricoperta di rampicanti al 22 di rue des Saules e conserva come uno scrigno del passato tutte le sue memorie, con una programmazione musicale che rispetta in pieno la tradizione degli chansonnier. È un po' quel genere di posti mummificati nel ricordo dei bei tempi andati che mi provoca un filino di tristezza, ma è sicuramente più interessante di tante altre visite museali, e poi qui abbondano i fantasmi di gente che si è divertita parecchio e io credo che queste energie positive rimangano nei luoghi dove si è molto amato e gioito. Ce l'assicura anche lo scrittore Blaise Cendrars, un altro figlio eccellente della Butte: «Sono triste, sono triste. Andrò al Lapin agile a ricordarmi della giovinezza perduta».

Ai tempi della Valadon, il Lapin era nel pieno della sua effervescenza, pare che persino Marcel Proust lasciasse i boulevard più eleganti per qualche serata più popolare in collina; a gestirlo c'era una storica ballerina di cancan, Adèle Decerf, grande amica della pittrice che le chiedeva spesso di posare per lei. È il periodo dei primi nudi di Suzanne, quadri che mostrano donne colte in un'intimità quotidiana; non c'è mai seduzione o malizia nei loro gesti, ma solo la vita che scorre e i tratti decisi e innovativi della pittrice. Ora anche gli intenditori d'arte cominciano ad apprezzarla e le grandi istituzioni come il Salon d'Automne del Grand Palais le aprono le porte.

Ma la lotta per la sopravvivenza e la salute cagionevole del piccolo Maurice mettono però a dura prova la forza di Suzanne, che decide di accettare la proposta di matrimonio di Paul Mousis, un agente di cambio benestante che può assicurare a suo figlio le cure necessarie e le spese per i ricoveri sempre più frequenti. Per volere del marito si trasferisce a Pierrefitte, in una casa in campagna, a patto però di poter continuare a dedicarsi alla pittura nel suo studio di Montmartre che raggiunge tutti i giorni in groppa della sua fidata asina. Suzanne non si arrende e comincia una vita di «donna a metà», un po' casalinga e un po' artista; la sua vera preoccupazione è il giovane Utrillo perché, oltre alla salute cagionevole, possiede un'indole autodistruttiva e comincia da giovanissimo una discesa agli inferi che lo porterà presto all'alcolismo e alla depressione. Lei lo protegge come può e, sperando di salvarlo, gli insegna a dipingere. Lui, negli accessi di rabbia, butta pennelli e colori dalla finestra ma Suzanne non si arrende, quasi lo costringe, lo sprona, lo motiva e nonostante l'alcol sia diventato il suo unico compagno di vita, Maurice comincia il suo percorso artistico.

LEI LO PROTEGGE COME PUÒ E, SPERANDO DI SALVARLO, GLI INSEGNA A DIPINGERE

I primi quadri li firma Maurice Valadon, ma Suzanne lo esorta a usare il suo cognome e così appaiono i primi Utrillo, che spesso il ragazzo svende a qualche bottegaio per procurarsi i piaceri che

lo distruggono. Ma a siglare ogni tela di Maurice rimarrà per sempre una piccola V aggiunta alla fine del suo cognome, un omaggio a un amore controverso e vitale con sua madre Suzanne.
Il matrimonio con Mousis entra in crisi, la Valadon si sente ingabbiata in quella realtà borghese che non le appartiene e la convivenza non aiuta la gestione della malattia di Maurice come aveva sperato. Nel 1909 Suzanne decide di dare un taglio definitivo alla sua vita coniugale, prende le sue cose e insieme a Maurice trasloca nel piccolo studio di rue Cortot, oggi sede del Musée de Montmartre, ed è qui che a quarantaquattro anni ricomincia la sua vita completamente da capo.
È ancora bella: «Aveva degli incredibili occhi chiari, i capelli neri acconciati in due onde ai lati della testa e sembrava quasi che danzasse piuttosto che camminare. Aveva l'aria di un'amazzone e insieme di una fata», così la descrive il giovane André Utter, coetaneo di Maurice, un elettricista del quartiere con la passione per la pittura. Suzanne gli chiede di posare per un quadro che sta realizzando, dal titolo *Adamo ed Eva*: due nudi frontali in primo piano che esprimono una totale armonia, senza ombra di colpa o di peccato, quasi indifferenti alla minaccia del castigo divino. Più che una cacciata dall'Eden, il quadro rappresenta l'entrata in una nuova vita – quella di Suzanne, che naturalmente si raffigura nell'immagine femminile.
Utter entra nello studio di rue Cortot come modello e in poco tempo si trasforma nel compagno della Valadon, inaugurando una convivenza a dire poco scandalosa anche per la libera

Montmartre dei primi del Novecento. André sarà per Suzanne una fonte di grande ispirazione amorosa e creativa, e credo che sia la prima volta nella storia dell'arte che una donna trovi nel proprio compagno «una musa» per la sua pittura. Anche se li separano vent'anni la loro storia durerà a lungo, coronata da un matrimonio e da una profonda solidarietà artistica. Ora in via Cortot vive una nuova famiglia, scherzosamente gli amici li chiamano «il trio infernale» ma Suzanne prosegue dritta per la sua strada, vivificata da questo nuovo amore insperato e dalla sua rinnovata vena creativa.
C'è un bellissimo quadro di quel periodo conservato oggi al Centre Pompidou che si chiama *Portrait de famille*, più che un dipinto una meravigliosa dichiarazione d'intenti: ci sono Suzanne, Maurice, Utter e la nonna, una vera famiglia allargata fuori da ogni convenzione e moralismo, come lo sono i suoi nudi maschili, che ritroviamo in dipinti bellissimi di questi anni pieni d'amore per la vita e la natura, come *La joie de vivre*, che richiama la gioia bucolica della *Danse* di Matisse.

GLI AMICI LI CHIAMANO «IL TRIO INFERNALE»
MA SUZANNE PROSEGUE
DRITTA PER LA SUA STRADA

Suzanne ormai è un'artista accreditata e anche Utter conquista uno stile molto interessante, ma saranno i primi successi di Maurice Utrillo come pittore a regalare alla Valadon la gioia più

grande: dopo aver combattuto una vita per far crescere il talento in quel ragazzo fragile, finalmente anche il mondo intero lo riconosce. Suzanne ha camminato in su e in giù per le strade di Montmartre con i quadri del figlio sottobraccio, mostrandoli a mercanti e collezionisti, mettendosi in ombra per valorizzare il lavoro del suo Utrillo e ora queste tele sono finalmente apprezzate e quotate sul mercato. La Valadon ha vinto la sua battaglia di madre e d'artista. Nonostante i continui ricoveri e lo stato della sua salute Maurice dipinge in continuazione, è la sua unica terapia, la sua salvezza, la sola forza che Suzanne gli ha instillato salvandolo da una morte prematura. I suoi lavori sono delicati squarci di una Montmartre eterea e già soffusa da un sentimento di nostalgia per la sua inesorabile decadenza. La Butte, che Maurice venera, si trasforma nell'unico soggetto ossessivo della sua opera e, per ironia della sorte, oggi le riproduzioni dei suoi quadri sono i souvenir più richiesti, moltiplicati in milioni di cartoline che affollano i negozi che hanno completamente deturpato l'atmosfera originaria della collina.
Nei primi del Novecento già era in atto quella speculazione edilizia galoppante che a poco a poco ha divorato ogni angolo di verde del vecchio quartiere, ma se evitate le zone più battute e caotiche ancora oggi riuscirete a cogliere lo spirito originario da villaggio campestre di Montmartre, godendo di passeggiate inaspettate in un luogo così celebrato dal turismo di massa.
Arrivare in rue Cortot lasciandosi alle spalle la folla di place du Tertre diventa un vero piacere perché le stradine si fanno più

piccole e tortuose e sembra di entrare in un paesaggio di Utrillo. Il vecchio atelier e la casa di Suzanne Valadon fanno oggi parte del Musée de Montmartre, un minuscolo borgo di case che racchiude un giardino silenzioso dove si può godere della vista della vigna e di inaspettati scorci di Parigi dall'alto. Oltre a una mostra permanente sull'era gloriosa della Butte, all'interno del museo sono state conservate alcune stanze della casa di Suzanne, come il suo studio e la piccola camera di Utrillo: preziosi squarci di vita quotidiana che aiutano a entrare ancora di più nelle incredibili vicende di questi artisti.

ARRIVARE IN RUE CORTOT
LASCIANDOSI ALLE SPALLE
LA FOLLA DI PLACE DU TERTRE
DIVENTA UN VERO PIACERE PERCHÉ
LE STRADINE SI FANNO PIÙ PICCOLE E TORTUOSE
E SEMBRA DI ENTRARE
IN UN PAESAGGIO DI UTRILLO

GLI ATELIER

Il Musée de Montmartre è un luogo poetico e semplice, che vale la pena di visitare come tutti gli atelier degli artisti che sono stati preservati come piccoli tesori; sono luoghi ricchi di suggestioni e percorsi meno scontati del classico tour dei monumenti, come l'atelier di Delacroix al numero 6 di rue de Furstemberg. Questa via a Saint-Germain-des-Prés, che è praticamente una piazzetta, è considerata una delle più affascinanti e suggestive di Parigi. È qui che il pittore romantico si stabilisce nel 1857, quando deve affrontare l'imponente lavoro per la chiesa di Saint-Sulpice. Un piccolo appartamento con giardino, oggi aperto al pubblico, di cui l'artista amava la luce dorata e la calma assoluta. «La mia casa è proprio bella [...] La vista del giardinetto e l'aspetto ridente dello studio mi danno sempre un senso di piacere.» All'interno un'associazione dedicata a Delacroix ha raccolto gli oggetti appartenuti al pittore, tra cui i souvenir che riportò dal viaggio in Marocco del 1832, un'esperienza che gli ispirò dei quadri straordinari oggi conservati al Louvre.

Sempre nel re dei musei parigini troverete il ritratto di Chopin al pianoforte. In realtà quello che vediamo è la metà di una tela che comprendeva anche George Sand che lo guarda amorevolmente fumando il suo sigaro. Quest'altra parte è finita in Danimarca, tagliata per ricavare più soldi dalla vendita; è un peccato aver separato questa coppia che intrecciò una grande storia d'amore proprio ai tempi dell'amicizia con Delacroix. I due artisti s'incontravano in un altro posto che adoro: il Musée de la Vie romantique in rue Chaptal. Lì troverete il vecchio atelier dello scultore Ary Scheffer che ogni venerdì organizzava delle serate di musica e lettura rimaste famose. A sperimentare qualche novità al pianoforte c'era spesso Chopin, insieme a George Sand che lo ascoltava incantata. Non vi dico che tra quelle pareti risuoni ancora la famosa «nota blu», ma una sosta per un tè nel piccolo giardino è decisamente meglio di un panino al volo e se capitate a primavera durante la fioritura delle rose l'effetto romantico è definitivo.

NON VI DICO CHE TRA QUELLE PARETI RISUONI ANCORA LA FAMOSA «NOTA BLU», MA UNA SOSTA PER UN TÈ NEL PICCOLO GIARDINO È DECISAMENTE MEGLIO DI UN PANINO AL VOLO

LE BATEAU-LAVOIR E PICASSO

> *«Un giorno torneremo tutti al Bateau-Lavoir, e solo lì potremo essere davvero felici.»*
>
> — Pablo Picasso

Purtroppo del famoso Bateau-Lavoir, ex fabbrica di pianoforti frequentata nel tempo da artisti come Picasso, Max Jacob, Modigliani, Juan Gris, Raoul Dufy e tanti altri, non è rimasto che un portone. Un incendio ha distrutto tutto l'edificio nel 1970, proprio prima di un restauro che avrebbe reso giustizia a questi luoghi dove Pablo Picasso ha dipinto *Les demoiselles d'Avignon*: «un cratere sempre incandescente da cui è scaturito il fuoco dell'arte del presente». Il quadro di Picasso si doveva chiamare *Le bordel philosophique*, in ricordo di carrer d'A-

vinyó, una strada di Barcellona affollata di prostitute, ma gli amici gli consigliarono un più discreto «demoiselles» per non urtare la critica – che comunque gridò ugualmente allo scandalo per quelle donne nude che sembravano intagliate nel legno, con i volti destrutturati e quasi animaleschi. Era nato il cubismo, e all'improvviso tutto il resto diventò vecchio e sorpassato. Il poeta Guillaume Apollinaire, grande amico ed estimatore di Picasso, fu il primo a intuirlo, d'altronde il suo motto era: «Mi meraviglio». E proprio la curiosità e il desiderio di esplorare orizzonti sconosciuti è stato il *trait d'union* che ha unito il folto gruppo dei frequentatori di questo labirinto di atelier gelidi d'inverno e soffocanti d'estate, con le pareti così sottili da annullare ogni privacy.
Da Modigliani a Braque, tutti passavano dal Bateau-Lavoir; «Au rendez-vous des poètes» era scritto sulla porta dello studio di Picasso, quasi un grido di battaglia che ha riunito sotto quei tetti le menti più incredibili del tempo tra feste leggendarie e serate di accese discussioni sul futuro dell'arte, suggellando grandi amicizie che durarono negli anni. «Ai tempi del Bateau-Lavoir i poeti predicevano il futuro» dichiarò Picasso anni dopo – e allora come resistere alla tentazione di visitare almeno l'esterno di quello che fu il crocevia della più grande rivoluzione culturale del Novecento? Se siete come me alla ricerca di allegri fantasmi, sicuramente la piccola piazza alberata Emile-Goudeau non vi deluderà, perché è una delle zone più affascinanti della Butte, insieme alle stradine tortuose che la circondano: come rue

d'Orchampt, in cui troneggia la casa-castello dove ha vissuto per oltre vent'anni la cantante Dalida, altra *montmartrienne* doc. La piazza Emile-Goudeau prende il suo nome in onore di un famoso poeta, fondatore nel 1878 dell'associazione degli «Hydropathes», un'accolita di simpatici amici allergici all'acqua, che sostituivano volentieri con il vino e altre bevande allora in voga come l'assenzio.

Già che ci siete, perché non provare le delizie proibite del liquore che veniva chiamato familiarmente la «fata verde»? In questo caso vi consiglierei Le Bon Bock, un vecchio ristorante che ancora propone una degustazione del prezioso elisir. È sempre a Montmartre, al numero 2 di rue Dancourt, e dopo aver sorpassato l'entrata vi sembrerà di aver fatto un viaggio nel tempo. Il décor, i lampadari, i quadri: tutto è rimasto fermo al 1879, anno di apertura del locale, e anche il rinomato pollo al camembert sembra d'epoca, ma la degustazione smentisce le mie malignità. L'assenzio viene servito un po' come un ammazzacaffè di fine pasto in diverse varianti, ognuna arricchita da una ritualità quasi religiosa. Non so che parentela abbia questo assenzio con il liquore che faceva andare in deliquio gli scrittori dell'Ottocento; ma sinceramente ammetto di aver avuto allucinazioni più potenti, anche se più caserecce, con un nocino del Basso Salento; d'altronde ognuno ha gli sballi che si merita, come diceva Arthur Rimbaud – o il grande Lebowski, ora non ricordo.

Pablo Picasso era l'unico che non beveva, non per virtù ma perché era convinto che l'alcol interferisse con la sua ispirazione, e visti i risultati non possiamo dargli torto. Ma di quel periodo felice della sua vita a Montmartre ha sempre conservato come feticcio portafortuna una bottiglia sigillata del prezioso liquore verde che gli aveva regalato Frédé, l'animatore delle serate canore del Lapin Agile. In segno della loro grande amicizia l'artista gli fece dono di un quadro, uno dei pochi autoritratti della sua sterminata produzione, dove Picasso vestito da Arlecchino beve al bancone del Lapin e Frédé sul fondo suona la chitarra. Una tela bellissima che è stata appesa per anni nel locale fino a che fu venduta per «cause di forza maggiore» da un Frédé dispiaciuto ma costretto dai debiti. Picasso era generoso con i suoi amici e non se la prese, anche se aveva suggerito a Frédé di aspettare perché era sicuro che le sue quotazioni presto si sarebbero alzate parecchio, e come sappiamo aveva ragione.

DA UNA RIVA ALL'ALTRA

Con la gloria Picasso lascia le Bateau e Montmartre, ora può permettersi atelier luminosi e altolocati. Nel 1909 si sposta prima nel boulevard de Clichy e poi definitivamente a Montparnasse e a Saint-Germain, che diventano il teatro delle sue nuove avventure. Ma come recita un detto della Butte: «Anche se farete il raccolto a Montparnasse, ricordatevi chc i semi vengono sempre da Montmartre», e Picasso non l'ha mai dimenticato; anche quando comincia a fare una vita borghese e mondana, trascinato dal suo nuovo amore, la star dei balletti russi Olga Chochlova. Il pittore la conosce nel 1917, durante la preparazione di uno spettacolo che suscitò un grande scandalo in città. L'impresario teatrale russo Sergej Djagilev era famoso per la modernità delle sue *mise en scene* e la scelta di collaborazioni artistiche sempre innovative; già nel 1913 aveva fatto scalpore al Théâtre des Champs-Elysées di Parigi con *La sagra della primavera*, opera composta da un musicista russo di appena ventotto anni, tale Igor Stravinskij, «un giovane selvaggio che porta cravatte chiassose e bacia la mano alle signore pestando loro i piedi», come lo definiva Debussy, pur ammirandolo immensamente come musicista.

Ma la novità e l'avanguardia del nuovo balletto *Parade*, presentato al Théâtre du Châtelet il 18 maggio 1917, fu il colpo allo stomaco definitivo per la critica benpensante. Immaginate uno spettacolo dove le scene e i costumi sono di Picasso, l'idea di Jean Cocteau e le musiche di Erik Satie: in sintesi una miscela esplosiva di una bellezza e di una creatività sconcertanti. Difficile trovare degli aggettivi per definirlo, ci riuscì Guillaume Apollinaire che aveva redatto il programma della serata e coniò per l'occasione la magica parola «*sur-realiste*», in anticipo sulla nascita del famoso movimento. I costumi dei ballerini sono delle vere sculture cubiste che sintetizzano la gioia dell'ambiente circense e il caos dell'era moderna. La musica di Satie è attraversata da rumori della vita quotidiana come pistolettate, ticchettii di macchine da scrivere e gracidare di rane. Il critico musicale Jean Poueigh definì lo spettacolo «un oltraggio per il gusto francese». Satie gli rispose con un biglietto di rara sintesi: «Gentile signore, lei è un culo senza musica. Firmato Erik Satie». Un'offesa che lo trascinò in tribunale con una condanna di otto giorni di carcere, a nulla valse la solita difesa di Cocteau che peggiorò la situazione e fu costretto a pagare una multa salata per aver ribadito alla corte il concetto di «culo» in tutte le sue sfumature. Inutile dire che dopo pochi anni, quando *Parade* tornò in scena, il successo fu strepitoso.

Per uno strano corto circuito della vita e della vivacità dei teatri parigini, una sera di qualche anno fa ho assistito al Théâtre de la Ville, a due passi dallo Châtelet, a un emozionante reading di Roberto Saviano. Per fortuna nessuno tra il pubblico si è indignato, anche se allo scrittore capita spesso di avere critiche supponenti; in questi casi gli consiglierei di adottare la filosofia che Jean Cocteau sbandierò dopo il terremoto di *Parade*: «Quello che il pubblico ti rimprovera, coltivalo: sei tu». Una massima aurea sempre valida per gli artisti controversi.

IMMAGINATE UNO SPETTACOLO DOVE
LE SCENE E I COSTUMI SONO DI PICASSO,
L'IDEA DI JEAN COCTEAU
E LE MUSICHE DI ERIK SATIE:
IN SINTESI UNA MISCELA ESPLOSIVA
DI UNA BELLEZZA SCONCERTANTE

Il grande sipario realizzato da Pablo Picasso per il balletto *Parade* è stato religiosamente conservato e appartiene alla collezione del Centre Pompidou, ma non è facile vederlo, perché viene esposto a sorpresa solo in occasioni o ricorrenze particolari; se avete la fortuna di essere in zona conviene precipitarsi perché è un capolavoro indimenticabile, dove trionfano cavalli alati, scimmie e arlecchini in un'adunata degna di un Giudizio universale della chiesa laica dell'arte più gioiosa.

Per proseguire sulle tracce della vita picassiana a Parigi a questo punto dovete visitare la bellissima cattedrale ortodossa di Saint-Alexandre-Nevsky in rue Daru, è qui che la ballerina supersnob Olga Chochlova e Picasso si sposano nel 1918: testimoni di nozze sono i compagni di sempre, Max Jacob, Jean Cocteau e naturalmente Guillaume Apollinaire.

Il poeta era reduce della Prima guerra mondiale, dove era partito volontario nel 1914 e morì all'improvviso solo pochi mesi dopo la cerimonia nuziale a causa di una violenta febbre spagnola. Purtroppo una brutta ferita alla testa contratta sul fronte aveva indebolito la sua salute e non ci fu niente da fare per salvarlo: Apollinaire muore a Parigi a soli trentasei anni e viene sepolto al Père-Lachaise proprio mentre per le strade cittadine si festeggia la fine della guerra a cui lui aveva partecipato con tanto ardore. Una vera tragedia per Picasso e tutti gli amici dello storico gruppo di artisti. Il monumento alla memoria di Apollinaire è fonte di altri dispiaceri per l'artista catalano che, ispirato da alcuni versi del poeta, aveva ideato una scultura aerea e quasi intangibile, realizzata con sottili linee di fil di ferro sospese nello spazio: «Gli devo scolpire una profonda statua di nulla, come la poesia, come la gloria». I bozzetti di questa «intuizione» li potete vedere al Musée Picasso, ma il monumento non fu mai realizzato perché lo spirito conservatore della Société des Amis d'Apollinaire lo rifiuta subito già sulla carta, reputandolo non adatto alla memoria del poeta. La questione si strascina per decenni fino a che solo nel 1959, più di quarant'anni dopo la scomparsa di Apollinaire, il comitato accetta una scultura che Picasso tiene in magazzino da tempo. Si tratta di un'enorme testa scolpita di Dora Maar che seppur bella, sinceramente non rende giustizia alla personalità di Apollinaire.

Giudicate voi stessi, la trovate ancora oggi nel bel mezzo di un giardinetto spelacchiato, in square Laurent-Prache, accanto alla abbazia di Saint-Germain, se non altro vicino ai luoghi preferiti dalle flânerie di Apollinaire e dei suoi cari amici. Infatti il più bel ricordo che ci rimane del poeta sono queste poche righe di Max Jacob, anche lui grande camminatore parigino: «Apollinaire ci conduceva con sé nella sua eterna ronda da un marciapiede all'altro per tutti gli arrondissement di Parigi, a tutte le ore. Si voltava, curiosava, osservava ogni cosa, rideva, ci rivelava dei dettagli sui secoli passati con le tasche piene di fogli che gli gonfiavano le tasche, poi rideva di nuovo...».

Picasso invece perde completamente la voglia di ridere, il matrimonio gli sta stretto ma soprattutto la vita mondana e salottiera che Olga gli organizza senza sosta lo fa scivolare presto nella noia e nella depressione: scherzosamente i suoi amici affermavano che a causa della moglie, dopo il periodo blu e quello rosa Pablo era entrato definitivamente nel suo periodo «*duchesse*». Questa vita frivola e superficiale lo fa sentire in gabbia e comincia a cercare una via di fuga, che di solito per l'artista è rappresentata da nuove *liaisons* amorose. D'altronde lui stesso afferma: «Per mia disgrazia, e forse anche per mia fortuna, sistemo le cose in base all'amore del momento».

LA FEMME QUI PLEURE

Picasso rivoluziona ancora una volta la sua esistenza innamorandosi di una diciassettenne – Marie-Thérèse Walter, da cui avrà una figlia – ma anche di un'altra donna dalla bellezza misteriosa, costringendo diabolicamente le due amanti a dividersi i giorni della settimana per godere della sua presenza.

Nel 1936 il pittore va a vivere stabilmente a Saint-Germain, nel famoso atelier al numero 7 di rue des Grands-Augustins, trovato per lui dal suo nuovo e controverso amore: la fotografa Dora Maar, la cui biografia meriterebbe un capitolo a parte. Picasso è subito conquistato da questa casa quando scopre che è proprio quella dove Honoré de Balzac ha collocato lo studio del pittore Frenhofer, protagonista del racconto *Il capolavoro sconosciuto*. La storia narra le vicende di un artista ossessionato da un quadro che non riesce mai a finire, e nel tentativo maniacale di perfezionarlo lo trasforma in un guazzabuglio di tratti e colori incomprensibili, da cui si scorge solo un piede perfetto – a quanto pare, l'incubo e la dannazione di tutti gli artisti.

Non sarà così per *Guernica*, l'opera che Picasso dipingerà in quelle stanze per l'Esposizione Internazionale di Parigi del 1937. Un grido di dolore scagliato contro il mondo con un segno artistico così forte che ormai non ricorda più solo l'osceno massacro causato dal bombardamento dell'esercito tedesco sull'inerme cittadina di Guernica durante la guerra di Spagna, ma nel tempo si è trasformato nel manifesto politico contro ogni violenza e insensatezza del potere. Il quadro gli procurerà l'ostracismo del governo spagnolo e di ogni dittatura allora vigente, ma Picasso non se ne cura e dopo l'Esposizione si rifiuta di darlo alla Spagna almeno fino a quando ci sarà Franco al potere. Si racconta che durante l'occupazione nazista di Parigi, i generali tedeschi ansiosi di conoscere il grande pittore spagnolo facessero anticamera nel suo atelier per ore. Picasso li liquidava regalandogli cartoline con la riproduzione di *Guernica* da distribuire ad amici e conoscenti come souvenir. E quando l'ambasciatore tedesco Otto Abetz guardando la foto del quadro gli chiese ammirato: «Siete voi che avete fatto questo?». Picasso imperturbabile rispose: «No, siete stati voi». D'altronde l'artista era convinto che: «La pittura non è fatta per decorare gli appartamenti, è uno strumento di guerra con un grande potere offensivo e difensivo contro il nemico». A testimoniare l'enorme lavoro per la realizzazione di *Guernica* ci sono le foto di Dora Maar, una serie di scatti rimasti alla storia che documentano la nascita dell'opera ma anche il grande talento della fotografa, che purtroppo dissipò la sua carriera in questo amore maledetto che la portò praticamente alla pazzia.

«LA PITTURA NON È FATTA PER DECORARE GLI APPARTAMENTI, È UNO STRUMENTO DI GUERRA»

Dora è una donna affascinante e misteriosa, una vera sirena cosmopolita che Picasso conosce ai Deux Magots, uno dei bistrot frequentati dagli artisti della Rive gauche. La vede per la prima volta mentre, seduta da sola in un angolo del caffè, si toglie lentamente i guanti e comincia a esibirsi in un pericoloso gioco: appoggia la mano sinistra al tavolino e con la destra armata di un coltello appuntito inizia a sferrare un colpo dietro l'altro tra le dita aperte, in un crescendo di velocità che le procura piccole ferite che cominciano a sanguinare. Picasso è subito attratto dal coraggio e dalla disperazione di Dora; il loro incontro è inevitabile e sfocerà in una lunga storia d'amore e possesso che trasformerà la Maar nella sua musa. Il grande artista accentratore e dispotico possedeva un fascino irresistibile, e per tutta la vita è riuscito a circondarsi di donne adoranti che sono state spesso costrette a combattere per avere le sue attenzioni.
La Maar era per i suoi tempi una donna libera ed emancipata, una fotografa brillante e di grande talento, apprezzata da Man Ray e dal selettivo circolo dei surrealisti dove stava cominciando a farsi strada; era persino riuscita a uscire quasi indenne da una relazione con lo scrittore Georges Bataille, altro uomo a dir poco complicato, che le aveva lasciato strascichi psicologici non indifferenti, ma davanti a Picasso perde ogni difesa e si consegna anima e

corpo. Ci sono donne che sono attratte irresistibilmente dai loro persecutori, e Dora fa parte di questa lunga lista; sa che Picasso sarà la sua rovina ma non può fare a meno di sottomettersi al suo carnefice: «Pablo è uno strumento di morte. Non è un uomo, è una malattia, non un amante, ma un padrone». Mi sembra che non ci sia niente da aggiungere e non è un caso che Pablo la ritragga spesso con le lacrime agli occhi in una celebre serie di quadri, l'ultimo dei quali si chiama proprio *La femme qui pleure*: la donna che piange. Questo per ribadire ancora una volta che per una donna non è così conveniente abbandonare il proprio talento per intraprendere la carriera di «musa»; le conseguenze sono spesso devastanti, come ci insegna anche il caso eclatante di Camille Claudel e la sua rovinosa storia con lo scultore Rodin.

PER UNA DONNA NON È COSÌ CONVENIENTE
ABBANDONARE IL PROPRIO TALENTO
PER INTRAPRENDERE LA CARRIERA DI «MUSA»

Se volete invece vedere una Dora Maar picassiana nel pieno della sua bellezza senza lacrime, dovete subito recarvi al Musée Picasso in rue de Thorigny, dove troverete di che sfamare la vostra fame di dipinti, bozzetti e sculture dell'artista. Il ritratto di Dora è un meraviglioso scoppio di vita e colori che mi ha procurato la sindrome di Stendhal o almeno credo, vista la quantità di agendine, cartelle e cartoline con la sua riproduzione che ho comprato nel nuovo negozio adiacente al museo.

Oltre a quello di Dora troverete anche il ritratto di Olga, del periodo detto del classicismo dell'artista quando, dopo il viaggio in Italia, aveva inaugurato un ciclo di opere più tradizionali, tanto da suscitare l'indignazione dei suoi ammiratori che lo accusavano di aver tradito il suo stile. «Abbasso lo stile!» commenterà il pittore. «Forse che Dio ha uno stile? Ha fatto la chitarra, l'arlecchino, il cane bassotto, il gatto, il gufo, la colomba, come me. [...] Ha fatto ciò che non esiste. Come me. Ha anche fatto la pittura. Proprio come me.» Il ritratto di Olga Chochlova fasciata da un prezioso modello di Poiret, seduta su una poltrona fiorita su uno sfondo lasciato grezzo, è di un'eleganza sublime, la dimostrazione che Picasso poteva intraprendere qualunque stile ed essere sempre e comunque stupefacente. Questa visita al Musée Picasso si rivela un piacere totale, il palazzo che lo ospita è un lussuoso *hôtel particulier* nel cuore del Marais, con un giardino romantico dove riposare le membra stanche dal podismo turistico. Insieme alle opere di Picasso, qui scoprirete anche i quadri della sua collezione privata, esemplari di Rousseau il Doganiere, Matisse, Miró e altri pittori che il maestro catalano ammirava.

ACCUMULATORI SERIALI

Il museo conserva anche le meravigliose sculture di Picasso ispirate all'*Art nègre*, come veniva chiamata allora: una definizione che non comprendeva solo l'arte africana ma tutte le espressioni plastiche cosiddette «primitive», originarie dell'Oceania, della Nuova Guinea eccetera. L'apparente innocenza e semplicità di queste opere nasconde un'incredibile potenza magica, che esercita una forte attrattiva per gli artisti dei primi del Novecento, convinti che «Il senso della pittura è come una forma di magia che si interpone tra noi e l'universo ostile, un modo per prendere potere, imponendo una forma ai nostri terrori oltre che ai nostri desideri...». Picasso andava spesso a studiarle insieme a Derain al museo etnografico del Trocadéro, oggi Musée de l'Homme; per lui la scoperta dell'arte primitiva è quasi un'epifania che gli permette di capire perché ha scelto il suo mestiere: «[Ero] tutto solo in questo museo terrificante, tra maschere, bambole pellerossa, fantocci coperti di polvere. Le *Demoiselles d'Avignon* devono essere arrivate quel giorno... è stato quello il mio primo quadro da esorcista».

Il Musée de l'Homme in place du Trocadéro è ancora oggi un'altra visita interessante per approfondire questo misterioso esorcismo che è l'arte, e credo che Picasso avrebbe amato molto anche il recente Musée du quai Branly, inaugurato nel 2006, che oltre a contenere tesori di tutti i continenti può vantare sulla sua facciata esterna una delle più grandi pareti vegetali mai costruite. È una creazione del botanico Patrick Blanc, che ha riunito in 800 metri quadri 15.000 piante di 150 specie diverse: un'opera d'arte a cielo aperto che cambia forma e colori a ogni stagione come un vero camaleonte.

Il pittore e i suoi amici, non contenti di ammirare l'arte primitiva, perlustravano instancabili i rigattieri parigini alla ricerca di «pezzi» da collezionare. Fu Matisse a consigliare a Picasso un negozio specializzato in *Art nègre* in rue de Rennes, a Saint-Germain: il proprietario, soprannominato «*le négrier de la rue de Rennes*», era amico degli artisti a cui faceva fare sempre dei buoni affari. Oggi scordatevi questo tipo di negozi nel quartiere ormai lastricato da boutique firmate o gallerie d'arte molto esclusive, dove una maschera africana può arrivare a costare quasi quanto un quadro di Picasso!

Gli atelier dei pittori sono spesso invasi da oggetti «evocativi», in particolare lo studio di Picasso rigurgitava di ogni curiosità. L'artista aveva un debole per l'accumulo di ogni genere di mercanzia, che mischiava alla rinfusa tra quadri importanti di amici e chincaglierie varie. Si può dire che Picasso fosse un vero raccoglitore seriale, e ci teneva così tanto ai suoi preziosi reperti che permetteva le pulizie solo raramente e sempre sotto il suo occhio indagatore. Ecco come il suo amico Apollinaire descrive l'antro segreto del pittore: «C'erano idoli che venivano dall'Oceania e dall'Africa, esemplari anatomici, strumenti musicali, flaconi, e moltissima polvere...».

Ma Picasso non era il solo a circondarsi di oggetti e cianfrusaglie per alimentare la sua ispirazione. Al Centre Pompidou, nel piano delle collezioni permanenti, è stato ricostruito nei minimi particolari lo studio del fondatore del surrealismo André Breton; per incanto vi troverete davanti a una meravigliosa eruzione di conchiglie, quadri, abbozzi di appunti, uccelli impagliati e ogni sorta di feticcio meticolosamente raccolto e conservato dallo scrittore, che era rinomato per le sue ossessioni. Queste testimonianze altolocate sono una vera consolazione per tutti gli accumulatori come me, gente che non riesce a buttare neanche un vecchio biglietto del tram solo perché gli ricorda una mattina felice; siamo sicuramente persone problematiche che amano troppo le «cose» e credono fermamente nel loro potere taumaturgico: in attesa che si scateni la loro magia, godiamo della compagnia di questi oggetti apparentemente insignificanti che, se non altro, ci fanno sentire meno soli.

QUESTE TESTIMONIANZE ALTOLOCATE
SONO UNA VERA CONSOLAZIONE
PER TUTTI GLI ACCUMULATORI COME ME,
GENTE CHE NON RIESCE A BUTTARE
NEANCHE UN VECCHIO BIGLIETTO DEL TRAM

Le stesse meravigliose «debolezze» di artisti così illustri hanno il merito di cancellare all'istante ogni nostro senso di colpa e così, liberi e leggeri, possiamo correre nel luogo parigino più ambito per questo genere di vizio: lo storico Marché aux Puces de Saint-Ouen, dove vi consiglio caldamente di superare in un balzo l'inutile zona di magliette e scarpe sportive e affrontare subito rue des Rosiers con i suoi labirinti di strade piene di stand e negozi. Lì sarete finalmente travolti da una vera orgia di animali impagliati, lampadari di cristallo, cineserie, conchiglie, abiti vintage, piatti, bicchieri, coltelli e fossili vari, e se avete un appartamento abbastanza grande anche intere fusoliere di velivoli anni Trenta.

Credo sia il più bel mercato delle pulci del mondo, almeno lo è per me che mi emoziono anche per un merletto bucato.
Come gran finale vi consiglio una sosta al bistrot Chez Louisette (al 136 di avenue Michelet), incuneato nei meandri di viuzze e banchetti; non solo per mangiare ma soprattutto per ascoltare il concertino dal vivo che delizia i commensali, animato spesso da una «storica» (in tutti i sensi) chansonnier, accompagnata da un suonatore di pianola triste come una canzone di Edith Piaf: elementi ideali per piangere lacrime salate sulle patatine fritte, riascoltando la versione più polverosa di *Milord*. Imperdibile.

AUTOUR DU
JULES VERNE
TOUR DU MONDE
en
80 JOURS
ILLUSTRÉ
THE NORTH
NEW YORK
THE ROUND WORLD WITH NELLIE BLY
Paris
VELAN
ARDIN
L'INDE
UXOR
Afrikiko Coiffure
Bon voyage

V

JULES VERNE

V DI JULES VERNE

«Per diversi anni non lasciai mai la Francia, e tuttavia, più tardi, mi dicevo: com'è strano, mi sembra di aver fatto un lungo... lunghissimo... viaggio. Avevo visitato Parigi.»

— Raymond Queneau, *Conosci Parigi?*

Il giro del mondo in ottanta giorni dello scrittore, scienziato e grande visionario Jules Verne è stato uno dei libri d'avventure più amati da intere generazioni di lettori di tutte le età. Oggi nessuno oserebbe più relegare il genio di Verne alla sola letteratura per ragazzi e il collezionismo sfrenato che si scatena a ogni vendita all'asta di edizioni storiche e rare dei suoi capolavori ne è la prova.

Nel corso della sua fertile esistenza lo scrittore francese ha prodotto più di ottanta romanzi e novelle, oltre a saggi e studi scientifici che hanno anticipato una gran quantità di invenzioni e scenari futuribili come il memorabile *Dalla Terra alla Luna* che nel 1865 si poteva catalogare sicuramente come un'idea alquanto azzardata.

Ma il viaggio più eccitante per Jules è stato forse il semplice tragitto da Nantes a Parigi, quando a soli vent'anni riuscì a strappare al padre il permesso di recarsi nella Ville Lumière con la scusa di proseguire gli studi legali. La sua vera aspirazione sarebbe stata quella di prendere il primo bastimento e lanciarsi intorno al mondo per scoprire Paesi lontani. La leggenda narra che a soli undici anni era scappato di casa per imbarcarsi come mozzo verso l'Oriente; il padre lo riacciuffò alla prima destinazione e si fece promettere che d'ora in poi avrebbe viaggiato solo con la fantasia, e così fece... ma non per sempre.

IL VIAGGIO PIÙ ECCITANTE PER JULES
È STATO FORSE IL SEMPLICE TRAGITTO
DA NANTES A PARIGI,
QUANDO A SOLI VENT'ANNI
RIUSCÌ A STRAPPARE
AL PADRE IL PERMESSO DI RECARSI
NELLA VILLE LUMIÈRE

Appena arrivato a Parigi, più che frequentare i tribunali, Jules si gettò anima e corpo nelle sue passioni letterarie e per nostra fortuna non diventò mai un illustre avvocato. Grazie all'incontro fatale con l'editore Hetzel, suo mentore e scopritore, cominciò ad approfondire svariate discipline scientifiche che gli permisero di affinare un talento originale che lo porterà con i *Viaggi straordinari* a essere un vero pioniere del romanzo di fantascienza. In pochi anni il giovane scrittore mette a segno una serie incredibile di successi che gli permettono di condurre una vita agiata e realizzare molti dei suoi sogni giovanili, come quello di diventare proprietario di una barca su cui, spavaldo come il suo capitan

Nemo, attraversa la Senna impavido sotto gli occhi dei tanti ammiratori e la posteggia addirittura sotto casa al Pont des Arts, creando un certo scompiglio tra i parigini. Più tardi, grazie ai diritti delle repliche teatrali del *Giro del mondo in ottanta giorni*, si fa costruire un lussuoso yacht a vapore, il Saint-Michel III, e parte per una lunga serie di crociere ospitando a bordo amici e celebrità internazionali.

Finalmente Verne può percorrere tutti gli itinerari immaginati da ragazzo e vivere in prima persona le avventure che fino ad allora aveva solo messo su carta per i suoi affezionati lettori. Nella seconda metà dell'Ottocento la frenesia per i viaggi stava crescendo a un ritmo vertiginoso, grazie anche al progresso dei nuovi collegamenti ferroviari che promettevano una velocità prima impensabile. È così che nasce il mito del giro del mondo, il viaggio perfetto che ha felicemente ispirato lo scrittore.

Dopo l'enorme successo del romanzo molti tentarono l'avventura del protagonista, il nobiluomo inglese Phileas Fogg che insieme a Passepartout, il suo tuttofare francese, affronta il periplo del globo per amore di una scommessa. Pochi ricordano oggi che il primo viaggiatore a bruciare realmente il record degli ottanta giorni fu una donna, Nellie Bly, una giovane giornalista americana corrispondente del «New York World» che nel 1889 realizzò l'impresa in soli 72 giorni, 6 ore, 11 minuti e 14 secondi. Al giornale fecero di tutto per dissuaderla: secondo il parere dei suoi colleghi sarebbe stata una spedizione troppo pericolosa per una donna e soprattutto molto costosa perché avrebbero dovuto assumere necessariamente delle guardie del corpo per proteggerla. Ma il suo direttore Joseph Pulitzer, che di giornalismo ci capiva parecchio, la fece partire lo stesso e più di un milione di persone parteciparono alla lotteria indetta dal giornale per indovinare l'attimo esatto in cui Nellie sarebbe sbarcata a New York al suo ritorno.

Miss Bly, detta Pink, conquistò anche un altro primato storico: fu la prima donna nella storia ad affrontare un viaggio così lungo tutto da sola, e l'impresa fece così scalpore che al suo arrivo fu letteralmente portata in trionfo dalle migliaia di persone arrivate per omaggiarla.

Oggi, grazie ai nostri mezzi di comunicazione, si riesce a coprire lo stesso percorso in una manciata di ore, ma volete mettere l'eccitazione di passare da una mongolfiera a una slitta trainata dai cani o addirittura attraversare l'India sul dorso di un elefante? Il vero viaggiatore non passa da un jet all'altro ma batte il territorio metro dopo metro, per assaporare la ricchezza di tutte le differenti culture che il nostro mondo malandato, nonostante guerre e sbarramenti, riesce ancora a offrire. Un'immersione multietnica totale che necessita di molto tempo e di un po' di capitale, ma che una semplice escursione nella sola città di Parigi può esaudire per incanto e senza accusare i fastidiosi effetti collaterali del jet lag.

E proprio *Jetlags* si chiama un'iniziativa dell'associazione Pop in the city che vi offre la possibilità di passare da un Paese all'altro non uscendo mai dai venti arrondissement della capitale. Due vol-

te all'anno, iscrivendovi per tempo, potrete partecipare ai raduni di questi globetrotter cittadini che aggiornano sempre con nuove mete i loro itinerari.
Il sogno multirazziale di Parigi ultimamente si è un po' sbiadito, ma ancora possiamo godere degli sprazzi di questo miraggio culturale, unico vero baluardo contro ogni razzismo e xenofobia. Coltivare la diversità non è solo una missione politica, ma anche fonte di grande piacere per un viaggiatore appassionato, e la capitale francese può offrire diversi giri di giostra in questo campo. Se non ce la fate a prenotare con gli amici di Jetlags è molto facile fare da sé, basta munirsi di buona volontà e di un abbonamento settimanale alla metro e il gioco è fatto.
Ora allacciatevi le cinture di sicurezza e seguitemi nel giro del mondo a Parigi e ritorno.

COLTIVARE LA DIVERSITÀ NON È SOLO
UNA MISSIONE POLITICA,
MA ANCHE FONTE DI GRANDE PIACERE
PER UN VIAGGIATORE APPASSIONATO

IL GIAPPONE

Non c'è bisogno di muoversi dal centro città per arrivare in Giappone, basta scendere alla stazione della metro Pyramides, nel cuore dell'elegante quartiere dell'Opéra, e raggiungere rue Sainte-Anne, una via che per i quattrocento metri della sua lunghezza è letteralmente occupata da ristoranti giapponesi. La scelta delle specialità è infinita, ce n'è per ogni gusto e palato, dal ramen per i patiti delle zuppe a ogni genere di sushi, sashimi e roll a volontà. Nelle stradine intorno ci sono anche negozi di fumetti manga, kimoni, alimentari specializzati e addirittura corsi di ikebana o gare di karaoke come se non ci fosse un domani. E chi poi volesse partire sul serio verso l'impero del Sol Levante troverà in zona anche varie agenzie di viaggi tutte dedicate al Giappone.

Nota personale: nonostante l'esuberanza delle offerte di rue Sainte-Anne, il mio ristorante giapponese preferito a Parigi si trova dall'altra parte della Senna, seminascosto al 6 di rue du Sabot, una piccola viuzza di Saint-Germain; si chiama Blueberry e me l'ha fatto conoscere la mia amica Marcella: secondo noi serve i più buoni uramaki della città, ma sono punti di vista e accetto consigli se avete indicazioni migliori.

AFRICA

Per raggiungere l'Africa vi suggerisco il diciottesimo arrondissement, dove si estende il quartiere della Goutte-d'Or. Come si usa dire... qui una volta era tutta campagna, e soprattutto vigne che producevano il vino dalla goccia d'oro che ha dato il nome alla zona. Ora è un crocevia metropolitano superaffollato dove da sempre ha trovato casa la comunità africana. Per un'immersione immediata si può cominciare dal Marché Dejean, in rue Dejean, un vero paradiso terrestre per gli amanti delle spezie e di tutti gli ingredienti per cucinare un vero piatto africano; se siete fortunati potrete anche acquistare il tilapia, una specie di barracuda che pare sia delizioso all'acqua pazza, ma confesso che io non ho ancora avuto il coraggio di provarlo. Il Marché è un'esplosione di odori e colori e non mancano gli stand con i cosmetici e le famose stoffe africane con una scelta incredibile di fantasie che forse non esistono neanche in un mercato del Senegal.

Tutte le stradine intorno, dai nomi inequivocabili di rue d'Oran, rue de Tombouctou, rue de Suez, rue de Panama, offrono sorprese e negozi interessanti; da non mancare poco distante, al 170 di boulevard de Magenta, un vero gioiello architettonico: il redivivo Cinéma Louxor.

La storia di questo incredibile edificio è lunga e travagliata, costruito nel 1921 dall'architetto Henri Zipcy fece subito sensazione per il suo stile totalmente egiziano che comprende scarabei, papiri, cobra e mosaici degni della tomba di un faraone, un vero colpo d'occhio all'interno del quartiere. Come molte sale storiche metropolitane ha vissuto alti e bassi, cercando di mantenere una programmazione libera dai blockbuster e rivolta alle culture mediterranee, ma le difficoltà economiche negli anni l'hanno prima trasformato in una discoteca di musica antillana e poi condannato alla chiusura definitiva. Anche il Louxor, come molti altri edifici cittadini, ha rischiato la demolizione, ma negli anni Ottanta un agguerrito comitato di quartiere è riuscito a salvarlo dalle ruspe e a farlo acquistare dal comune parigino. Oggi, dopo un eccellente restauro, la sua assurda bellezza è tornata a nuova vita e dialoga con la linea aerea della metro che gli passa accanto, creando un contrasto urbano veramente unico. Oltre a tre sale, di cui la più grande è dedicata al cineasta egiziano Youssef Chahine, l'edificio possiede un bar ristorante ma soprattutto una deliziosa terrazza da cui si può ammirare il quartiere in continua evoluzione.

E proprio dall'altra parte della strada è stato da poco inaugurato un locale molto trendy: la Brasserie Barbès, che attira una clientela insolita per la zona. La struttura su tre piani si ispira a uno stile neocoloniale, con interni in ferro e vetro e grandi piante che prendono luce dal lucernaio sul soffitto. I più critici parlano di «gentrificazione» forzata, come per molti quartieri storici della città, e condannano il tentativo di normalizzare con uno «zoo per ricchi» aree finora considerate a rischio, specialmente la sera. Qualcuno ha esagerato definendo la brasserie addirittura un *Django Unchained* nel bel mezzo dello storico quartiere popolare, come se fosse l'ennesima colonizzazione bianca di un territorio *no limit*. Non so darvi un giudizio politico su questa annosa diatriba, ma posso dire che per ora si mangia piuttosto bene e l'aria un po' «fichetta» dell'ambiente è stata subito smorzata dall'indomabile vivacità degli abitanti di Barbès.

Ma se invece volete rifarvi il look in un puro *black style* dovete scendere alla fermata della metro di Château d'Eau: la strada da non mancare è proprio rue du Château d'Eau, tempio indiscusso dell'estetica afro. Si tratta di una vera Disneyland di parrucchieri e manicure superspecializzati in ogni trovata d'avanguardia; per scegliere una nuova acconciatura o un nail design personalizzato basta consultare i colorati poster esposti in vetrina, che sembrano quasi opere d'arte contemporanea. Anche se non avete bisogno di extension o non vi interessa il nuovo taglio dell'attaccante del Paris Saint-Germain, passeggiare tra le decine di hair e nail stylist è un vero spettacolo che vale l'escursione. Io non ho resistito e ho azzardato una manicure creativa, praticamente mi sono ritrovata sulle unghie un'istallazione arcobaleno da far invidia alla corista di un rapper: sono esperienze che valgono il viaggio.

I PIÙ CRITICI PARLANO
DI «GENTRIFICAZIONE» FORZATA,
COME PER MOLTI QUARTIERI
STORICI DELLA CITTÀ

INDIA

Dal regno dei parrucchieri africani, in cinque minuti a piedi potete comodamente sbarcare in India. L'odore di curry vi arriva prima ancora di imboccare il passage Brady, nato come tanti suoi consimili nella prima metà dell'Ottocento; oggi la galleria vetrata di 216 metri di lunghezza accoglie la più alta densità di ristoranti indiani e pakistani di Parigi. Nessuna regione o piatto tipico del continente indiano è escluso dai menu di questa che, più che una strada, è un fuoco d'artificio multicolor sparato nel pieno centro della città.

Poco distante, al 17 di rue Pajol, c'è la sede del tempio dedicato a Ganesh e se siete a Parigi in agosto non dovete perdere la festa in onore del Dio Elefante: se vi mancasse il vestito adatto, al passage potrete trovare abili sarti indiani pronti a confezionarvi all'istante un abito da cerimonia su misura. Per entrare nello stato d'animo giusto basta ripassare l'atmosfera Bollywood rivedendo qualche successo al cinema Le Brady: piccola sala di quartiere che organizza spesso rassegne dedicate alla cinematografia indiana. Naturalmente in zona abbondano parrucchieri, manicure, negozi di libri e dvd dedicati, nonché un'épicerie storica, Velan, cuore pulsante di questa Little India dove i veri intenditori vengono a comprare il miglior curry della città.

NEVER ENDING TOUR

Come avrete intuito, questo tour del mondo all'interno di Parigi potrebbe continuare all'infinito, tra guglie medievali e luoghi esotici, per scoprire a ogni angolo meraviglie culturali e gioie del palato.

Ma la risposta più sfacciata a quelli che arricciano il naso verso ogni forma di gentrificazione sono sicuramente le strade del Marais. Il vecchio quartiere ebraico si è trasformato nel tempo nel cuore palpitante della movida gay parigina, e senza soluzione di continuità oggi anche nella zona di shopping più trendy della città. Se ha perso parte della sua memoria ha sicuramente guadagnato un posto nella storia della tolleranza e del multiculturalismo. Mi direte: cosa c'entrano i negozi delle grandi firme in tutto questo? Vi rispondo che non si può avere tutto nella vita. Ma veder convivere la più importante libreria LGBT e i baretti dedicati alla popolazione arcobaleno insieme al Musée d'Art et d'Histoire du Judaïsme e i ristoranti kosher non è cosa da poco, in un mondo devastato dagli odi. La città, come abbiamo visto, è cresciuta accumulando strati su strati e qualcosa rimane sempre a testimoniare le varie ere geologiche. Si dice che la Francia abbia perso la sua battaglia per il multiculturalismo e le recenti leggi che proibiscono di indossare i simboli religiosi nelle scuole sono un segno evidente di questa deriva ma il Marais, nonostante tutto, è ancora l'esempio lampante di come culture opposte possano convivere senza pestarsi i piedi. Vi invito a una flânerie nel quartiere godendo anche di questo aspetto, sarà una mia ingenuità turistica ma lo trovo ancora il più bel quartiere di Parigi.

A questo punto come si fa a non assaggiare un falafel all'As du Fallafel, in rue des Rosiers, il più rinomato ristorante di cucina kosher? Il loro motto è: «Toujours imité, jamais égalé». In effetti le lunghe file per conquistare le squisite polpettine di ceci nel pane pita danno ragione alla ditta. E pare che anche Lenny Kravitz sia stato stregato dalle specialità dell'As, almeno così testimonia una sua foto soddisfatta all'interno del locale. Ma non vi spaventate, non c'è mai molto da aspettare perché i camerieri sono organizzatissimi e smaltiscono la clientela alla velocità della luce. Per il resto vi consiglio di perdervi tra le stradine e scoprire da soli tutte le sfumature dell'arcobaleno Marais.

La città è cresciuta accumulando strati su strati e qualcosa rimane sempre a testimoniare le varie ere geologiche

Ma se il tempo del vostro viaggio è ormai scaduto e volete comunque provare l'ebbrezza della diversità culturale solo in una manciata di minuti, vi offro un'ultima possibilità, almeno dal punto di vista culinario. Si tratta del Marché des Enfants Rouges, un piccolo mercato nascosto dietro un vecchio cancello nel terzo arrondissement.

L'accesso è su rue de Bretagne, nella punta nord del Marais; lo spazio apparteneva al più antico orfanatrofio di Parigi, oggi è rimasto solo il nome che ricorda le mantelline rosse della divisa degli orfanelli, mentre all'interno si susseguono un'infilata di banchi che vendono frutta, verdura, pesce e fiori e sembrano appena usciti da un vero presepe; ma la particolarità che lo rende irresistibile ai miei occhi è una serie di ristoranti in miniatura che variano dalla cucina antillana a quella marocchina, passando per le specialità italiane e quelle francesi, fino a un angolo bio. Un microcosmo di diversità che convivono in un piccolo spazio ordinato dove ogni omogeneizzazione del gusto è totalmente proibita.

E se ancora non vi basta, poco distante, al numero 47 di rue de Bretagne si trova Chez Omar, il ristorante marocchino che è indiscutibilmente il migliore di Parigi, fermo nel tempo con i vecchi pavimenti a mosaico e gli stretti tavolini dove, se siete molto innamorati, potete mangiare seduti fianco a fianco, come teneri compagni di banco.

Un microcosmo di diversità che convivono in un piccolo spazio ordinato

Non è il momento di arrendervi, il giro del mondo dentro la città non è ancora finito e secondo me avete un urgente bisogno di ritemprare le membra provate dal viaggio nel bagno turco della Grande Mosquée de Paris; un edificio magico dove la cultura musulmana è al culmine della sua bellezza, in uno spazio rinfrescato da portici e piante, con un giardino andaluso dove si può bere un tè alla menta accompagnato da un'invitante scelta di dolci tradizionali, sempre circondati dal cinguettio degli uccellini e dalla musica dell'acqua che scorre nelle fontane. La moschea è al tempo stesso luogo per l'anima e per il corpo; insieme agli spazi riservati alla preghiera e a una scuola coranica, c'è una zona aperta alla socialità, con un colorato suk, il ristorante e l'hammam dove è possibile prenotare un trattamento completo con massaggi e gommage.

E se per caso vi è rimasto ancora un guizzo di energia, vi esorto a raggiungere la terrazza dell'Institut du Monde Arabe, che offre una vista mozzafiato e direi definitiva su Notre-Dame; se il gobbo della cattedrale dovesse tornare, sareste i primi ad avvistarlo mentre cenate allo squisito ristorante libanese appollaiato come un nido sul tetto del palazzo.

L'istituto di cultura araba è stato ideato da Jean Nouvel ed è uno dei più interessanti esempi di architettura contemporanea, soprattutto il rivestimento esterno che ricorda l'intricata tessitura di un antico tappeto persiano. In realtà si tratta di avveniristici pannelli fotosensibili che modulano in automatico l'intensità della luce all'interno del palazzo. Il museo contiene come uno scrigno una collezione permanente che testimonia millenni di storia dell'arte, invenzioni e cultura araba, insieme a una biblioteca e spazi per seminari e dibattiti.

Stavo saltando a piè pari un viaggio in Cina perché, come in ogni grande metropoli moderna questo continente è ormai un po' dappertutto; ma se coltivate la mia stessa insana passione per la confezione artigianale di collane e orecchini la vostra strada è senza dubbio rue du Temple.

LA TERRAZZA DELL'INSTITUT DU MONDE ARABE, OFFRE UNA VISTA MOZZAFIATO E DIREI DEFINITIVA SU NOTRE-DAME

Più che una qualsiasi via cittadina è una fiera di rivenditori all'ingrosso di qualsiasi genere di mercanzia, in particolare perle, perline, pietre dure e tutti gli accessori necessari per cimentarsi nella creazione di ogni stile di bigiotteria.

I prezzi sono imbattibili e il divertimento è assicurato. Sul piano culinario la lista dei ristoranti cinesi è come sempre infinita e lascio lo scettro alle vere guide specializzate, a parte un locale che mi ha colpito per la sua eleganza esotica: si trova in rue de Charenton vicino alla già citata Coulée verte, dietro la Bastille. Si chiama Le China, l'ambientazione e gli arredi ci proiettano in un'atmosfera post coloniale cara ai romanzi di Marguerite Duras e i ravioli al vapore sono all'altezza della scenografia ricercata.

VIAGGIARE DA FERMI

Se invece siete degli inguaribili viaggiatori da poltrona e piuttosto che conquistarvi la meta passo dopo passo sul duro asfalto cittadino preferite sognare a occhi aperti il vostro giro del mondo, c'è sempre la meravigliosa possibilità di rileggervi *Il giro del mondo in ottanta giorni* mollemente sdraiati sul tappeto erboso di uno dei tanti parchi parigini.

Sceglierei per l'occasione il Parc Brassens, in place Jacques Marette, perché proprio lì accanto si trova il Marché du Livre Ancien et d'Occasion: aperto tutti i sabati e le domeniche dalle 9 alle 18, è il luogo ideale per acquistare una bella edizione del nostro irrequieto romanziere, magari di quelle rare, rilegate in pelle rossa e oro; i prezzi sono migliori che altrove e difficilmente prenderete delle fregature. La sede di questo piccolo mercato pieno di charme ha preso il posto del mattatoio di Parigi; ora per fortuna non si macellano più gli animali, ma lo stesso troverete di che nutrire almeno la vostra anima.

GRAN FINALE

E se, nonostante tutto, la lettura non vi bastasse, vi propongo l'ultimo gesto, il più estremo per omaggiare il genio visionario di Jules Verne. Per questa avventura definitiva dovete raggiungere la punta estrema del quindicesimo arrondissement verso la Senna, e vi troverete in una delle zone meno battute dal turismo di massa. Dopo esser scesi alla stazione della metro Javel-André Citroën dovrete inoltrarvi a piedi tra le radure del Parc André-Citroën, un'enorme distesa verde di trentacinque ettari, sicuramente uno dei giardini più selvaggi di Parigi. A crearlo è stato il paesaggista Gilles Clément; a prima vista certi spazi vi sembreranno un po' trascurati, ma rientra nella filosofia di questo famoso giardiniere lasciare che la natura rimanga padrona anche nei territori conquistati dall'uomo.
All'interno del parco troverete il pallone aerostatico più grande del mondo e se le condizioni meteorologiche lo permettono (è sempre meglio telefonare prima), potrete godere sospesi per aria di un'emozionante vista della città dall'alto. Finalmente avete conquistato il mezzo di trasporto più amato da Jules Verne, che esordì proprio raccontando un emozionante viaggio in Africa con il pallone.
Ma niente paura, anche se vi solleverete a 150 metri da terra,

fluttuando nei cieli di Parigi, il pallone è saldamente ancorato e non rischierete di volare via verso mete lontane; anche se in cuor vostro, a questo punto, forse non desiderate altro.

CONNAISSEZ-VOUS PARIS?

Alla fine di questo lungo viaggio credevo di conoscere un po' meglio la profondità dell'oceano parigino, ma dopo aver letto il questionario di Raymond Queneau mi devo ricredere. Lo scrittore ha messo a dura prova gli esperti della Ville Lumière, ponendo per due anni dalle pagine del giornale «L'Intransigeant» tre quesiti al giorno sui monumenti, le strade e ogni curiosità cittadina, tipo 1) Dove si trovano il trono di Napoleone e il mantello che portava all'incoronazione? o 2) Quanti archi di trionfo ci sono a Parigi?

La rubrica *Connaissez-vous Paris?*, apparsa nell'ottobre del 1936, raccolse un successo immediato, il pubblico non vedeva l'ora di comprare il giornale il giorno dopo per conoscere le risposte. Le migliori idee nascono sempre dal bisogno: Queneau, appena trentatreenne, s'inventò questo gioco per sbarcare il lunario visto che non aveva ancora scritto i romanzi che l'avrebbero reso famoso aveva bisogno, come diceva lui, di mettere «del burro sugli spinaci».

Ma ci prese così gusto da dichiarare più tardi che quegli anni passati a spulciare gli archivi e a setacciare la città come un flâneur curioso alla scoperta dei segreti di Parigi sono stati i più felici della sua vita. Se volete esercitarvi nel questionario di Queneau e fare bella figura con gli amici nel vostro prossimo viaggio nella capitale francese potete studiare il piccolo libro che raccoglie 456 domande delle 2102 poste dallo scrittore ai suoi lettori (e naturalmente comprende tutte le risposte).

QUEGLI ANNI PASSATI A SPULCIARE
GLI ARCHIVI E A SETACCIARE LA CITTÀ
COME UN FLÂNEUR CURIOSO
PER SCOPRIRE I SEGRETI DI PARIGI
SONO STATI I PIÙ FELICI DELLA SUA VITA

Per la cronaca: 1) Il trono di Napoleone si trova nella vecchia sala del Libro d'oro al Senato, il mantello fa parte del tesoro di Notre-Dame. 2) Ci sono quattro archi di trionfo a Parigi: la porte Saint-Denis [...], la porte Saint-Martin [...], l'Arc de l'Étoile [...] e quello del Carrousel [...]

MOULINS
CHAMPIONS OF SPORT
MARCEL CERDAN
10 DH.
POSTAGE
AJMAN
folies
Belleville
Notes
TRADE MARK
BIEM
BF 306
HYMNE A L'AMOUR
Paroles d'Edith Piaf
EDITH PIAF
Orchestre direction
Robert CHAUVIGNY
MADE IN FRANCE
NON
FOLIES

Z

ZINC

Z di ZINC

«Il bancone è un confessionale che invita chiunque a vuotare il sacco, come un muro bianco invoglia subito a scrivere.»

— Brassaï

Abbiamo parlato spesso di bar e bistrot durante queste passeggiate sentimentali, non poteva essere altrimenti visto che sono l'anima della città e le tappe favorite dei flâneur e flâneuse di ogni epoca. Ma sento la necessità di tornare sul luogo del delitto e affidare l'ultima lettera di questo dizionario disordinato ancora una volta ai luoghi dove si celebra ogni giorno il mio rito preferito, quello della convivialità.

Ogni bistrot è il concentrato dell'anima di un quartiere: non conta quanto sia antico, altolocato o battezzato da frequentazioni illustri, ma è fondamentale che possieda quell'atmosfera autentica e ospitale stratificata da milioni di conversazioni meteorologiche o calcistiche rimaste appese nell'aria insieme al fumo delle sigarette (quando i tabagisti erano ancora liberi di sfogarsi all'interno dei locali). Ecco perché il miglior bistrot è sempre quello a due passi da casa o vicino all'albergo, quello dove il proprietario già vi riconosce dopo solo due volte che siete andati a prendere il caffè, regalandovi quel brivido di familiarità che vi spoglia all'istante dalla scomoda etichetta di turista.

OGNI BISTROT È IL CONCENTRATO DELL'ANIMA DI UN QUARTIERE: NON CONTA QUANTO SIA ANTICO, ALTOLOCATO O BATTEZZATO DA FREQUENTAZIONI ILLUSTRI

Come abbiamo visto la città ne è piena e troverete centinaia di guide specializzate con elenchi di ogni genere, ma qui voglio aggiungere una piccola lista di preferiti che hanno in comune un arredo per me quasi sacrale: un accogliente bancone. Si tratta di un requisito indispensabile che oserei definire l'altare laico di ogni bar che si rispetti. Ordinare al banco non è solo una questione di velocità, ma la scelta di un punto di vista. In piedi – o meglio ancora arrampicati sullo sgabellone preposto – si domina la scena e soprattutto si conquista un'intimità privilegiata con la centrale operativa del locale, provando lo stesso brivido di quando si viene ammessi nella cabina di pilotaggio di un jet. In questa postazione altolocata, con il gomito appoggiato distrattamente e lo sguardo perso nell'andirivieni degli avventori, ci sentiamo finalmente dei veri habitué e se riusciamo a riporre per un po' il telefonino consumeremo insieme al caffè un vero piacere d'altri tempi. Come suggerisce il sociologo Pierre Boisard, autore di un testo per me fondamentale: *La vie de bistrot*. «Non ci sediamo a un bistrot solo per bere un caffè o un pastis ma soprattutto per aspettare un supplemento di vita.»
Che il bancone sia di legno, marmo o formica poco importa, ma io ho un debole per quelli di zinco, materiale povero ma sfavillan-

te che acquista bellezza nell'usura. Ne troverete pochi veramente originali, antecedenti alla Seconda guerra mondiale, perché durante l'occupazione tedesca furono requisiti dalle SS per realizzare pallottole o – come sostiene il fotografo Brassaï – per erigere le monumentali e altisonanti sculture di Arno Breker, artista ufficiale del regime nazista che accompagnò Hitler nel suo infausto «sopralluogo» a Parigi. Un gesto odioso che ribadisce, se ancora ce ne fosse bisogno, la totale ignoranza di ogni assolutismo.

Ordinare al banco non è solo una questione di velocità, ma la scelta di un punto di vista

Anche se i banconi non sono più di zinco, gli aficionados continuano a chiamarli familiarmente *zinc* e stilano classifiche sui più antichi, i più originali o i più accoglienti della città. Anch'io naturalmente ho i miei *zinc* del cuore e non potevo tenermeli per me. Comincerei dal più discreto che troneggia in marmo bianco al centro di una piccola sala nel cuore del Marais, il Petit fer à cheval in rue Vieille du Temple, dove più che le vestigia dei templari adesso trovate i negozi più alla moda della capitale. Il banco è unico nel suo genere, come suggerisce il nome infatti è a forma di ferro di cavallo allungato: all'interno il regno del cameriere, all'esterno gli sgabelloni per i clienti. Au Petit Fer à Cheval è uno dei pochi locali dove, seduti al bancone, vi guarderete negli occhi con il vostro vicino.

Nella stessa via un'altra sosta molto piacevole è Les Philosophes, anche se il bancone è piccolissimo in compenso il bistrot ha una lunga storia che parte all'inizio del secolo, quando era la sede di un'associazione di lavoratori ebrei. Pare sia stato frequentato assiduamente anche da Lev Trockij, che a Parigi, come Ernest Hemingway, non si è fatto mancare nessun bistrot. Les Philosophes galoppa con la storia della città e si trasforma in un ristorante alla moda durante *les années folles*, ma è nel corso dell'occupazione nazista che dà il meglio di sé, nascondendo una ragazza ebrea e salvandola così dalle deportazioni massicce nel quartiere. Unica superstite della sua famiglia, la donna ha continuato a frequentare il locale per tutta la vita, considerandolo la sua vera casa parigina. È questo l'*esprit* dei vecchi bistrot che ci attrae e continua ad affascinarci, nonostante siano solo dei semplici luoghi per una sosta cittadina.

IL QUARTO MOSCHETTIERE

Uno dei banconi più luccicanti di Parigi, che si snoda come un lungo serpente attraverso il bistrot, è quello del Brebant, posizionato sin dalla sua apertura nel 1865 all'angolo di boulevard Poissonnière con rue du Faubourg-Montmartre. Da sempre ritrovo di letterati e intellettuali, ha ospitato negli anni pranzi luculliani dove spesso era ospite Alexandre Dumas; parliamo del padre, naturalmente, grande gourmet e animatore di feste memorabili come quella in maschera che organizzò a casa sua chiedendo il favore a Delacroix di dipingere le pareti per rallegrare l'ambiente per l'occasione: «I cuochi avevano preparato un salmone di cinquanta libbre, un capriolo arrostito disteso su un piatto d'argento, un pâté gigantesco; e trecento bottiglie di borgogna, cinquecento di champagne attendevano la sete dei commensali.» Dumas era fatto così, generoso e gaudente. Sempre pronto a sperperare in divertimenti e piaceri i guadagni dei romanzi che sfornava a ripetizione, insaziabile sia nell'appetito che nella scrittura. Il pubblico lo adorava e aspettava con ansia le puntate dei suoi feuilleton che ogni settimana apparivano sui giornali dell'epoca. Addirittura si racconta che gli scaricatori della Senna scioperarono la volta che una puntata dei *Tre moschettieri* non rispettò l'uscita prevista. Non si parlava d'altro che delle sue storie avventurose in città e Dumas, che era abile nelle regole della suspense, riusciva sempre a lasciare i lettori con il fiato sospeso in attesa del prossimo episodio. Come scriveva nel 1874 un critico della «Presse»: «La popolazione parigina sospendeva qualunque preoccupazione all'arrivo delle paroline magiche: "Al prossimo numero". [...] Si creavano delle fazioni per indovinare cosa sarebbe successo alla storia che l'autore aveva lasciato in sospeso. La curiosità era così forte che tutta la città [...] perdeva il sonno, la fame e la sete».

Un po' come avviene oggi per le serie televisive che senza dubbio hanno sostituito i romanzi d'appendice nel cuore degli spettatori televisivi. *I tre moschettieri* (che, come giustamente puntualizza Umberto Eco, si chiama così ma è palesemente «la storia del quarto», di d'Artagnan), ebbe un tale successo che Dumas s'inventò la geniale idea del sequel con *Vent'anni dopo* e *Il visconte di Bragelonne*; consacrandosi definitivamente come padre putativo di tutte le saghe cinematografiche e fiction tv. Se volete approfondire il rapporto d'amore tra Dumas e Parigi attraverso i suoi romanzi, non potete mancare *Sei passeggiate nei boschi narrativi*, un saggio fondamentale di Umberto Eco, cultore talmente appassionato dello scrittore da arrivare a fargli le pulci sui veri nomi delle strade abitate dai moschettieri.

Per il bistrot Brebant potete invece stare tranquilli, non ha mai cambiato indirizzo, ma non propone più le ricette tanto care al romanziere francese, anche perché nessuno oggi ce la farebbe a digerirle: bisogna ammetterlo, non ci sono più gli stomaci degli scrittori dell'Ottocento. La bellezza del locale consiste proprio nella stratificazione di ere e di stili che si possono leggere come la vecchia corteccia di un albero centenario. Insieme al vecchio bancone in *zinc*, convivono tubi metallici, specchi dorati e sedie in plastica rosa, in un insieme un po' folle e kitsch che nulla toglie alla sua gloriosa storia.

UNO ZINC TIRA L'ALTRO...

Uno zinc più discreto e romantico della mia lista del cuore si trova al Bistrot du Peintre, nell'undicesimo arrondissement, vicino alla Bastiglia e alle vie della movida notturna parigina. Il locale è un piccolo gioiello liberty con boiserie floreali e un bancone da premio. Tutto è squisito e senza pretese, e diventa un piacere passare direttamente dall'aperitivo alla cena; in questo caso vi consiglio caldamente la saletta al primo piano con il camino e i vecchi tavoli in legno che vi aspettano come se foste invitati a casa dei nonni.

Un bancone molto famoso, ma non per questo meno accogliente, è situato a Montmartre al 15 di rue Lepic nel Café des Deux Moulins, scenario del film *Il favoloso mondo di Amélie*. È in questo bistrot, dove lavora come cameriera, che la protagonista dà sfogo a uno dei suoi piccoli piaceri quotidiani: la lista è lunga, come sanno bene gli appassionati di Amélie, e prevede svariate manie, come ficcare le mani in un sacco pieno di legumi o farsi gli affari di tutti quelli che incontra, ma soprattutto il rito indiscusso della rottura con la punta del cucchiaino della crosta della crème brûlée. Oggi il famoso dessert ha un posto d'onore nel menu con il nome un po' scontato di Crème brûlée di Amélie. Il regista del film, che abita dietro l'angolo, voleva ricostruire il Café des Deux Moulins totalmente in studio, ma si è reso conto che era impossibile ricreare quell'ambiente tanto speciale. E così, con grande gioia dello scenografo, ha deciso di girare nel café vero. Per fortuna certe atmosfere sono difficili da riprodurre perfino dagli artisti della computer grafica. Oggi un manifesto del film troneggia sopra il regolare bancone rivestito d'ottone e il proprietario, per non farsi mancare niente, ha aggiunto in bella vista anche la statuetta di un nano da giardino, non per questo i dolci sono meno buoni. L'ambiente familiare da vecchio bistrot frequentato dagli aficionados di rue des Abbesses, per fortuna non ha perso una virgola del suo fascino.

HYMNE À CHEZ JEANNETTE

È di una luccicante formica rossa il bancone di Chez Jeannette al 47 di rue du Faubourg Saint-Denis, un bar che è la sintesi di ogni epoca e arredamento: ancora una volta, un mix surreale che vale la visita. Le pareti sono in puro stile Belle Epoque, gli arredi totalmente anni Cinquanta, per non parlare della scritta al neon color rosa cigno appesa sopra al bar che fa a pugni con tutto il resto. Proprio per questo il posto è unico nel suo genere e si respira ancora la famosa «*air de Paris*», che è anche il titolo di un film con un memorabile Jean Gabin che interpreta un allenatore di boxe fascinoso e ciancicato come non mai. La pellicola è stata girata nella stessa via del locale, nella storica palestra Central Sporting Club, luogo d'incontro obbligato dei pugili parigini, frequentatori assidui di Chez Jeannette, insieme a generazioni di «ragazzi cattivi» del quartiere. Una leggenda narra che sia avvenuto proprio tra le mura di questo bistrot l'incontro fatale tra Edith Piaf e Marcel Cerdan, marocchino naturalizzato francese, campione del mondo dei pesi medi, praticamente un eroe nazionale. Nonostante Marcel fosse sposato con tre figli, la storia d'amore tra le due glorie nazionali fu totale e travolgente, proprio come quelle raccontate nelle canzoni della Piaf. Erano sempre insieme, anche la sera quando lui conquistò il titolo a Jersey City, sbaragliando Tony Zale per ko alla dodicesima ripresa. La Piaf lo aspettava in albergo dove, per il suo eroe, aveva disseminato il pavimento di petali di rosa. Dal loro primo incontro, Edith e Marcel non si sono mai più lasciati, fino alla tragica scomparsa del boxeur in un incidente aereo, durante un fatidico viaggio per l'America: per raggiungere più in fretta possibile il suo «passerotto» che si esibiva con successo al Versailles di New York, il pugile aveva scelto di rinunciare alla nave già prenotata e prendere quel maledetto volo. L'aereo s'inabissò nell'oceano e Cerdan non arrivò mai a destinazione. Quella sera Edith volle esibirsi lo stesso e salì sul palco pochi minuti dopo aver appreso la notizia della sua morte, dichiarando impavida: «Stasera canto per Marcel Cerdan», ma stravolta dal dolore svenne davanti al pubblico dopo poche strofe del suo profetico *Hymne à l'amour*.

LA PIAF LO ASPETTAVA IN ALBERGO DOVE,
PER IL SUO EROE, AVEVA DISSEMINATO
IL PAVIMENTO DI PETALI DI ROSA

Chi la conosceva bene racconta che, nonostante nuovi grandi amori e altrettanti successi, Edith non superò mai il tremendo dolore della perdita di Cerdan; morì a soli quarantotto anni, celebrata come una divinità dal popolo francese. Jean Cocteau, grande amico di una vita, morì incredibilmente poche ore dopo aver avuto l'annuncio della sua scomparsa, stroncato da un infarto mentre stava scrivendo un omaggio dedicato alla cantante

su «Paris Match». Un giornale titolò: «La morte di Edith Piaf ha ucciso Jean Cocteau». Più di mezzo milione di persone accompagnarono «il passerotto» alla sua ultima dimora, al cimitero monumentale del Père-Lachaise. Una grande voce in un corpo minuto e fragile, che aveva combattuto troppe battaglie per raggiungere una vita che «rosa» non era stata mai, fin dalla sua nascita. Pare che la cantante sia venuta al mondo sul marciapiede davanti al numero 72 di rue de Belleville, come raccontava lei stessa per far capire lo stato di estrema povertà in cui versava la sua famiglia d'origine. Che sia leggenda o no, per cogliere l'autentico «spirito Piaf» bisogna raggiungere l'undicesimo arrondissement, nel cuore di Bellville, dove al 5 di rue Crespin du Gast, solo su appuntamento, si può visitare il Musée Edith Piaf, gestito dall'associazione Les Amis d'Edith Piaf. Il museo è stato creato con cura da Bernard Marchois, fan ossessionato e autore di ben due biografie della cantante. All'interno un percorso sentimentale vi guida attraverso la vita dell'artista, mostrandovi oggetti, locandine, vestiti e una svariata serie di memorabilia che sinceramente mettono un po' di tristezza, o almeno a me hanno lasciato un tale magone che ho esorcizzato solo tornando ad appollaiarmi sullo sgabello di un nuovo bancone.
Per celebrare degnamente l'interprete della *Vie en rose* la cosa più saggia è ordinare un bicchiere di pastis al Bistrot Aux Folies, a due passi dal museo: un locale storico che in più di duecento anni di vita ha visto passare di tutto e di più ed è ancora carico di una contagiosa *joie de vivre*. Nella prima metà dell'Ottocento

era una taverna, punto di partenza obbligato della «Courtille», la sfilata in maschera folle e colorata che a ogni carnevale inondava le vie di Parigi. Si è poi trasformato in una sala da ballo e dopo ancora in un café concerto. Si associa spesso il bistrot a Edith Piaf e a Maurice Chevalier perché esordirono, insieme a molte altre stelle della canzone francese, al Palais du Travail, teatro ora sede di un supermercato che si trova proprio di fronte. Mentre Aux Folies, luogo eclettico per frequentazioni e arredi, dopo un momento di forte decadenza ha ripreso luce e vigore, grazie alla vitalità multietnica di Belleville. Questo quartiere di Parigi, nonostante le difficoltà e le contraddizioni, è riuscito a integrare con successo diverse generazioni di immigrati mantenendo viva la parte migliore di questa città. Un processo prezioso che guerra, terrorismi e nuovi muri stanno cercando di annullare in tutta Europa ma che invece i giovani parigini non smettono di difendere, anche solo continuando ad affollare senza paura i loro amati bistrot.

APPUNTI PARIGINI

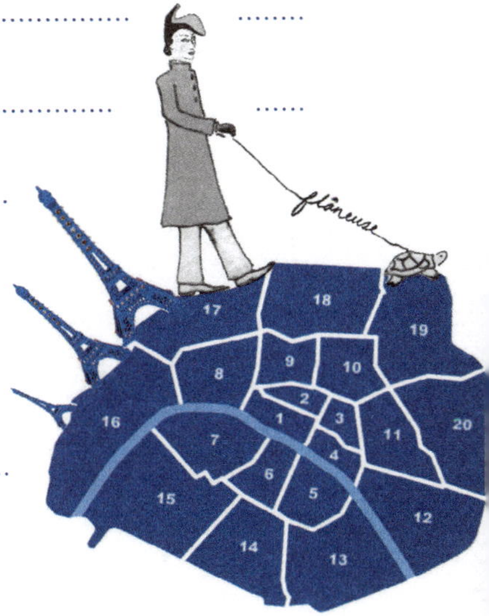
flâneuse
17
18
19
9
10
8
2
16
1
3
20
11
7
4
6
5
15
12
14
13

INDICE DEI LUOGHI PARIGINI

Sono contraddistinti da * luoghi, edifici o locali oggi non più esistenti.

II arrondissement

III arrondissement

IV arrondissement

V arrondissement

VI arrondissement

VII arrondissement

VIII arrondissement

IX arrondissement

X arrondissement

XI arrondissement

XII arrondissement

XIII arrondissement

XIV arrondissement

XVIII arrondissement

XIX arrondissement

XX arrondissement

XXI arrondissement

Senna

INDICE DEI NOMI

INDICE BIBLIOGRAFICO

I numeri di pagina si riferiscono alle occorrenze delle citazioni nel testo. Dove non diversamente specificato, la traduzione è di Angela Lombardo.

Abate, Roberta, *Amélie Nothomb «Perché lo champagne? Perché la sua ebbrezza non ha eguali»*, FineDiningLovers, 4 marzo 2015, 189

Albaret, Céleste, *Il signor Proust*, testo raccolto da Georges Belmont, traduzione di Augusto Donaudy, Rizzoli, 1974, 223-224

Ameline, Jean-Paul e Rousseau, Pascal, *Robert Delaunay, de l'impressionnisme à l'abstraction, 1906-1914*, Catalogue de l'exposition du 3 juin au 16 août 1999, Paris, Centre Pompidou, 1990, 74

Apollinaire, Guillaume, *Il poeta assassinato*, traduzione di Nino Magrini, il Formichiere, 1976, 352

–, *Il pont Mirabeau*, in *Alcool. Calligrammi*, traduzione di Luciana Frezza, Giovanni Raboni, Vittorio Sereni, Sergio Zoppi, Mondadori, 1986, 260

–, *Quelques artistes au travail*, «Mercure de France», n. 332, 16 aprile 1911, 357

Aragon, Louis, *Il ne m'est Paris que d'Elsa*, Seghers, 2015, 44

–, *Il paesano di Parigi*, traduzione di Paolo Caruso, il Saggiatore, 1996, 232

–, *Le fou d'Elsa*, in *Œuvres poétiques complètes*, Bibliothèque de la Pléiade, a cura di Olivier Barbarant, 2 voll., Gallimard, 2007, 274

–, *Madame Colette*, in *Œuvres poétiques complètes*, Bibliothèque de la Pléiade, a cura di Olivier Barbarant, 2 voll., Gallimard, 2007, 248

Augé, Marc, *Un etnologo al bistrot*, traduzione di Maria Gregorio, Raffaello Cortina, 2015, 32-33

Aymé, Marcel, *Le Passe-muraille,* 174

Bachelard, Gaston, *L'eau et les Rêves*, José Corti, 1942, 148

Balzac, Honoré de, *A Paris!*, Editions Complexe, 1993, 3

–, *César Birotteau*, 212

–, *Ferragus*, nota introduttiva di Italo Calvino, traduzione di Clara Lusignoli, Mondadori, 2015, 20, 26, 229

–, *Il capolavoro sconosciuto*, 351

–, *Illusioni perdute,* introduzione di Francesco Fiorentino, traduzione e note di Maria Grazia Porcelli, Rizzoli, 1995, 57, 241-242

–, *La Commedia umana*, 6, 16, 28-29
–, *Papà Goriot*, traduzione di Giuseppe Pallavicini Caffarelli, Mondadori, 1985, 6, 12, 29
Banville, Théodore de, *Mes souvenirs*, Nabu Press, 2010, 317
Bard, Christine e Pellegrin, Nicole, *Femmes travesties: Un «mauvais» genre*, in «Clio, Histoire, Femmes et Sociétés», 10/1999, 278-279
Barguillet Hauteloire, Armelle, *Proust et l'Hôtel Ritz*, 5 marzo 2014, http://interligne.over-blog.com, 223
Barthes, Roland, *La Tour Eiffel*, traduzione di Caterina Medici, Abscondita, 2009, 71
Baudelaire, Charles, *A colei che è troppo gaia,* in *I fiori del male*, traduzione di Attilio Bertolucci, Garzanti, 1981, 315
–, *Esposizione universale 1855*, in *Scritti sull'arte*, prefazione di Ezio Raimondi, traduzione di Giuseppe Guglielmi ed Ezio Raimondi, Einaudi, 1992, 293
–, *I fiori del male*, prefazione di Théophile Gautier, traduzione di Riccardo Sonzogno, Sonzogno, 1893, 325-326
–, *Il cigno,* in *I fiori del male*, traduzione di Attilio Bertolucci, Garzanti, 1981, 309
–, *Il crepuscolo del mattino,* in *I fiori del male,* traduzione di Attilio Bertolucci, Garzanti, 1981, 259
–, *Il mio cuore messo a nudo*, a cura di Diana Grange Fiori, Adelphi, 1983, 304, 310
–, *Il pittore della vita moderna*, in *Scritti sull'arte*, traduzione di Giuseppe Guglielmi ed Ezio Raimondi, Einaudi, 1992, 4, 15-16, 60-61, 239
–, *Il sole*, in *I fiori del male*, traduzione di Attilio Bertolucci, Garzanti, 1981, 308
–, *Il viaggio*, in *I fiori del male*, traduzione di Attilio Bertolucci, Garzanti, 1981, 310
–, *La conquista della solitudine. Lettere 1832-1866*, traduzione di Anna Morpurgo, Rosellina Archinto, 1988, 314
–, *Lo spleen di Parigi. Piccoli poemi in prosa*, traduzione e cura di Franco Rella, Feltrinelli, 1992, 308, 317

–, *Paradisi artificiali*, 324
–, *Salon del 1846*, in *Scritti sull'arte*, traduzione di Giuseppe Guglielmi ed Ezio Raimondi, Einaudi, 1992, 310-311
–, *Sed non satiata*, in *I fiori del male*, traduzione di Attilio Bertolucci, Garzanti, 1981, 317
–, *Spleen*, in *I fiori del male*, traduzione di Attilio Bertolucci, Garzanti, 1981, 314-315
–, *Ti dono questi versi*, in *I fiori del male*, traduzione di Attilio Bertolucci, Garzanti, 1981, 316
Baverel, Philippe, *Architecture: pour Renzo Piano, «une ville doit surprendre»*, «Le Parisien», 22 giugno 2015, 77
Bazou, Sébastien, *Georges Méliès, L'homme orchestre*, www.artfake.com, 20 dicembre 2013, 110
Beauvoir, Simone de, *Quando tutte le donne del mondo...*, traduzione di Vera Dridso, Bianca Garufi e Vittoria Nencini Baranelli, Einaudi, 1982, 196
Belmondo et Tarantino à l'honneur au Festival Lumière de Lyon, «Le Parisien», 14 ottobre 2013, 267
Benjamin, Walter, *Infanzia berlinese*, a cura di Enrico Ganni, Einaudi, 2015, 14
–, *Ombre corte, Scritti 1928-1929*, a cura di Giorgio Agamben, traduzione di Gianni Carchia, Einaudi, 1993, 146
–, *Parigi, capitale del XIX secolo: i «Passages» di Parigi*, a cura di Rolf Tiedemann, traduzione di Giuseppe Russo, Einaudi, 1986, 12, 228, 229
Boisard, Pierre, *La vie de Bistrot*, PUF, 2016, 383
Brassaï (Gyula Halász), *Graffiti*, 167
–, *Paroles en l'air*, Jean-Claude Simoën, 1977, 382
Brazier, Nicolas e Gabriel, Jules-Joseph, *Le diable à Paris* (pièce teatrale), 228
Breton, André, *Nadja*, prefazione di Domenico Scarpa, traduzione di Giordano Falzoni, Einaudi, 1972, 19
Broccoletti, Michele, *Suzanne Valadon. La figlia della tempesta*, www.instoria.it, n. 37, gennaio 2011, 330
Burroughs, William, *Last Words: The Final Journals of William S. Burroughs*, Grove Press, 2001, 24
–, *Pasto nudo*, 24

Calhoun, Ward e De Walt, Benjamin, *Marilyn Monroe: Un hommage photographique*, Hors Collection, 2008, 20
Canale, Marco, *Marco Ferreri. Il regista che venne dal futuro* (documentario), 121
Céline, Louis-Ferdinand, *Morte a credito*, traduzione di Giorgio Caproni, Mondadori, 1987, 251-252
Cendrars, Blaise, *La prosa della transiberiana e della piccola Jeanne de France*, a cura di Luciano Erba, Nuova Accademia, 1961, 336
Chapman, Harold, *The Beat Hotel*, Gris Banal, 1984, 25
Chateaubriand, François-René de, *Itinéraire de Paris à Jérusalem*, Librairie de Firmin Didot Frères, 1854, 231
Citati, Pietro, *Il male* assoluto. *Nel cuore del romanzo dell'Ottocento*, Mondadori, 2000, 386
Cocteau, Jean, *Il Potomak*, traduzione di Tania Spagnoli, Edizioni Clichy, 2016, 348
–, *Parigi. Una dichiarazione d'amore e di libertà*, traduzione di Sergio Baratto, Piemme, 2016, 7
Colette, *Dalla mia finestra*, traduzione di Elvira Petruccelli, Garzanti, 1947, 250
–, *Il puro e l'impuro*, 249
–, *Trois-six-neuf*, Corrêa, 1944, 253
Corso, Gregory, *Bomba*, 24
Cortázar, Julio, *I racconti*, traduzione di Flaviarosa Nicoletti Rossini ed Ernesto Franco, Einaudi, 1994, 232
–, L'altro cielo, 232
Costantini, Emilia, *Jane Birkin, l'ex trasgressiva. A 70 anni recita il suo amore perduto*, «Il Corriere della Sera», 6 marzo 2015, 300
Cutrufelli, Maria Rosa, *La donna che visse per un sogno*, Frassinelli, 2004, 281

Dalí, Salvador, *Diario di un genio*, traduzione e postfazione di Fausto Gianfranceschi, SE, 2009, 299
–, *La mia vita segreta*, traduzione di Irene Brin, Longanesi, 1982, 181
Damase, Jacques, *Sonia Delaunay, Nous irons jusqu'au soleil*, Robert Laffont, 1978, 73
Debussy, Claude, *Lettres 1884-1918*, Hermann Editeurs, 1980, 347

Delacroix, Eugène, *Diario*, traduzione di Lamberto Valli, vol. 2, Einaudi, 2002, 342

Delvau, Alfred, *Les Plaisirs de Paris*, Achille Faure, Libraire-Editeur, 1867, 237

De Matteis, Angelo, *Al di là delle brutture, la vita è piena di cose sublimi*, «L'indice dei libri del mese», 13 aprile 2015, 188

Demorand, Nicolas, *Amélie Nothomb: «Je bois beaucoup, mais toujours de manière préméditée»*, 17 settembre 2014, «Grazia», edizione francese, 189

De Viveiros, Geneviève, *Du roman-feuilleton au «roman-feuilleté». Alexandre Dumas ou le triomphe du fast-food littéraire*, «Equinoxes», n. 7, primavera/estate 2006, 386

Diderot, Denis, *Encyclopédie*, 243-244

–, *Il nipote di Rameau*, traduzione di Lidia Herling Croce, Rizzoli, 1998, 239

Digne, Danielle, *Rosa Bonheur ou l'Insolence: l'histoire d'une vie, 1822-1899*, Denoël/Gonthier, 1980, 278

Dumas, Alexandre, figlio, *La signora dalle camelie*, traduzione di Paola Ojetti, Rizzoli, 2002, 196

Dumas, Alexandre, padre, *Il conte di Montecristo*, 202

–, *Il visconte di Bragelonne*, 387

–, *I Mohicani di Parigi*, traduzione di L. M., Milano, presso La libreria Dante, 1856, 247

–, *I tre moschettieri*, 202, 386

–, *Le grand dictionnaire de cuisine*, 247

–, *Vent'anni dopo*, 387

Du Pontavice de Heussey, Robert, *L'inimitable Boz: étude historique et anecdotique sur la vie et l'œuvre de Charles Dickens*, Quantin, 1889, 200

Eco, Umberto, *Il nome della rosa*, Bompiani, 2012, 386-387

–, *Sei passeggiate nei boschi narrativi*, Bompiani, 1994, 386-387

Fargue, Léon-Paul, *Le piéton de Paris*, Gallimard, 1993, 93, 259-260

Fitzgerald, Francis Scott, *Il Grande Gatsby*, 36

Flaiano, Ennio, alla voce *Ninotchka* di MYmovies, 30 marzo 1948, 180

Flaubert, Gustave, *L'educazione sentimentale*, traduzione di Piero Bianconi, Rizzoli, 2007, 13

–, *Lettera all'amica Louise Colet, 21 agosto 1853*, in *L'opera e il suo doppio. Dalle lettere*, a cura di Franco Rella, Fazi Editore, 2006, 102

–, *Madame Bovary*, 311

Gainsbourg, Serge, *Pensées, provocs et autres volutes,* Le Cherche midi, 2006, 292, 296, 297, 301, 304

Gaudreault, André, *Cinéma et attraction: pour une nouvelle histoire du cinématographe*, CNRS, 2008, 110

Gautier, Judith, *Le collier des Jours*, Pirot, 1999, 313

Gautier, Théophile, *Hashish*, a cura di Maurizio Ferrara, Passigli Editori, 2007, 324, 325

Geffroy Gustave, *Claude Monet. Sa vie, son temps, son œuvre*, Les Editions G. Crès et C., 1922, 138, 139

Georges-Michel, Michel, *Les Montparnos*, Le Livre de poche, 1976, 39

Ginsberg, Allen, *Urlo*, 23

Girerd, Frédéric, *Voyage à travers la France et Lettres à sa famille, précédés de Lettres de George Sand et d'une notice biographique*, Les Editions du Pas de l'Ane, 2008, 277

Goncourt, Edmond e Jules de, *Diario: Memorie di vita letteraria 1851-1896*, traduzione di Mario Lavagetto, Garzanti, 1992, 125

–, *Manette Salomon*, traduzione di Gian Galeazzo Severi, Gentile, 1946, 13, 311-312

Gouges, Olympe de, *«Femme, réveille-toi!»: Déclaration des droits de la femme et de la citoyenne et autres écrits*, Folio, 2014, 281

Gouvion-Saint-Cyr, Agnès de, *Brassaï, pour l'amour de Paris*, Flammarion, 2013, 166

Guerrieri, Osvaldo, *Schiava di Picasso*, Neri Pozza, 2016, 354

Guigon, Catherine, *Les Cocottes: Reines du Paris 1900*, Parigramme, 2013, 197, 218-219

Guitry, Sacha, *Ceux de chez nous* (film documentario), 1915, 134

Haedrich, Marcel, *Coco Chanel*, Frédérique Patat, 2016, 185

Hemingway, Ernest, *Addio alle armi*, 38

–, *Festa mobile*, traduzione di Vincenzo Mantovani, Mondadori, 2010, 32-33, 38, 256

–, *Fiesta*, traduzione di Ettore Capriolo, Mondadori, 1990, 36, 40-41

Hillerin, Laure, *La Comtesse Greffulhe. L'ombre des Guermantes*, Flammarion, 2014, 215

Hugo, Victor, *I miserabili*, traduzione di Valentino Piccoli, Rizzoli, 2010, 88, 187

–, introduzione *a Les Principaux Écrivains de Paris et de la France, Paris Guide*, Parigi, 1867, 7

Jattoni Dall'Asén, Massimiliano, *Amélie Nothomb: «Il Belgio è un mistero più esotico del Giappone»*, «Io Donna», 25 febbraio 2016, 188

Joyce, James, *Finnegans Wake*, 154

–, *Ulisse*, 45, 153, 155

JR, Pugeat, Julie e Mattera, Sarah, *Dans l'objectif de JR*, Pyramyd Editions, 2015, 160

Jullian, Philippe, *Dizionario dello snobismo*, traduzione di Anna Cuccu e Salaran Ghiorla, La Lepre Edizioni, 2008, 60

Kiki (Alice Prin), *Kiki's Memoirs*, introduction by Ernest Hemingway, HarperCollins, 1996, 45

King, Ross, *Il mistero delle ninfee*, traduzione di Chicca Galli, Rizzoli, 2016, 132, 138

Klumpke, Anna, *Rosa Bonheur: Sa vie, son œuvre*, Flammarion, 1908, 275, 276, 279, 280, 282, 285, 286, 287-288

La Belle Hélène, musica di Jacques Offenbach, libretto di Henri Meilhac e Ludovic Halévy, 1864, 234-235

Laclos, Pierre-Ambroise-François Choderlos de, *Le relazioni pericolose*, 85

Lajoinie, Vincent, *Erik Satie*, L'âge d'Homme, 1985, 349-350

Lamblin, Bianca, *Mémoires d'une jeune fille dérangée*, Editions Balland, 1993, 88

Lamming, Clive, *Paris au temps des gares*, 114

La mort d'Edith Piaf a tué Jean Cocteau, «Le Parisien», 12 ottobre 1963, 391

Lapierre, Dominique e Collins, Larry, *Parigi brucia?*, traduzione di Carlo della Grivola, il Saggiatore, 2011, 257

«La Roulotte» de Signoret-Montand, «Le Parisien», 12 marzo 2002, 19

La traviata, musica di Giuseppe Verdi su libretto di Francesco Maria Piave, 1853, 199

La vedova allegra, musica di Franz Lehár, libretto di Victor Léon e Leo Stein, 203

Le Corbusier, *Almanach d'Architecture Moderne*, Collection de L'Esprit Nouveau, Charles Eliot Norton, Lectures 1938-1939 (Paris, 1955), 64

«Les Demoiselles d'Avignon» au musée Picasso, «Le Nouvel Observateur», edizioni 1208-1225, volume 1208, 356

Lettera di protesta degli artisti contro la tour Eiffel, 14 febbraio 1887, www.toureiffel.paris, 68

Lye, Harriet Alida, *What Its Like to Live Inside the Legendary Paris Bookstore Shakespeare & Co.*, www.vice.com, 26 settembre 2015, 157

Malraux, André, *Picasso. Il cranio di ossidiana*, traduzione di Sandro d'Alessandro e Giovanni Mariotti, Abscondita, 2001, 357

–, *La condizione umana*, 46

–, *Œuvres complètes*, Gallimard, 1989, 344

–, *Présentation du projet de loi complétant la législation sur la protection du patrimoine historique et esthétique de la France et tendant à faciliter la restauration*, 23 giugno 1962, www.assemblee-nationale.fr, 100-101

Maupassant, Guy de, *La notte*, in *Racconti*, traduzione di Oreste del Buono, Rizzoli, 2008, 271

–, *La vita errante*, a cura di Graziella Martina, Ibis, 2002, 68

Maurois, André, *Alla ricerca di Marcel Proust*, traduzione di Giorgio Monicelli, Mondadori, 1956, 105

Monet, Claude, *Lettera al dottor Georges de Bellio*, 5 aprile 1878, 135

Monneret, Sophie, *L'Impressionnisme et son époque*, vol. II, t. 1, Paris, Robert Laffont, 1987, 140-141

Monnier, Adrienne, *The Very Rich Hours of Adrienne Monnier*, Bison Books, 1996, 151

Monval, Georges, *Recueil sur la mort de Molière*, Librairie des Bibliophiles, Paris, 1885, 22

Mouquet, J. e Bandy, W.T., *Baudelaire en 1848*, Emile-Paul, 1946, 309

Musée national d'art moderne, Collection Art moderne, Editions du Centre Pompidou, 2006, 330-331

Nadar, *Charles Baudelaire intime*, Obsidiane, 1985, 318

Napias, Jean-Christophe, *Tout sur Paris (ou presque) - Petite encyclopédie des savoirs utiles et superflus*, Parigramme, 2016, 317

Naremore, James, *The Magic World of Orson Welles*, University of Illinois Press, 2015, 98-99

Navailles, Jean-Pierre, *Invraisemblable Tour Eiffel*, «L'Histoire», n. 9, ottobre-dicembre 2000, 69

Nothomb, Amélie, *Pétronille*, traduzione di Monica Capuani, Voland, 2015, 187-188, 191-192

Ogrizek, Doré, *Paris tel qu'on l'aime*, prefazione di Jean Cocteau, Odé, 1949, 15, 123, 250

Palumbo, Valeria, *Svestite da uomo*, Rizzoli, 2007, 278

Picasso, Pablo, *Propos sur l'art*, Edition de Marie-Laure Bernardac et Androula Michael, Gallimard, 1998, 355

Picasso, Pablo e Tabaraud, Georges, Musée Picasso (Antibes, France), *Picasso et la presse: entretien avec Georges Tabaraud*, Réunion des musées nationaux, 2000, 352

Pleynet, Marcelin, *Comme la poésie la peinture*, Editions du Sandre / Editions Marciana, 2010, 350

Prévert, Jacques, *La Seine a rencontré Paris*, in *Choses et autres*, Gallimard, 1975, 256

Proust, Marcel, *Alla ricerca del tempo perduto, All'ombra delle fanciulle in fiore*, traduzione di Maria Teresa Nessi Somaini, Rizzoli, 2009, 107

–, *Alla ricerca del tempo perduto, Dalla parte di Swann*, traduzione di Maria Teresa Nessi Somaini, Rizzoli, 2009, 105-107, 216, 219

–, *Alla ricerca del tempo perduto, La prigioniera*, traduzione di Maria Teresa Nessi Somaini, Rizzoli, 2009, 109
–, *Le lettere e i giorni: dall'epistolario 1880-1922*, a cura di Giancarlo Buzzi, Mondadori, 1996, 221-222
–, *Lettera a Madame de Caraman-Chimay*, agosto 1907, 105-106

Queneau, Raymond, *Conosci Parigi? Tutto quello che devi assolutamente sapere*, traduzione di Antonella Conti, Barbès, 2011, 362, 378-379
–, *Zazie nel metró*, traduzione di Franco Fortini, Einaudi, 1960, 9, 431

Restellini, Marc, Fabris, Jean, *Valadon, Utrillo: au tournant du siècle à Montmartre*, Pinacothèque de Paris, 2009, 334
Restif de la Bretonne, Nicolas, *L'anti-Justine ovvero le delizie dell'amore*, traduzione di Giancarlo Pavanello, ES, 2012, 166
–, *Mes inscriptions: journal intime de Restif de La Bretonne (1780-1787)*, [1889], Hachette, 2012, 166
Rimbaud, Arthur, *Il battello ebbro* in *Opere*, traduzione e cura di Ivos Margoni, Feltrinelli, 1993, 162
–, *Non sono venuto qui per essere felice. Corrispondenza (1870-1891)*, traduzione e cura di Vito Sorbello, Aragno, 2014, 162
Rochette, Hélène, *Maisons d'écrivains et d'artistes: Paris et ses alentours*, Parigramme, 2004, 282
Roman, José, *Chez Maxim's. Ricordi di un fattorino*, traduzione di Vittoria Aliberti Ronchey, Sellerio, 2014, 196

Sahli, Nora, *Juliette Greco: Itinéraire d'une amoureuse*, «Gala», 22 ottobre 2013, 297
Saint Bris, Gonzague, *Rosa Bonheur: Liberté est son nom*, Robert Laffont, 2012, 277
Saint-Exupéry, Antoine de, *Il Piccolo principe*, 47
Salmon, André, *L'air de la Butte*, Les Éditions de la nouvelle France, 1945, 343
–, «L'esprit nouveau», 1920, 343
Sartre, Jean-Paul, *Le parole,* traduzione di Luigi de Nardis, il Saggiatore, 1964, 146

Satie, Erik, *Correspondance presque complète*, Fayard, 2000, 347-348

Sawyer-Lauçanno, Christopher, *The Continual Pilgrimage: American Writers in Paris, 1944-1960*, City Lights Publishers, 2001, 22-23

Scalfari, Eugenio, *Per l'alto mare aperto*, 243

Scaraffia, Giuseppe, *Cortigiane. Diciotto donne fatali dell'Ottocento*, Mondadori, 2012, 210, 314

Sciascia, Leonardo, *Candido ovvero un sogno fatto in Sicilia*, Einaudi, 1977, 33

Servat, Séverine, *Jean-Paul et Raphaël Enthoven: «Entre nous il n'y a pas de rivalité»*, «Gala», 28 ottobre 2013, 107-108

Sévigné, Madame de, *Lettere scelte di Madame de Sévigné*, traduzione di Luisa Graziani, Carabba Editore, 1916, 320-322

Signoret, Simone, *Addio Volodia*, traduzione di Elina Klersy Imberciatori, Mondadori, 1985, 19

Simenon, Georges, *Maigret e il barbone*, traduzione di Laura Frausin Guarino, Adelphi, 2008, 259

–, *Maigret e il corpo senza testa*, 55-56

–, *Maigret perde le staffe*, traduzione di Marina Karam, Adelphi, 2008, 55

–, *Maigret si diverte*, traduzione di Valeria Fucci, Adelphi, 2006, 50

Sonia Delaunay, entretien avec Jacques Damase, extrait du documentaire de Patrick Raynaud, «Prises de vue pour une monographie», 1972, 73

Strindberg, August, *Jardin des Plantes*, illustrazioni di Antonio Marinoni, Notari, 2012, 90

Tagore, Rabindranath, *La poesia della natura*, traduzione di Brunilde Neroni, Guanda, 2015, 82

Valéry, Paul, *Sguardi sul mondo attuale e altri saggi*, a cura di Felice Ciro Papparo, Adelphi, 1994, 173

Vasak, Vladimir e Doisneau, Robert, *Doisneau Paris Les Halles*, Flammarion, 2011, 120, 123

Verne, Jules, *Dalla Terra alla Luna*, 112, 362

–, *Il giro del mondo in ottanta giorni*, 362, 376

–, *Viaggi straordinari*, 363

Vienne, Romain, *La vérité sur La dame aux camélias*, Paul Ollendorf Editeur, 1888, 200

Wheldon, Huw, intervista a Orson Welles, BBC, 1962, 99
White, Edmund, *Il flâneur*, traduzione di Francesco Bruno, Guanda, 2005, 163
Wilde, Oscar, *Aforismi*, traduzione e cura di Silvia Mondardini, Feltrinelli, 2012, 63
–, *Il critico come artista. L'anima dell'uomo sotto il socialismo*, introduzione di Silvio Perrella, traduzione e cura di Alessandro Ceni, Feltrinelli, 1995, 60
–, *Il ritratto di Dorian Gray*, traduzione di Giovanni Luciani, in *Opere*, a cura di Masolino d'Amico, Mondadori, 2000, 63
–, *Salomè*, 61-62
Wildenstein, Daniel, *Claude Monet: biographie et catalogue raisonné*, Tome I: 1840-1881, La Bibliothèque des Arts, 1979, 137
Wismann, Heinz, *Walter Benjamin et Paris*, Editions du Cerf, 1986, 230
Women in French Studies, Occidental College, vol. XI, ed. 2003, 278
www.mistergainsbarre.com, 299
www.stencilrevolution.com, profilo di Monsieur André, 160
www.theatre-des-varietes.fr, 235
www.thebeathotelmovie.com, 25

Zervos, Christian, *Conversazione con Pablo Picasso*, «Cahiers d'art», 1935, 351
Zola, Emile, *Il ventre di Parigi*, introduzione di Alain Pagès, traduzione di Giorgio Longo, Rizzoli, 1994, 122
–, *Nanà,* traduzione di Maria Bellonci, Rizzoli, 2007, 208, 236

RINGRAZIAMENTI

Basta sfogliare questo libro per capire che non sarebbe lo stesso senza le magnifiche tavole di Andrea Pistacchi; è una magia quando l'amicizia si unisce a una collaborazione professionale. Devo ringraziare di cuore Andrea per aver impreziosito con il suo straordinario talento il mio lavoro per quasi trent'anni, senza mai sbagliare un colpo.

Un ringraziamento particolare va ad Angela Lombardo, scrupolosa e insostituibile editor che nasconde sotto i ricci e l'allegria un'inflessibile anima prussiana; amica del cuore, regina indiscussa dei punti e virgola e appassionata di Parigi quasi quanto me. E naturalmente un grazie «maiuscolo» a tutta la potente squadra di redattori, grafici e consiglieri; con l'impavida Catia Spagnolo in testa che con minuzia certosina è stata capace di spulciare e verificare ogni follia che è uscita dalla mia penna. E alla teutonica Daria Figari autentica Miss Wolf che come suggerisce il nome ha «risolto problemi».

Come sempre grazie a Luca Ussia che continua a dare fiducia a tutte le mie idee, senza il suo incorreggibile coraggio editoriale molte sarebbero ancora nel cassetto. Grazie a Rossella Biancardi, nuova compagna di viaggio, l'unica vera«parisienne» del gruppo.

Un *merci pyramidale* a Marcella de Donato, amica parigina e driver instancabile che mi ha scarrozzato con la sua cinquecento per tutta la città, facendomi scoprire nuovi paesaggi; ma soprattutto miglior «compagna di champagne», come direbbe la nostra maestra Amélie Nothomb.

Merci encore a Madame Lorette, la mia guida preferita in città, la più straordinaria flâneuse che abbia mai incontrato.

Grazie a Luisa Pistoia e Marco Miana, eterni complici e motivatori professionisti della mia proverbiale pigrizia.

A Giulia Pietrosanti e Chiara Melloni, lo yin e lo yang di questa lunga avventura.

E per finire un grazie gigante alla mia famiglia e a tutti i miei amici che ho sottoposto a letture, dubbi e ripensamenti; vi prometto solennemente che per un po' non parlerò più di Parigi, ma solo per un po'…

INDICE

«Allora, ti sei divertita?»

«Così.»

«L'hai visto, il metró?»

«No.»

«E allora, che cosa hai fatto?»

«Sono invecchiata.»

— Raymond Queneau, *Zazie nel metró*

Finito di stampare nel settembre 2018 presso
Errestampa Srl – Orio al Serio (BG)
Printed in Italy